IDIOTICES QUE
PESSOAS
INTELIGENTES
FAZEM COM O PRÓPRIO
DINHEIRO

IDIOTICES QUE PESSOAS INTELIGENTES FAZEM COM O PRÓPRIO DINHEIRO

13 MANEIRAS DE CORRIGIR SEUS ERROS FINANCEIROS

JILL SCHLESINGER

Rio de Janeiro, 2020

Idiotices que Pessoas Inteligentes Fazem com o Próprio Dinheiro
Copyright © 2020 da Starlin Alta Editora e Consultoria Eireli. ISBN: 978-85-508-1159-8

Translated from original The Dumb Things Smart People Do With Their Money. Copyright © 2019 by Jill Schlesinger. ISBN 9780525622178. This translation is published and sold by permission of Ballantine Books, an imprint of Random House the owner of all rights to publish and sell the same. PORTUGUESE language edition published by Starlin Alta Editora e Consultoria Eireli, Copyright © 2020 by Starlin Alta Editora e Consultoria Eireli.

Todos os direitos estão reservados e protegidos por Lei. Nenhuma parte deste livro, sem autorização prévia por escrito da editora, poderá ser reproduzida ou transmitida. A violação dos Direitos Autorais é crime estabelecido na Lei nº 9.610/98 e com punição de acordo com o artigo 184 do Código Penal.

A editora não se responsabiliza pelo conteúdo da obra, formulada exclusivamente pelo(s) autor(es).

Marcas Registradas: Todos os termos mencionados e reconhecidos como Marca Registrada e/ou Comercial são de responsabilidade de seus proprietários. A editora informa não estar associada a nenhum produto e/ou fornecedor apresentado no livro.

Impresso no Brasil — 1ª Edição, 2020 — Edição revisada conforme o Acordo Ortográfico da Língua Portuguesa de 2009.

Publique seu livro com a Alta Books. Para mais informações envie um e-mail para autoria@altabooks.com.br

Obra disponível para venda corporativa e/ou personalizada. Para mais informações, fale com projetos@altabooks.com.br

Produção Editorial Editora Alta Books **Gerência Editorial** Anderson Vieira	**Produtor Editorial** Juliana de Oliveira Thiê Alves **Assistente Editorial** Keyciane Botelho	**Marketing Editorial** marketing@altabooks.com.br **Editor de Aquisição** José Rugeri j.rugeri@altabooks.com.br	**Vendas Atacado e Varejo** Daniele Fonseca Viviane Paiva comercial@altabooks.com.br	**Ouvidoria** ouvidoria@altabooks.com.br
Equipe Editorial	Adriano Barros Carolinne Oliveira Ian Verçosa Illysabelle Trajano	Larissa Lima Laryssa Gomes Leandro Lacerda Livia Carvalho	Maria de Lourdes Borges Paulo Gomes Raquel Porto Thales Silva	Thauan Gomes
Tradução Vivian Sbravatti	**Copidesque** Luis Valdetaro	**Revisão Gramatical** Rochelle Lassarot Hellen Suzuki	**Revisão Técnica** Luis Roberto Antonik Doutor em Administração de Negócios pela Florida Christian University	**Diagramação** Lucia Quaresma

Erratas e arquivos de apoio: No site da editora relatamos, com a devida correção, qualquer erro encontrado em nossos livros, bem como disponibilizamos arquivos de apoio se aplicáveis à obra em questão.

Acesse o site www.altabooks.com.br e procure pelo título do livro desejado para ter acesso às erratas, aos arquivos de apoio e/ou outros conteúdos aplicáveis à obra.

Suporte Técnico: A obra é comercializada na forma em que está, sem direito a suporte técnico ou orientação pessoal/exclusiva ao leitor.

A editora não se responsabiliza pela manutenção, atualização e idioma dos sites referidos pelos autores nesta obra.

Dados Internacionais de Catalogação na Publicação (CIP) de acordo com ISBD

S342i   Schlesinger, Jill
        Idiotices Que Pessoas Inteligentes Fazem com o Próprio Dinheiro: 13 maneiras de corrigir seus erros financeiros / Jill Schlesinger. - Rio de Janeiro : Alta Books, 2020.
        288 p. ; 14cm x 21cm.

        Tradução de: The Dumb Things Smart People do With Their Money
        Inclui índice e apêndice.
        ISBN: 978-85-508-1159-8

        1. Economia. 2. Finanças pessoais. 3. Dinheiro. I. Título.

2019-2334   CDD 330
                                                  CDU 33

Elaborado por Vagner Rodolfo da Silva - CRB-8/9410

Rua Viúva Cláudio, 291 — Bairro Industrial do Jacaré
CEP: 20.970-031 — Rio de Janeiro (RJ)
Tels.: (21) 3278-8069 / 3278-8419
www.altabooks.com.br — altabooks@altabooks.com.br
www.facebook.com/altabooks — www.instagram.com/altabooks

Para Jackie

Sumário

Nota da autora   *ix*

Agradecimentos   *xi*

Abertura   *xiii*

idiotice #1:   Comprar Produtos Financeiros que
                 Não Entende   *3*

idiotice #2:   Obter Conselho Financeiro das
                 Pessoas Erradas   *23*

idiotice #3:   Dar Mais Importância do que Deveria
                 ao Dinheiro   *43*

idiotice #4:   Fazer um Grande Empréstimo Estudantil   *63*

idiotice #5:   Comprar uma Casa Quando Deveria Alugar   *85*

idiotice #6:   Arriscar-se Muito   *103*

idiotice #7:   Não Proteger Sua Identidade   *119*

idiotice #8:   Permitir-se Muito Luxo nos Primeiros
                 Anos de Aposentadoria   *133*

idiotice #9:	Sobrecarregar os Filhos com Seus Problemas Financeiros	*153*
idiotice #10:	Não Planejar o Cuidado de Seus Pais Idosos	*171*
idiotice #11:	Comprar os Seguros Errados ou Nem Comprar	*191*
idiotice #12:	Não Ter um Testamento	*209*
Idiotice #13:	Tentar Prever o Mercado	*227*
Apêndice:	*Treze Pulos do Gato de Pessoas Inteligentes*	*243*
Notas		*247*
Índice		*257*

Nota da autora

A menos que esteja indicado o contrário, as histórias deste livro são reais. Para preservar a privacidade, mudei a maioria dos nomes e outros detalhes de identificação. Visite meu blog, *Jill on Money* [conteúdo em inglês], para obter mais informações sobre os tópicos deste livro. E saiba que certas formulações conceituais e conselhos que estão aqui surgiram lá.

Agradecimentos

Gostaria de agradecer a Seth Schulman por suas importantes contribuições para o livro. Não teria conseguido sem sua ajuda constante e empurrões gentis. O que começou como uma relação profissional logo se transformou em uma relação pessoal — tenho sorte de poder contar com Seth como amigo.

Meu agente, Brian DeFiore, esperou 12 anos para que eu me recompusesse e escrevesse — serei eternamente grata por sua paciência e avaliação, para não mencionar seu senso de humor. Brian me ajudou a organizar o livro inteiro.

Sara Weiss e a equipe da Ballantine Books foram incríveis comigo desde o início e são entusiastas deste projeto.

Meu querido amigo Michael Goodman, CPA/PFS, CFP®, leu os primeiros esboços do manuscrito e me ajudou com detalhes técnicos. Dr. Mithu Storoni, Dr. Jim Grubman, Dan Egan e Sandy Jolley foram generosos e ofereceram seu tempo e conhecimento para este livro.

Mark Talercio é o produtor-executivo do meu programa de rádio e podcast, mas é muito mais do que isso. Ele odeia aparecer, e é por isso que estou tão feliz em falar sobre ele. Mark faz com que minha vida no trabalho seja divertida e recompensadora, e organiza tudo com a maior facilidade.

Meus amigos e colegas da CBS News me encorajaram a manter um pé no mundo das finanças pessoais e o outro no do jornalismo, o que é difícil nesta era da especialização.

Agradeço aos milhares de amigos, clientes, ouvintes e espectadores que gentilmente me receberam no íntimo universo de seus contratempos e problemas financeiros.

Finalmente, sou abençoada por ter uma família que sempre me apoiou e encorajou.

Minha parceira em tudo o que faço, Jackie, é minha musa, minha editora mais crítica e meu amor. Sem ela, não seria quem sou nem teria me divertido tanto ao longo do caminho.

Minha fã número um sempre foi minha irmã, Kim, uma fonte constante de força e sabedoria... e sempre minha melhor ouvinte e leitora. Meu cunhado, Evan, e eu nos conhecemos em 1987 na bolsa de mercadorias. Ao apresentá-lo para a minha irmã, garanti acesso a um Yoda financeiro e filosófico para a vida inteira.

Minha cunhada, Pam, e meu cunhado, John, sempre foram gentis e escutaram minhas ideias e colaboraram com ótimos conselhos, uma habilidade incrível de edição e feedback construtivo. Conheço minha amiga Sherry há 35 anos, e passamos por tudo na vida juntas, inclusive a gestação deste livro, da concepção ao produto final.

Minha mãe, Susan, aturou conversas sobre finanças no jantar por quase 40 anos. Herdei sua habilidade de conversar com todo mundo sem julgar. Ela é minha estilista e uma mãe sempre amorosa e atenciosa.

Este livro está cheio de memórias do meu pai, com quem eu tive um vínculo indelével. Albie, finalmente consegui!

Abertura

Quando o assunto é dinheiro, todos temos nossos momentos de "Ah, merda!" — aqueles instantes transformadores nos quais percebemos que estamos *completamente* ferrados. Já testemunhei incontáveis desses momentos e passei por alguns deles, primeiro quando negociava opções de ouro e prata, depois enquanto planejadora financeira, e agora, que sou analista de negócios da CBS News e âncora de um programa de rádio e podcast. Como descobri, às vezes podemos fazer algo para nos preservar, e o que achávamos que era um problemão, na verdade, não é. Mas, em geral, "Ah, merda!" é realmente uma merda, e esse lamento é a única saída para que possamos seguir em frente.

Em 2006, meu antigo cliente Randy passou por um momento "Ah, merda!" que causou problemas para o resto da vida dele. Durante os anos 1990 e começo dos anos 2000, Randy trabalhou como analista de crédito sênior para um grande banco. Seu trabalho era receber pedidos de pequenos negócios e decidir se faria o empréstimo ou não. Em 2003, quando estava com quase 40 anos, Randy sentiu que estava pronto para uma mudança. Em vez de ser escravo de um banco, pensou, poderia usar sua experiência e começar o próprio negócio, prestando consultoria para pequenas empresas e ajudando-as com questões financeiras. Ele teria que viajar mais, atravessando o país para se reunir com os clientes, mas sua renda pularia de US$150 mil para US$300 mil ou mais, o que permitiria que sua esposa e seus dois filhos adolescentes tivessem uma vida muito melhor.

Com alguma apreensão, Randy pediu demissão e abriu seu escritório de consultoria. Graças às suas vastas conexões, conseguiu alguns contratos lucrativos logo de cara. Mais ou menos nessa época, nos reunimos para discutir seu planejamento financeiro. Ele estava muito bem. Além de ter poupado para a faculdade de seus filhos, tinha cerca de US$800 mil em seu plano de previdência privada oferecido pela empresa e aproximadamente US$500 mil em investimentos não destinados à aposentadoria. Seu desafio, agora que estava iniciando seu próprio negócio, era substituir os benefícios generosos que o banco oferecia. Fez um orçamento para pagar um plano de saúde para a família, que não era barato, e aumentamos a cobertura do seguro de vida. "Veja", disse a ele, "o que você acha de um seguro por invalidez?". Antes, o banco fornecia um seguro desse tipo, para o caso de ele sofrer algum acidente que o impedisse de trabalhar. Um seguro desses, que é pago com uma porcentagem de nosso salário anual, é barato se adquirido como benefício corporativo, mas pode ser extremamente caro para indivíduos. Agora que Randy estava por conta própria, custaria cerca de US$8 mil por ano para garantir 70% de sua nova renda de US$300 mil até os 65 anos, quando ele poderia se aposentar. É claro que poderia usar o dinheiro de seus investimentos quando quisesse, e o de sua previdência privada quando tivesse 59 anos e meio, mas, caso não fizesse o seguro, para usufruir desses 70% de US$300 mil anuais, em menos de três anos ele ficaria sem o dinheiro que havia poupado.

Quando disse a Randy que era preciso contratar o seguro, ele hesitou: "Esse prêmio é muito caro", falou. "E de maneira nenhuma vou precisar disso. Entenderia se eu tivesse um problema cardíaco ou coisa assim, mas sou saudável e tenho bons genes." Insisti, mas ele se recusou: "Jill, estou lhe dizendo, não preciso. E não quero pagar." Entendia o que Randy estava pensando. Eu pedia que ele pagasse uma conta extremamente cara por algo que ambos esperávamos que ele nunca precisasse. Nunca ouvi ninguém reclamar "Nem sofri um acidente esse ano!", por precisar contratar um seguro de automóveis. Eu sabia que o seguro por invalidez era importante para Randy.

Acho que você já percebeu aonde quero chegar. Nos anos seguintes, Randy e eu nos encontrávamos anualmente para discutir suas finanças. E toda vez eu perguntava sobre o seguro por invalidez. Ele sempre recusava. Então, em 2016, o impensável aconteceu. Não, Randy não teve um ataque cardíaco. Ele tinha razão — seu coração estava perfeitamente bem. Ele foi diagnosticado com esclerose múltipla. Os sintomas estavam se desenvolvendo gradualmente havia muitos anos. Quando diagnosticaram, já estava bem grave. Ele não conseguia se equilibrar e caía com muita facilidade. Embora ainda pudesse trabalhar, não conseguia atender nem de perto a quantidade de clientes que havia imaginado e não podia viajar. Em vez de ganhar US$300 mil por ano, conseguia apenas US$75 mil.

O diagnóstico foi o momento "Ah, merda" de Randy. E, claro, foi uma tragédia devastadora para ele e sua família, e totalmente fora de seu controle. Para piorar, havia as implicações financeiras. Se ele tivesse feito o seguro, receberia pagamentos mensais que assegurariam quase toda a renda anual anterior. Sem o seguro, estava em apuros. Sua família conseguiu cortar um pouco os gastos, mas não havia meios de eliminar mais de dois terços das despesas domésticas mensais. A esposa de Randy trabalhava meio período — ela não conseguia bancar o que faltava. Então, depois de um mês, Randy teve que começar a usar sua economia de US$500 mil. Muito antes de ele ter 65 anos, esse dinheiro não existiria mais.

Apesar de ficar triste por Randy, nós dois sabemos que ele cometeu um erro estúpido, que lhe custou muito. Quanto? Vamos fazer as contas. Randy recebeu o diagnóstico três anos depois que o seguro por invalidez de sua antiga empresa expirara. Se tivesse optado pela cobertura, teria pagado US$24 mil em prêmios antes da ocorrência do sinistro. Como declinou a cobertura, foi forçado a gastar suas economias de US$500 mil. Assim, *este único erro custou cerca de US$476 mil para a família de Randy.* Sem mencionar o sofrimento emocional devido à incerteza de seu futuro financeiro. Se Randy tivesse contratado o seguro, teria uma renda fixa garantida. Poderia concentrar-se em sua saúde física, com a certeza de que o futuro de sua família estava seguro.

Bem, aposto que está se perguntando: como ele foi capaz de um erro tão idiota? Ele era muito inteligente. Na verdade, depois que começou seu próprio negócio, as pessoas literalmente pagavam para ele pensar por elas. E não só isso, o cara havia trabalhado no mercado financeiro! Se alguém entendia de dinheiro era ele. Mas, ainda assim, enfiou os pés pelas mãos.

Quem dera eu pudesse dizer que Randy é a única pessoa inteligente que conheço que cometeu um erro financeiro tremendamente custoso, mas não posso. Ben e Tobias eram melhores amigos e engenheiros, em seus 50 e tantos anos. Trabalhavam para uma grande empresa de tecnologia. Em 1999, vieram ao meu escritório porque estavam pensando em se aposentar e queriam entender as opções. Os dois estavam exatamente na mesma situação. Tinham cerca de US$1,2 milhão poupados para a aposentadoria, com pelo menos 90% investido em ações da empresa. Além disso, ambos tinham sorte de receber uma pensão. Queriam saber se tinham o bastante para se aposentar, e durante as reuniões com cada um deles minha resposta era: "Sim, mas..." Sim, o que tinham era o suficiente para a aposentadoria, mas, de um ponto de vista de investimento, precisavam diversificar os portfólios para reduzir o risco no caso de as ações da empresa sofrerem um baque.

Um desses senhores, Ben, amou o que eu disse. Depois de nossa reunião, foi pra casa e vendeu toda a sua cota de ações. Duas semanas depois, entrou feliz no meu escritório e anunciou que daria entrada no pedido de aposentadoria quando fizesse 60 anos, e gostaria que eu gerenciasse sua conta de aposentadoria, realocando seus fundos e construindo um portfólio bem diversificado para ele. Tobias foi uma outra história. Ele se sentiu desconfortável em vender as ações de sua empresa. "Elas sobem mensalmente", disse ele. "Terei que pensar sobre isso." Alguns meses depois, voltou apontando o dedo para mim. "Era para as minhas ações valerem US$1,2 milhão hoje, mas estão valendo US$1,3 milhão. Se eu tivesse dado ouvidos a você, poderia ter perdido US$100 mil." Parabenizei-o pelos 100 mil extras, mas o aconselhei a olhar de outra perspectiva. Sim, eram mais US$100 mil em sua conta, porém ele havia se exposto a riscos para ganhar esse dinheiro. Como teria se sentido se o mercado tivesse ido na direção contrária? "Olha, Jill", disse ele, "já sou crescido, sei me virar".

Alguns meses se passaram antes de Tobias entrar em contato novamente. Dessa vez, sua conta tinha US$1,4 milhão. "Desculpe", falou, "decidi que não vou trabalhar com você. Você teria me custado US$200 mil".

"Bem, na verdade não", eu disse, "porque você teria ganhado US$50 mil se eu tivesse investido o dinheiro para você."

"Ah, tá", falou, "você teria custado US$150 mil. Ainda assim não vou trabalhar com você. Não vou vender as ações e, sabe, decidi que não quero me aposentar. Gosto do dinheiro que estou ganhando". Ele me lembrou de que era alguns anos mais jovem do que seu amigo Ben.

Acho que você já sabe aonde quero chegar novamente. Em março de 2000, a bolha de tecnologia estourou. Quase do dia para a noite, as ações da empresa despencaram. Alguns anos depois, perguntei a Ben como seu amigo Tobias estava. (Olha só a alegria com a desgraça alheia!) Ele tinha vendido suas ações antes da quebra? Infelizmente, não. Enquanto a conta de Ben se manteve sólida, com US$1,3 milhão, Tobias vendera as ações após perder quase 1 milhão. Sua conta agora tinha US$400 mil.

Ben estava curtindo a aposentadoria, com a segurança de saber que tinha dinheiro suficiente. Mas para Tobias agora não havia escolha a não ser trabalhar. Ele trabalhou incansavelmente por mais 9 anos — muito mais do que tinha previsto da última vez que falei com ele —, aposentando-se aos 68 anos. Sua estratégia idiota custou cerca de US$1 milhão e quase uma década de vida.

Errar na compra do seguro certo e na hora de investir são apenas dois dos erros idiotas que pessoas inteligentes cometem. Já vi cirurgiões cardíacos renomados, procuradores respeitados, cientistas notáveis e gerentes seniores cometerem tolices que o deixariam incrédulo. Os custos desses erros podem ser estrondosos: casas penhoradas, vidas devastadas, sonhos abandonados. Um amigo meu não usou a opção de venda das ações que tinha recebido de seu empregador porque "não queria pagar imposto" sobre elas, que seria de aproximadamente US$100 mil. Ninguém conseguiu convencê-lo a mudar de ideia. Quando veio a crise financeira, as ações da empresa micaram e, no momento em que suas opções venceram, não valiam mais nada. Seu adiamento inútil custou US$750 mil a ele e à sua família, mas tudo bem — não teve que pagar um centavo ao Tio Sam.

Também há o casal de idosos que conheci, que compraram uma hipoteca reversa* da qual não precisavam, o que custou as dezenas de milhares de dólares de seus herdeiros. Ou o médico que, apesar do meu conselho, se recusou a fazer um testamento, e sua família teve que pagar um imposto evitável de mais de 1 milhão de dólares após sua morte. Os herdeiros precisaram vender a casa da família em Martha's Vineyard por causa de sua teimosia — resultado que ele não imaginou nem desejou.

---

* N. E.: Hipoteca reversa (*reverse mortgage*) é uma modalidade de crédito com garantia real. Uma pessoa idosa registra seu imóvel em favor de uma financeira, que em troca lhe paga uma renda vitalícia mensal em dinheiro. Quando ocorre a morte do proprietário, essa renda cessa, e o imóvel passa a ser propriedade da financeira, definitivamente. Essa modalidade é muito utilizada nos Estados Unidos, e ainda está em fase de regulamentação no Brasil.

Mesmo que não venha a sofrer um desastre financeiro, você provavelmente está desperdiçando seu dinheiro suado, perdendo uma grande quantia de dinheiro que poderia poupar ou se sujeitando a um sofrimento emocional desnecessário. Já se perguntou por que não está tão bem financeiramente quanto os que estão ao seu redor e que têm carreiras compatíveis, ou por que parece que você não alcança seus objetivos financeiros, apesar de seu foco e esforços? Pode ser que seja má sorte, mas também pode ser o resultado de uma decisão estúpida que tomou, apesar de seu QI alto, sua graduação ou seu talento em outras áreas.

Saiba que não estou julgando. Como descreverei neste livro, já cometi uma mancada financeira épica que me deixou envergonhada (até hoje, é difícil falar sobre isso). No começo dos anos 2000, à medida que a bolsa se recuperava do fracasso pontocom, demorei muito para investir em empresas mais arriscadas que estavam crescendo. Esperei pelo "momento certo" para entrar, pensando que era esperta o suficiente para saber quando seria esse momento. Adivinha? Não era. Ganhei apenas 12% com meu dinheiro naquele ano, quando o mercado subiu mais de 20%.

Pensei muito sobre o porquê de ter cometido esse erro, e por que pessoas inteligentes continuam a cometer erros parecidos. Agora percebo que fui presa dos meus sentimentos e da minha aversão a riscos. Sou uma investidora conservadora; sempre fui. Devo isso a uma experiência na infância, quando meu pai perdeu *muito* dinheiro. Ele negociava opções na American Stock Exchange (AMEX) e gostava de fazer umas apostas malucas. Em 1982, quando a U.S. Steel comprou a Marathon Oil, uma dessas apostas se virou contra ele e sua conta foi zerada. Nunca vou me esquecer de olhar pela fechadura da porta do quarto dos meus pais e vê-lo chorar enquanto contava para minha mãe o que tinha acontecido. Quando saíram do quarto, papai anunciou para minha irmã e eu: "Meninas, vamos para a Califórnia com os últimos US$5 mil que tenho." E fomos. Para completar o cenário, choveu os dez dias que dirigimos pela Pacific Coast Highway.

Experiências assustadoras na infância moldarão sua relação com o dinheiro e farão com que tome decisões específicas, muitas vezes para pior. Mas, em geral, somos todos animais emotivos, e não só racionais, então estamos todos suscetíveis a erros financeiros. O momento "Ah, merda" de Randy apareceu porque ele se sentia invulnerável e não imaginava que algo ruim pudesse acontecer com ele. O desastre de 1 milhão de dólares de Tobias ocorreu por causa de sua suposição de que o incrível desempenho financeiro da empresa continuaria indefinidamente, o que era resultado de sua fé inabalável — e irreal — na empresa e na incrível alta das ações de tecnologia. Ele também era egoísta, cego para suas falhas lógicas, mesmo quando sua bem-intencionada tia Jill (como alguns dos meus ouvintes do rádio e do podcast me chamam) as apontou.

Na maioria dos casos, duas emoções nos limitam quando tratamos de dinheiro: medo e ganância. Temos medo de perder o que temos e queremos ter muito mais. Além disso, temos muitas preconcepções cognitivas que impedem o julgamento, convencendo-nos de que o avesso é o direito, e o direito é o avesso. Há um viés de confirmação — nossa tendência a procurar informações que sustentem a nossa crença; ou um viés de restrição — nossa inclinação a pensar que podemos resistir a uma tentação, quando na verdade não podemos; ou um viés de otimismo — nossa tendência a pensar positivamente. Tais vieses podem nos levar a tomar inúmeras decisões idiotas que a princípio parecem inofensivas, mas que nos custam muito caro depois. Já vi pessoas fazerem isso — incontáveis vezes.

Até este momento, já fiz planejamento financeiro e dei conselhos sobre investimentos pessoais por mais de três décadas. Já falei com milhares de pessoas. Como uma psicóloga, já vi quase todas as idiotices que as pessoas fazem. E, em muitas ocasiões, chorei junto (literal e figurativamente) ao ouvir as consequências de seus erros. Mas, ao contrário de um terapeuta, que tenta guiar e encorajar as pessoas enquanto elas exploram suas tendências psicológicas, tive a oportunidade de dizer a elas exatamente o que fazer. Além dos meus clientes, dei conselhos financeiros para as massas em meu programa semanal de rádio, aparecendo na CBS News, apresentando um podcast e escrevendo artigos para jornais e blogs.

Por muito tempo, pensei que esse trabalho seria o suficiente e me permitiria espalhar meus conhecimentos para ajudar a salvar as pessoas de sofrimentos desnecessários devido aos seus comportamentos financeiros. Porém uma década se passou desde a Grande Recessão de 2007–2009 e ainda escuto pessoas inteligentes fazendo as mesmas perguntas e cometendo os mesmos erros trágicos. Ainda vejo vidas arruinadas e aposentadorias adiadas porque pessoas inteligentes acabam impedidas por suas próprias emoções e preconcepções, e porque alguns profissionais inescrupulosos do setor financeiro exploram esses pontos cegos. Concluí que precisamos ter uma conversa honesta sobre os erros financeiros mais comuns, para que possamos evitá-los ou, quando os cometermos, voltar aos trilhos.

Se você já passou por um desses terríveis momentos "Ah, merda" com seu dinheiro — seja investindo, comprando uma casa, planejando a aposentadoria ou outra coisa —, por favor não se desespere. Você não é o único que está errando — muitas pessoas o fazem. Saiba também que não é vergonhoso cometer um erro financeiro. A única vergonha é não aprender com ele e não fazer nada para evitar outras estratégias estúpidas.

Nos próximos capítulos, falarei a respeito de uma série de erros surpreendentes que pessoas inteligentes cometem com o dinheiro delas — equívocos que poderiam custar dezenas, até centenas de milhares de dólares, para não falar das noites de sono. Vou analisar esses erros, explicar a psicologia subjacente que pode ser a causa de cometê-los e oferecer um guia de como melhorar. No final destes capítulos, apresentarei ferramentas simples para ajudar você a evitá-los com um mínimo de esforço. Não quero fornecer um guia de gerenciamento financeiro pessoal. Tais livros existem, e você deve consultá-los se quiser se aprofundar em assuntos como hipotecas, investimentos e planejamento imobiliário*. Meu objetivo é apenas explorar erros que pessoas inteligentes cometem. Peneirei dezenas de equívocos e identifiquei os mais custosos e comuns, e os reuni em um livro fino e de fácil leitura. Se você conseguir mitigar apenas uma idiotice e evitar algumas outras, este livro terá valido a pena.

Alguns livros populares oferecem conselhos para enriquecer rapidamente ou orientações financeiras simplificadas. Este não é assim. Como aprendi, as pessoas preferem uma conversa direta e honesta com dicas úteis que ajudam na jornada financeira, com bom senso e uma perspectiva de como gerenciar suas emoções. Também aprendi que, como Julie Andrews diz, "Uma colherada de açúcar faz com que o remédio desça", então vamos rir um pouco de nossa própria insensatez. Como poderíamos não o fazer? Todos somos seres humanos imperfeitos que fazem escolhas horríveis (diz a mulher que fracassou em dois casamentos!), inclusive financeiras. E, apesar de essas escolhas serem dolorosas, muitas delas também são muito engraçadas — se você conseguir aceitar seus defeitos e se perdoar por eles.

Foi o que fiz. E é o que espero que você faça. Você é humilde o suficiente para assumir suas vulnerabilidades a armadilhas emocionais? É flexível o bastante para mudar seu caminho? Então vamos começar! Treze capítulos. Treze "idiotices". Uma canja para sua alma financeira. E muita diversão!

---

* N. E.: Planejamento imobiliário (*estate planning*) serve para gerenciar a base de ativos de um indivíduo em caso de incapacitação ou morte, incluindo o legado de bens a herdeiros e a liquidação de impostos imobiliários. A maioria dos planos é criada com a ajuda de um advogado especialista em direito imobiliário.

IDIOTICES QUE PESSOAS INTELIGENTES FAZEM COM O PRÓPRIO DINHEIRO

IDIOTICE #1

Comprar Produtos Financeiros que Não Entende

Digamos que você tenha US$800 mil em uma previdência privada e também tem sorte de ter uma pensão. Um dia, o cara do investimento liga, convida você para jogar golfe e sugere que coloque os US$800 mil de seu pé-de-meia em um outro plano de previdência, com renda variável. Conforme ele explica, esse é um tipo de investimento "exclusivo" que lembra uma previdência, mas oferece benefícios fiscais especiais. Você não pagará nenhum imposto enquanto seu dinheiro aumenta. Quando estiver mais velho, aposentado ou próximo disso, pode sacar e pagar a parcela devida ao Tio Sam. E não só isso: terá muitas opções para acessar o dinheiro e criar uma renda fixa quando precisar. Se as ações da bolsa caírem, você estará protegido e poderá deixar dinheiro para seus herdeiros sem nenhum problema. Será sua própria pensão individual! Parece ótimo, não?

Você vira de um só gole seu drinque e, sem pensar duas vezes, fala para seu conselheiro transferir todo o dinheiro para essa nova previdência privada incrível. Então segue curtindo a vida, confiante de que suas reservas não somente estão seguras, mas aumentando. Um ano depois, dá uma olhada no extrato da sua conta e tem uma surpresa desagradável: tem apenas US$786 mil nela! Como isso é possível? O mercado está em alta, mas sua conta está em baixa.

Você procura e descobre que, na verdade, essa previdência privada que o seu parceiro de golfe/conselheiro recomendou veio com algumas taxas muito altas — cerca de 2% a 3% ao ano, se comparadas com 0,25% do seu fundo mútuo anterior. Um plano com renda variável poderia ter feito sentido se o dinheiro que entrasse viesse de uma conta taxada, mas, no seu caso, o dinheiro já estava em uma conta com taxas muito vantajosas. O que você fez, na verdade, foi pagar por um benefício fiscal que não precisava. Tirou dinheiro de uma conta de aposentadoria que tinha taxas relativamente baixas e o jogou em um produto de previdência caro que você não entendia. Não foi uma estratégia boa. Na verdade, um erro de US$14 mil.

Pessoas inteligentes caem o tempo todo nas armadilhas de produtos financeiros que não entendem. Não são só previdências privadas, mas muitos outros. Pessoas inteligentes perdem uma quantia robusta de suas economias em barras de ouro ou moedas, pensando ser um investimento "seguro" que permitirá que elas saiam dos mercados tumultuados. A verdade é que metais preciosos são investimentos voláteis, podem perder valor, e é difícil se livrar deles se os preços caírem. Pessoas inteligentes compram hipotecas reversas, ansiosas por uma bela renda fixa retornando todo mês a partir da valorização da casa delas. Alguns anos depois, quando percebem que têm que se mudar, enfrentam altos juros e impostos pelos quais não esperavam. Em alguns casos, como elas e seus herdeiros não entenderam as letrinhas miúdas do contrato, perdem a possibilidade de passar a propriedade para a próxima geração. E também há os fundos de hedge. Eles parecem sexy, e são — para bilionários e investidores institucionais que têm acesso aos 10% dos fundos de hedge que realmente são bons. Nós, reles mortais, nos daríamos melhor se continuássemos com nossos velhos e entediantes fundos mútuos.

Neste capítulo, analisarei os malefícios escondidos nesses produtos financeiros, examinando algumas das letrinhas miúdas dos contratos que você pode não ter tido tempo de ler, e, para ser sincera, que seu corretor provavelmente torceu para que você não lesse. Também apresentarei um método sofisticado que pode ser usado para não comprar nunca mais um produto financeiro que você não entende. Não aprenderá esse método em nenhum outro lugar — nem na Wharton, nem em Stanford, nem em Harvard. Está pronto? É chamado... *faça mais perguntas*. Eu sei, é óbvio, mas muitas pessoas inteligentes não fazem isso! Passamos mais tempo pesquisando sobre nossas próximas férias ou um restaurante para o sábado à noite, ou a carne vermelha orgânica, maturada a seco e alimentada com capim que comemos nesse restaurante do que pesquisando os produtos financeiros dos quais nosso futuro depende. Se valoriza seu dinheiro, comece a fazer perguntas complexas agora mesmo — não porque você quer, mas porque é para seu próprio benefício.

NÃO PROCURE MAIS PELA SRA. BARRA DE OURO

Vamos falar sobre ouro. Em programas que passam tarde da noite, na televisão, você verá comerciais com atores que caíram no ostracismo tentando vender moedas ou barras de ouro. A primeira coisa que você se pergunta é: "Esse cara ainda está vivo?" Então ele alerta que o mundo é perigoso, que você precisa assegurar o seu dinheiro, não importa o que aconteça. Compre moedas e barras de ouro para poder ficar tranquilo. Se a bolsa quebrar, o ouro ainda reterá seu valor.

Faça-me um favor: não tome decisões de investimento tarde da noite por causa desse cara. Simplesmente não faça isso. E quem lhe fala é uma antiga negociante de ouro, então preste atenção!

O ouro *parece* um investimento sensato. Realmente precisamos nos proteger de mercados financeiros instáveis, principalmente em períodos de inflação, quando nosso dinheiro perde valor e os preços aumentam. Há gerações, nossos antepassados recorriam a ativos como terra, petróleo e gás ou commodities para essa proteção, pois o preço desses ativos sobe conforme os preços sobem em geral. De todos os ativos, o ouro reinou por muito tempo como o "porto seguro". Países inteiros costumavam atrelar suas moedas ao preço do ouro, ou, como é conhecido, o "padrão-ouro". Então, por que não colocar uma parcela considerável de suas economias nele?

Vou explicar. O ouro não é nem de perto tão "seguro" quanto parece. Todas as commodities são voláteis. O ouro pode ficar estagnado ou perder valor por longos períodos. Na verdade, nos últimos dois séculos, houve muitos períodos de cinco a dez anos em que ele provou ser um mau investimento. O período entre 2012 e 2017, por exemplo, foi de grandes dificuldades financeiras, com momentos traumáticos quando as ações da bolsa perderam valor. Políticos dos Estados Unidos nos deixaram à beira do desastre com suas negociações para aumentar o teto da dívida, a zona do euro quase colapsou com o peso da crise econômica na Grécia, britânicos votaram a favor de deixar a União Europeia, e, logo no início de 2016, as bolsas foram corrigidas, pois o petróleo estava soterrado nas preocupações de que a economia mundial estava desacelerando. Apesar dessas vicissitudes, o S&P 500 aumentou 82% nesse período, enquanto o ouro diminuiu 47%. Se você tivesse dado ouvidos aos apocalípticos e aplicado, digamos, metade do seu portfólio em ouro, teria se dado muito mal!

O ouro é muito *errado* de muitas maneiras. Ao contrário de ações ou bonds [títulos de renda fixa no exterior], o ouro não gera renda ao pagar juros ou dividendos (assim como nenhum outro metal precioso, como cobre e prata). Apenas pensando nesse argumento, muitos profissionais de investimento afastam seus clientes dele. Se quiser se proteger da instabilidade do mercado, é melhor comprar um exchange-traded fund (ETF) que aposte contra a bolsa de valores, para que, quando esta cair, você ganhe dinheiro. Investidores ricos com grandes portfólios também podem comprar opções para se proteger de mercados perigosos. Se você se preocupa com a inflação, saiba que qualquer um de nós pode comprar bonds protegidos contra ela, como I Bonds ou Treasury Inflation Protected Securities (TIPS)*. Não há nenhuma necessidade de investir em ouro.

Se, apesar das minhas advertências ferrenhas, precisar comprar ouro, faça um favor a si mesmo e limite-se a menos de 5% de seu portfólio total. E, pelo amor de Deus, fique longe de barras e moedas. As vendas nas propagandas pagas recebem comissões embutidas elevadas. Há despesas de seguro e armazenamento. (O quê? Você acha que vai guardar o ouro debaixo do colchão?) Além disso, se quiser vender seu ouro, provavelmente não conseguirá o preço real de mercado por ele, porque não é fácil pessoas comuns acessarem grandes mercados secundários, como a New York Stock Exchange ou uma bolsa de mercadorias, onde produtos financeiros baseados em ouro são comprados e vendidos. Você possui o metal físico, não um produto financeiro baseado nele. Então, em vez de tentar obter o melhor lance competitivo por seu ouro, você só pode ir até uma corretora e tentar se livrar dele. Tudo isso é uma receita para um péssimo negócio.

Invista em um exchange-traded fund de ouro. Um ETF é um investimento que parece um fundo mútuo, porque é um investimento coletivo. Ele tem maior liquidez do que uma ação, pois você pode vender um ETF a qualquer momento do dia, sem ter que aguardar o preço do fechamento, como a maioria dos fundos mútuos abertos. O primeiro ETF de ouro ("GLD") apareceu em 2004 e permitiu que os investidores participassem do mercado

---

* N. E.: No Brasil há vários tipos de investimentos protegidos contra a inflação disponíveis, como o Tesouro IPCA, por exemplo. Todavia, existem centenas de outros papeis privados que pagam o IPCA (inflação) mais uma taxa de juros anual.

de ouro ao comprar um ativo coletivo que refletia o desempenho da barra de ouro. Se comprar uma ETF de ouro, você não pode vender sua parcela para o tesouro de um pirata. Por outro lado, escapa dos custos adicionais e dos problemas logísticos de possuir um metal precioso. Uma alternativa à ETF é investir em uma ação de ouro (comprar ações de uma mineradora de metais preciosos). Pelo menos você consegue vendê-la facilmente se estiver perdendo valor. Mas lembre-se, nada além de um tiquinho do seu portfólio.

Como contei, eu negociava ouro, e ainda assim não chegaria nem perto dele. Mencionei que o ouro salvou a vida da minha "avodrasta"? Valerie, ou "Valley", como a chamávamos, cresceu na Hungria depois da Primeira Guerra Mundial. No começo dos anos 1940, quando os nazistas marchavam no vilarejo dela, sua mãe lhe deu um monte de joias de ouro e disse: "Esconda isso e saia da cidade!" Vendendo o ouro pouco a pouco, Valley conseguiu sair da Europa, chegando a Londres e então à Austrália, antes de migrar para os Estados Unidos após se casar com meu avô. O ouro a protegeu em um momento tumultuado. Mas isso não significa que ele oferece a melhor proteção para você. Afaste-se. Geralmente é uma porcaria de investimento.

POR QUE VOCÊ PROVAVELMENTE TAMBÉM DEVERIA SE AFASTAR DESSA HIPOTECA REVERSA

Enquanto você assiste à televisão tarde da noite (provavelmente porque está preocupado com dinheiro e não consegue dormir), pode ser que se depare com comerciais para outro produto financeiro que já iludiu uma parcela de pessoas inteligentes: hipoteca reversa.

Digamos que você já quitou sua casa ou tem apenas algumas parcelas de hipoteca pela frente. As hipotecas reversas, disponíveis para proprietários com mais de 62 anos e supervisionadas pelo Departamento de Habitação e Desenvolvimento Urbano dos Estados Unidos, lhe pagarão uma fatia do valor da casa, seja de uma vez só ou em parcelas mensais. É possível ter acesso a esse valor no momento, sem ter que vender sua casa. No fim, quando morrer ou não morar mais na casa, o banco recupera esse dinheiro (geralmente com a venda da casa), além de juros e cobranças financeiras.

As hipotecas reversas podem funcionar bem para pessoas mais velhas que acumularam uma quantidade significativa de bens em suas casas, mas não têm uma renda significativa de aposentadoria mensal. Com uma hipoteca reversa, não é necessário se mudar e encontrar algo mais barato; você pode ficar e envelhecer ali. Quando a morte bater à sua porta, sua casa está vendida, e seus herdeiros recebem o valor que ainda sobrou da casa depois que o empréstimo foi pago.

Então, qual é o problema? Alguns. Sandy Jolley, advogada especializada em direito do consumidor e especialista em hipotecas reversas, pode lhe contar centenas de histórias de terror de consumidores enganados por credores predatórios que avaliaram taxas e tomaram medidas extravagantes (e algumas vezes ilegais) para ficar com a casa dos tomadores de empréstimo. Mesmo quando os credores estão se comportando relativamente bem (e a indústria está se livrando dos problemáticos), muitos tomadores de empréstimo ou seus herdeiros sofrem perdas gigantescas porque não entendem os termos complexos e requisitos desses empréstimos.

Uma mulher da Flórida, que chamarei de Bonnie, descobriu que sua mãe recém-falecida havia comprado uma hipoteca reversa para sua casa.[1] A intenção era que Bonnie pagasse o empréstimo quando a mãe morresse e mantivesse a propriedade na família. A filha queria fazer isso, mas não percebeu que teria que ter se tornado representante legal do espólio da mãe antes mesmo que o banco dissesse qual era o saldo devedor do empréstimo. De acordo com os termos da hipoteca reversa, depois que a mãe morresse, teria seis meses para pagar o empréstimo se quisesse manter a casa. Tornar-se representante legal era um processo custoso e que demorava meses. Quando finalmente conseguiu lidar com isso e o banco informou a quantia do ressarcimento, ela teve que pedir um empréstimo para pagar, pois não tinha o dinheiro. O empréstimo não chegou no período de seis meses, e o banco tomou a casa da mãe dela. Não havia nada que Bonnie pudesse fazer.

Além de entrarem em conflito com os termos e requisitos, muitas pessoas pegam hipotecas reversas sem analisar se realmente deveriam continuar em casa. E se você sofrer um problema de saúde e necessitar de cuidados caros? Sua renda com a hipoteca reversa seria o suficiente ou precisaria mudar de casa?

Talvez o custo doméstico seja mais alto do que você pode bancar. E, se não for, talvez queira se mudar para que um parente cuide de você. Se quiser sair de uma hipoteca reversa depois de apenas alguns anos, é possível, mas terá que devolver o que o banco já lhe emprestou e incorrerá em milhares de dólares em taxas e multas.

Antes de aceitar uma hipoteca reversa, pare e faça sua lição de casa. Para evitar uma situação como a da Bonnie, Sandy recomenda que você converse com um advogado especialista em direito imobiliário sobre a necessidade de um fideicomisso para sua casa e outros ativos. Também recomenda a criação de um plano financeiro detalhado, com a ajuda de um consultor de confiança, e a consideração de outras opções, como vender ou arrendar sua casa, ou refinanciar sua hipoteca atual (consulte o site dela, www. elderfinancialterrorism.com — conteúdo em inglês). As hipotecas reversas são complexas — páginas e páginas de letrinhas miúdas. Certifique-se de que entendeu completamente o que está obtendo, e por que faz sentido — ou não.

CORTE OS FUNDOS DE HEDGE PELA RAIZ

Em um dia de verão de 2005, Jim, um cliente em potencial, passou no meu escritório e falou efusivamente dos US$300 mil em ativos não voltados para a aposentadoria que tinha investido em um fundo multimercado. Jim pode ter pensado que estava me impressionando. "Nossa, um fundo de hedge", provavelmente esperava que eu dissesse. Fundos de hedge são veículos de investimento que as pessoas ricas (a Comissão de Títulos e Câmbio dos Estados Unidos tem uma designação própria para elas — são chamadas de "investidores qualificados") e investidores institucionais costumam usar para se proteger de perdas nas fatias principais de seus portfólios. Gerentes de fundos de hedge podem comprar praticamente qualquer ativo do fundo, incluindo derivados complexos (lembra-se deles na crise financeira?) que aceleram as apostas dos gerentes. Eles afirmam que suas estratégias detalhadas, baseadas em algoritmos sofisticados, entregarão desempenhos superiores.

Há cerca de 10 ou 15 anos, esses fundos mudaram; não são mais divulgados como "fundos de hedge", mas como oportunidades exclusivas de obter retornos incríveis. As massas colocam seu dinheiro em fundos mútuos ou bonds. Já os agraciados obtiveram acesso a um fundo de hedge privado gerenciado por um investidor genial.

"Sabe", disse a ele, "os fundos de hedge parecem atrativos, mas e se você quiser tirar o dinheiro mais rápido?". Ao contrário de fundos mútuos, os fundos de hedge têm regras complexas com relação ao momento em que você pode sacar o dinheiro. Não é possível simplesmente vender e receber um cheque três dias depois.

"Ah, não estou preocupado", ele disse.

Jim nunca virou meu cliente. Porém alguns anos mais tarde, em 2008, nos esbarramos no mercado. "Meu Deus", ele disse, "deveria ter ouvido você. Acabei de ser massacrado!". Seu investimento de

US$300 mil perdeu dois terços do valor, deixando-o com apenas US$100 mil na conta. Ele viu isso acontecendo, mas não pôde fazer nada. Quando finalmente teve acesso ao dinheiro, a conta tinha só US$80 mil. Em pânico, decidiu fechar a conta e pegar o dinheiro vivo, em vez de esperar para ver se o valor do fundo voltaria a aumentar. Como seu dinheiro estava em espécie, perdeu mais uma janela de oportunidade quando o mercado voltou a subir.

Se esse cara tivesse investido em um portfólio de fundos mútuos, como o resto de nós, o valor de sua conta provavelmente também teria erodido — afinal, era 2008. Mas pelo menos teria tido acesso ao investimento. Provavelmente não teria entrado em pânico e ficado com seu dinheiro em espécie, manobra que lhe custou milhares de dólares. E, muito possivelmente, não teria perdido tanto, para começo de conversa. Apesar da aura de sofisticação, os fundos de hedge *não são maravilhosos*. Apenas cerca de 10% superam o S&P 500. O resto é igual ou pior. Tente alcançar esses 10% dourados. É impossível — são restritos a bilionários e investidores institucionais. Mesmo que aconteça de você ter um fundo de hedge que gere rendimento, a IRS [receita federal norte-americana] pode tratar parte do rendimento como ordinário, não como ganho de capital, taxando-o com cotas mais altas. Além disso, têm taxas altas que comem os retornos. Cobram "dois e vinte" — 2% ao ano para ter o fundo, mais 20% de quaisquer retornos. É ótimo se você conseguir, não?

Os fundos de hedge são como homens e mulheres no Tinder: nas fotos de perfil são lindos, mas, se passar cinco minutos com eles, não ficará impressionado. Warren Buffett lançou um desafio famoso a gerentes de fundos de hedge em 2007, oferecendo-se a apostar US$1 milhão de dólares que os portfólios de fundos de hedge não teriam um desempenho melhor do que o S&P 500 em dez anos, e o vencedor doaria esse milhão para caridade.[2] Adivinhe quantos gerentes de fundos de hedge aceitaram a aposta! Um cara, de uma empresa chamada Protégé Partners. Ao final da aposta, em 2017, o portfólio de seu fundo de hedge tinha entregado míseros 2,2% anuais. O S&P 500? Um ganho anual de 7,1% em dez anos. Foi uma ótima notícia para a Girls Inc. de Omaha, Nebraska, que recebeu US$1 milhão.

MEDO: O INIMIGO DA COMPREENSÃO

Por que tantas pessoas inteligentes são enganadas pelos fundos de hedge, hipotecas reversas ou ouro e perdem dinheiro? A propósito, por que elas compram outros produtos financeiros potencialmente perigosos, cujo funcionamento não entendem, como fundos de taxa variável ou junk bonds?[*] Parte do problema é que nos aconselhamos com as pessoas erradas — uma "idiotice" sobre a qual falaremos no próximo capítulo. Mas outra parte do problema é que a maioria dos produtos financeiros são chatos e alguns podem ser bastante complexos. A matemática "simples" em um investimento ou apólice de seguro não é tão simples quando vem soterrada em um documento informativo de cem páginas, conhecido como prospecto. E a maioria das pessoas inteligentes está ocupada. Não queremos passar mais do que alguns minutos lendo cuidadosamente esses documentos. Admita — você leria todos os documentos associados à compra de uma casa financiada com uma hipoteca? Eu com certeza não! O que muitos de nós não percebem é que essa leitura incompleta nos deixa vulneráveis, em muitos casos, às emoções de ganância e medo. Pode ser que seu corretor afirme que uma previdência privada é mais segura do que investir em ações. Mas, quando você analisa mais detidamente,

---

[*] Muitas pessoas inteligentes compram esses fundos como alternativas a poupanças, pensando que estão igualmente seguros e que de alguma forma obterão retornos mais altos — talvez alguma porcentagem extra. Isso é o que os vendedores costumam contar a elas. Na verdade, fundos de taxa variável e bonds não são tão seguros quanto a poupança. Eles podem perder valor, e isso ocorre com frequência. Esses retornos mais altos vêm com riscos mais altos.

a previdência privada é a estratégia mais inteligente? Muito possivelmente, não.

Se quer saber, há um pouco mais em jogo aqui do que o tédio. Como o professor John Eastwood, da York University, notou, dois tipos de pessoas tendem a ficar entediadas. Há os viciados em adrenalina, que estão constantemente procurando novidades e não recebem o estímulo de que precisam. Do outro lado do espectro, descobriu-se que os extremamente temerosos também tendem a ficar entediados. Para evitar o sofrimento, eles se fecham para o mundo, relegando-se a ambientes que podem oferecer mais segurança e conforto, mas parece que isso é muito desestimulante.[3]

Suspeito há muito tempo que o medo está escondido abaixo da superfície quando as pessoas fingem estar "entediadas" com suas finanças. Talvez tenham medo de não conseguir alcançar seus sonhos financeiros. Não querem enfrentar a "realidade" financeira. Assim, elas se fecham atrás de uma muralha, colocando uma barreira, e a chamam de "tédio". Como já vi repetidas vezes enquanto planejadora financeira, quando você explica questões financeiras e aborda os medos das pessoas, o dinheiro deixa de ser "chato" para elas.

Para evitar a Idiotice #1, liberte-se de seu tédio e passe mais tempo lendo as letras miúdas. Não me odeie por dizer isso — você sabe que deve fazê-lo! E então vá adiante — faça perguntas difíceis, críticas. Muitas pessoas inteligentes hesitam ao fazer perguntas aos vendedores e consultores financeiros, embora ajam de forma agressiva em outras áreas da vida. O medo age aqui também. Muitas pessoas inteligentes são muito bem-sucedidas em suas carreiras. Costumam ser as especialistas, e, quando conhecem pouco o assunto, temem parecer ignorantes ou imbecis. É psiquicamente mais fácil para elas concordar com a cabeça e fingir que entenderam do que arriscar passar vergonha. Você já fez isso? Eu com certeza já!

Alguns de nós, principalmente os que estão começando a ficar grisalhos, podem também temer ofender um corretor ou outro profissional financeiro ao fazer "perguntas demais". A ideia de expertise sofreu um baque ultimamente, alguns analistas inclusive anunciaram que isso já não existe mais.[4] Mas muitos de nós ainda tendem a venerar especialistas e se negam a questioná-los. Meu pai era assim. Ao longo de sua vida, sempre foi uma pessoa cínica, rebelde e crítica — poderíamos chamar de "um pé no saco". Sabe aquele pai que grita com o juiz por ter tomado uma decisão idiota no jogo de basquete do filho? Meu pai era assim. Quando eu estava no ensino fundamental, meu pai foi expulso do ginásio durante um de meus jogos justamente por isso.

No entanto, em 2013, quando estava internado por causa de uma doença grave, recusava-se a fazer qualquer pergunta aos médicos. Uma vez, depois de ter passado quase dois meses entrando e saindo da unidade de tratamento intensivo, o médico queria fazer mais uma bateria de exames invasivos. Quando educadamente perguntei se os exames eram mesmo necessários, meu pai me fuzilou com o olhar. Mais tarde, quando o médico já tinha ido embora, ele me deu a maior bronca. "O que você acha que estava fazendo?", falou. "Como ousa questioná-lo?" Aos olhos dele, eu havia cometido um ato de imenso desrespeito.

Na minha carreira de planejadora financeira, muitas vezes desejei que meus clientes me fizessem mais perguntas, não menos. Ao questionar, os clientes não estão me desrespeitando. Ao fazer isso, estão implicitamente aceitando uma parcela da responsabilidade pela tomada de decisões. Queria que meus clientes se sentissem à vontade com as decisões que *nós* estávamos tomando juntos, e, se não perguntassem nada, eu tinha dificuldades para entender seus medos e corrigir alguma confusão deles. Como explica o colunista Jason Zweig, do *Wall Street Journal*: "Não há motivo para temer fazer muitas perguntas. Bons consultores financeiros não têm nada a esconder e adoram a oportunidade de explicar tudo o que sabem. Dezenas deles já me disseram que gostariam que seus clientes perguntassem mais, não menos, antes de assinar o contrato."[5]

Se não perguntam, pessoas inteligentes correm o risco de pensar que entendem de uma questão financeira, quando na realidade a conhecem apenas superficialmente. No final de 2017, estava em uma sala cheia de produtores de televisão seniores conversando sobre a legislação de impostos republicana que estava em tramitação no Congresso na época. Esses produtores eram incrivelmente inteligentes — haviam estudado em escolas e faculdades ótimas, e ganhavam centenas de milhares de dólares por ano. Ainda assim, alguns deles estavam relutantes em fazer perguntas sobre partes específicas da legislação. Assentiam com a cabeça e diziam: "Sim, entendemos isso." Suspeitando que não entendiam, desafiei-os a explicar esses aspectos da legislação. Silêncio. Eles na verdade não entendiam. Pensavam que sabiam, mas não compreendiam a legislação em detalhes. Sabiam o suficiente para serem arrojados, mas não para tomar decisões financeiras inteligentes.

Por favor, por favor, por favor: questione mais. Familiarize-se com os fatos relevantes — todos eles. Pode ser que você entenda que uma previdência privada é um tipo de investimento vendido por seguradoras que permite que você aplique dinheiro hoje para usar no futuro. Pode ser que você saiba que a seguradora investe esses fundos para você, pagando uma renda lá na frente, permitindo que você crie sua pensão privada. Mas certifique-se de também saber os detalhes sobre quanto o produto custa, por quanto tempo terá que aguardar antes de poder ter acesso ao dinheiro e se é mais barato ou mais caro do que outras opções. Se fizer isso, descobrirá que um produto que parecia bem simples é na verdade bastante complicado, o que é uma desvantagem para você. Também perceberá que, em vez de pagar muito caro por aquela previdência privada, poderia replicar as características do produto sozinho com um custo muito menor ao abrir uma conta poupança e investindo em um portfólio diversificado de fundos mútuos.

Um consultor que está discutindo um produto financeiro com você pode não explicar os detalhes se não for perguntado. Não necessariamente porque são obscuros. Um representante de uma empresa de seguros que está vendendo-lhe um plano de previdência privada pode acreditar de coração no produto. Mas, como vendedor, é treinado para focar as vantagens, não para fornecer uma análise crítica. Eu sei, alguns vendedores falam sobre os lados negativos dos produtos, mas não podemos contar com isso. Tome à frente e pergunte, para que possa extrair aspectos que talvez não sejam muito convenientes para seu consultor, mas que são essenciais para você.

Se não estiver trabalhando com um vendedor, adquira o hábito de fazer perguntas a *si mesmo*. Digamos que tenha metade de suas reservas que não são para a aposentadoria investidas em ações da bolsa. Você sabe que investimentos diversificados fazem sentido, então quer colocar a outra metade do seu dinheiro em bonds. Então pesquisa os retornos de bonds intermediários e descobre que são muito baixos — apenas 2,25%, por exemplo. Passa pela lista de bonds oferecidos e encontra um com um bom pagamento, de 5,75%. "Uau", você diz, "é um bond e paga 3% a mais. Vou escolher esse!". A pergunta a se fazer é: "Por que vou obter um retorno mais alto?" Se pesquisar mais, descobrirá que é porque ele tem um risco maior. Ao comprar esse bond [ativo] com retorno maior, está essencialmente emprestando dinheiro a empresas que são consideradas tomadoras de empréstimo de risco. Se essas empresas não pagarem, pode ser que você perca parte do dinheiro — embora essa parte fosse dedicada à "segurança" em seu portfólio.

Bonds não são todos criados da mesma maneira. Junk bonds são bem parecidos com as ações quando a merda bate no ventilador na economia. Faça perguntas e saberá!

AS CINCO PRINCIPAIS

Há cinco perguntas que você *deve* fazer a si próprio e a quem quer que esteja tentando lhe vender um produto financeiro:

Pergunta #1: Quanto esse produto financeiro custará?

A maioria dos produtos financeiros requer que você pague ou uma comissão adiantada ou uma taxa frequente. Para fundos mútuos, pode ser que você pague uma comissão de 5,75%, assim como uma taxa anual de administração de até 1%. Agora é possível ver por que os fundos de hedge são extremamente caros — a taxa anual pode ser pelo menos duas vezes mais alta! A diferença entre taxas de 1% e 3% não parece grande à primeira vista, mas pode significar milhares de dólares ao ano. Economizar nessas taxas é como acumular retornos sem risco algum. Se estiver trabalhando com um corretor, certifique-se de perguntar quanto ele ganha pessoalmente ao vender o produto financeiro. Se há um incentivo para que ele venda alguns dos produtos, você precisa saber. Isso nos leva à segunda pergunta.

Pergunta #2: Quais são as alternativas a esse produto financeiro?

Para obter o melhor acordo, é preciso comparar e explorar alternativas. Elas podem estar em uma classe de produtos, mas também em produtos financeiros diferentes que poderiam ajudá-lo a atingir seus objetivos mais facilmente. Pode até ser possível que você os atinja sem comprar um produto financeiro. Se quiser envelhecer no mesmo lugar, por exemplo, uma hipoteca reversa pode ser boa para você, mas, como Sandy Jolley enfatiza, talvez você consiga seu objetivo refinanciando ou desistindo de um empréstimo e alugando um quarto em casa. Se estiver trabalhando com um profissional

de finanças, pergunte o custo para cada alternativa, assim como quanto eles recebem por cada uma delas.

Pergunta #3: É fácil tirar meu dinheiro desse investimento? Se eu tiver que fazê-lo, quais são as taxas ou multas que terei que pagar?

Alguns produtos financeiros retêm seu dinheiro por muito tempo — você não consegue acessá-lo de forma alguma, ou sem pagar uma multa altíssima. Pode ser que não tenha problema, mas você precisa saber quão líquido é o produto e analisá-lo no contexto de seu plano financeiro. Na maioria dos casos, é desejável ter uma mistura de ativos líquidos (como um fundo para emergências) e investimentos de longo prazo que não têm tanta liquidez. Seja realista com relação às suas necessidades monetárias. Se acha que pode precisar do dinheiro que está investindo, certifique-se de que as multas ou taxas não sejam altíssimas.

Pergunta #4: Quais impostos incidem sobre esse produto financeiro?

Para calcular o custo total de um investimento, deve-se entender quais impostos incidirão sobre ele enquanto estiver em sua posse e quando sacá-lo. Você não quer ser surpreendido com uma conta de imposto pesada. Isso obviamente é importante para toda transação feita fora de sua conta poupança*. Imagine como seria se você fosse sortudo ou inteligente o suficiente para contratar um ótimo investimento em sua corretora e rapidamente vendesse para se manter no lucro. Se a venda ocorresse dentro de um ano da compra, você deveria ao Tio Sam, e o imposto aplicado corresponderia à taxa normal. Agora, dado o risco que você correu para obtê-lo, o retorno foi tão bom assim? Talvez não tanto quanto imaginou.

Pergunta #5: Qual a pior coisa que pode acontecer com esse produto financeiro?

Esta é uma ótima pergunta, porque o ajuda a acabar, de um só golpe, com o discurso de felicidade que o vendedor pode estar usando. Você já ouviu sobre os benefícios. Agora, pergunte a respeito do que pode acontecer de mais desastroso se não funcionar como esperado. Comparar os piores cenários dos produtos que estão em pauta permitirá que você tenha uma ideia melhor de qual escolher.

Não é fácil admitir que você não entende um produto financeiro, principalmente quando está acostumado a ter um bom desempenho em outras áreas da sua vida. Eu entendo. Mas pense assim: a verdade é a verdade. Você pode "ter" uma falta de conhecimento

---

* N. E.: O termo "conta poupança" aqui tem um sentido genérico e não deve ser confundido com a caderneta de poupança brasileira.

agora, antes de comprar, ou pode tê-la depois, quando já cometeu um erro tremendo e tem que recolher os cacos. Pesquise. *Suponha* que não sabe tudo sobre um produto financeiro, e veja o processo de compra e venda como uma oportunidade de aprender. Seja tão engajado e deliberado quanto costuma ser ao fazer outras compras maiores, como um carro ou uma casa. Afinal de contas, viverá com as consequências por anos a fio.

Quando admitimos nossa falta de conhecimento, geralmente contamos com corretores, agentes de seguro, planejadores financeiros certificados e outros consultores financeiros para nos ajudar a tomar decisões. Ainda assim, como veremos no próximo capítulo, nem todo conselho financeiro é igual. Alguns operadores têm a obrigação legal de dar conselhos que são de seu interesse, enquanto outros não são assim. Apesar de inteligentes, as pessoas com frequência não entendem a diferença nem percebem quando deveriam pagar por conselho. Assim, acabam aceitando conselhos das pessoas erradas. E isso custa muito caro.

IDIOTICE #2

Obter Conselho Financeiro das Pessoas Erradas

Meu amigo Mike, cirurgião ortopédico em Nova York, me perguntou a melhor maneira de economizar para a faculdade dos filhos. Fácil, eu disse — abra um plano 529 [espécie de poupança específica para a universidade nos EUA]. Todos os 50 estados norte-americanos oferecem essas contas especiais, que fornecem incentivos fiscais, para a educação. Funcionam da seguinte forma: ao inserir dinheiro em um 529, ele fica protegido de impostos federais e, usualmente, estaduais. Depois, ao acessar o dinheiro para os gastos qualificados (que agora incluem até US$10 mil com custos da educação infantil até o ensino fundamental, assim como graduação e pós-graduação), não há dividendos fiscais — é como uma poupança para a educação! Na maioria dos casos, é possível obtê-lo se não for residente, mas alguns planos oferecem incentivos fiscais especiais para os residentes do estado, e alguns permitem que os vendedores inscrevam consumidores e cobrem comissões (ao contrário de outros, que permitem que você adquira o plano diretamente do estado, sem pagar comissões). Quando conversei com Mike, o estado de Nova York oferecia um plano particularmente bom, então sugeri que ele o experimentasse. "Bem", ele disse, "não tenho um plano em Nova York. Meu consultor me disse para obter um plano em Rhode Island".

"Ah, é?", perguntei. "Não faz sentido. O plano de Rhode Island é muito ruim, principalmente se você não reside lá." Expliquei que, se usasse o plano de Nova York, ele e sua esposa, Mandy, poderiam obter redução nos impostos de até US$10 mil ao ano, o que, dada sua alíquota, seria uma economia de US$1.300 por ano que eles contribuiriam para o plano 529 de Nova York. "Imagine o que seria possível fazer com esse dinheiro extra. Poderia aplicar em um plano de aposentadoria para você e Mandy. Com o tempo, você terá um pé-de-meia muito maior e talvez até consiga parar de trabalhar antes." Além disso, os investimentos no plano de Rhode Island eram inferiores e mais custosos.

Ele ficou em silêncio. "Bem", disse finalmente, "tenho certeza de que há uma razão para ele ter me dito isso".

Assenti. "Vou lhe contar a razão. Ele recebe uma comissão se vende um plano de Rhode Island. Se tivesse dito o que era o melhor para você, que é comprar um 529 diretamente com o estado de Nova York, ele não a obteria." Segui adiante. "Não é por nada, não, mas sugiro que transfira seu plano de Rhode Island para Nova York. Eu obteria minha dedução fiscal, se fosse você."

Mike ignorou meu conselho. Na cabeça dele, saber que seu consultor estava enganando-o também significava que ele estava cometendo um grande erro. Então, em vez de reconhecer esse erro e corrigi-lo, sentiu-se melhor fingindo que não existiu.

Muitas pessoas inteligentes cometem o erro do meu amigo cirurgião ortopédico: aconselhar-se financeiramente com quem está tentando, mais do que tudo, ganhar dinheiro com algo que está vendendo, em vez de ajudá-lo. É facílimo cometer esse erro. Pode ser que estejamos negociando com corretores de seguros que parecem agradáveis e bem-informados. É possível que sejam velhos amigos ou tenham sido altamente recomendados por pessoas em quem confiamos. O que não percebemos é que muitos desses profissionais não são legalmente obrigados a atender aos interesses dos clientes. E isso é um problema.

Há não muito tempo, depois que meus amigos Kim e Peter tiveram o primeiro filho, aconselhei-os a adquirir um seguro de vida. Decidiram comprar de um amigo de infância da Kim que eles queriam "ajudar". Duas semanas depois, eles me ligaram, cheios de entusiasmo. Tinham comprado o seguro — não era incrível?

Com certeza era, até que me disseram que haviam comprado uma apólice chique para a vida inteira. Um seguro simples por prazo fixado com US$1 milhão cobertos custaria US$700 ao ano. A apólice de vida inteira que compraram custou *US$8 mil* ao ano. Poderia ter feito sentido se Kim e Peter precisassem de uma maneira de economizar mais para a aposentadoria ou se tivessem que manter a apólice para a "vida inteira". Além de fornecer seguro, oferecia o que é chamado de cobertura completa, com um benefício para a morte e a chance de acumular dinheiro dentro da apólice. Mas, como estava, Kim e Peter não estavam nem maximizando suas contribuições para as previdências oferecidas pelos empregadores deles.

Por que você acha que esse amigo ofereceu essa apólice a eles? Acha que teve a ver com a gorda comissão de 80% que ele ganhava do prêmio ao final do primeiro ano? Acho que sim! (Quase bati o carro na Via Expressa de Long Island quando me contaram isso.) Receber conselhos da pessoa errada teria custado dezenas de milhares de dólares ou mais durante vários anos, sem fornecer a eles um benefício extra. Alertei que cancelassem a apólice imediatamente, o que podiam fazer dentro de 30 dias. Eles o fizeram e compraram um seguro com prazo fixado, que era a cobertura mais apropriada e barata. (Pssiiuu: os governos estaduais regulam os seguros, o que significa que cada estado dá aos consumidores uma janela diferente para que possam mudar de ideia. Pergunte ao seu vendedor de seguro quanto tempo você tem para "se decidir" — na maioria dos estados é de 10 a 30 dias.)

Kim e Peter estavam comprando apenas um produto financeiro. E se, além do seguro, o consultor tivesse dito que precisavam de ajuda com o investimento para a aposentadoria? "Em vez do seu plano de aposentadoria da empresa", ele poderia ter falado, "vocês deveriam abrir uma previdência conosco". Parece bom, mas é mesmo? A previdência do trabalho pode custar 0,5% em despesas anuais, enquanto esse novo fundo mútuo teria custado 2,5% adiantado e 1% ao ano pelo período que mantivessem o fundo. Se Kim e Peter estivessem contribuindo, digamos, US$5 mil anuais para a aposentadoria, dentro de alguns poucos anos teriam acumulado milhares no bolso do corretor por nenhuma razão, a não ser pagar as contas do clube dele. Essas enganações acontecem *o tempo todo* com pessoas muito inteligentes.

Tenho certeza de que seu consultor financeiro é amável. Provavelmente é ótimo para explicar produtos financeiros complexos, e mais honesto do que o próprio Abraham Lincoln. Mas ele é legalmente obrigado a dar conselhos benéficos? Se surgir um conflito de interesse, ele tem que lhe contar?

Quando vamos a uma concessionária de carros, assumimos que o vendedor está tentando ganhar uma comissão e levamos isso em conta ao avaliar o conselho que recebemos. Por outro lado, ao visitar um consultório médico, assumimos que esse profissional está agindo para nos beneficiar, e não as empresas farmacêuticas. Isso porque os médicos trabalham de acordo com padrões profissionais exigidos por lei. Se o médico não está agindo em nosso benefício, pode ter o CRM cassado.

A boa notícia é que há dezenas de milhares de consultores que devem colocar os interesses dos clientes em primeiro lugar. Quando procuramos conselhos financeiros, depende de nós determinar com que tipo de consultor estamos conversando e o que teremos

Obter Conselho Financeiro das Pessoas Erradas   27

que pagar por sua ajuda. Vamos abordar essa indefinição juntos, para que você possa buscar o consultor certo e saiba quando precisa pagar por conselho profissional. Antes de ajudá-lo a lidar com erros financeiros mais específicos, preciso que pense sobre conselho financeiro apropriadamente. Se não o fizer, quem sabe quais outros erros cometerá ao confundir uma venda com um bom conselho?

A "OUTRA" PALAVRA COM F

Algumas pessoas chamam o porco de "a outra carne branca". Bem, acontece que há uma coisa chamada "a outra palavra com F". Estou falando de "fiduciária", como em "responsabilidade fiduciária". Mas o que é isso, afinal? Bem, advogados e profissionais têm códigos de ética que dizem que eles têm que colocar os interesses dos clientes em primeiro lugar. Devem seguir "padrões fiduciários". Alguns profissionais de finanças — os com certificações — têm a responsabilidade fiduciária de agir em benefício de seus clientes, mas outros não a têm. Vendem produtos de suas empresas e não são obrigados a revelar se são benéficos aos clientes. Em vez disso, estão presos a um padrão de "apropriabilidade": dar conselhos que são "apropriados" para seus clientes, mas que podem não ser benéficos.[1] Uma conta 529 de Rhode Island que cobra uma comissão de meu amigo Mike e não fornece benefícios fiscais pode ser "apropriada", pois oferece a Mike o que ele está procurando: uma maneira de economizar para a faculdade de seus filhos. Mas com toda certeza não é benéfica a ele.

Há décadas, antes de me tornar consultora financeira, a vasta maioria dos consultores não aderiam formalmente ao padrão fiduciário. Não precisavam, porque quase sempre agiam corretamente com seus clientes — era uma norma intrínseca na sociedade. Durante os anos 1980 e 1990, corretoras passaram por uma pressão financeira maior, e os padrões de decência informais da comunidade erodiram. Grandes empresas começaram a tentar vender produtos financeiros para pessoas que não precisavam deles, e consultores individuais descobriram que conseguiam ganhar uma boa grana vendendo bons produtos, mas não os melhores. Nesse contexto, a noção de uma classe que agia em benefício dos clientes porque era legalmente obrigada a isso ganhou nova relevância.

Depois da crise financeira, a responsabilidade fiduciária rapidamente transformou-se em um problema ainda maior, porque muitos consumidores sentiram que seus consultores não haviam sido honestos com relação a investimentos de risco nem colocaram seus interesses em primeiro lugar. No governo Obama, o Departamento do Trabalho dos Estados Unidos propôs novos regulamentos que obrigavam *todos* os consultores que administram contas de poupança a aderirem ao padrão fiduciário. Nossa, como o setor financeiro odiou isso! Temia que, caso esses regulamentos fossem adotados, tivesse que ser legalmente responsável pelos milhares de consultores que trabalhavam para ele. Os clientes poderiam buscar a justiça quando sentissem que haviam recebido um conselho que era meramente "apropriado", mas que não os beneficiavam ao máximo. De uma hora para outra, as grandes empresas de investimento e de seguros não poderiam mais vender planos caros e variáveis de previdência privada sem uma explicação longa de por que esse conselho fazia sentido. Não poderiam mais recomendar um rollover da conta especial de aposentadoria de um antigo empregador para uma previdência privada, sendo o plano do novo empregador a melhor alternativa. Quando defendi no rádio o novo requisito fiduciário, a quantidade de ligações raivosas e e-mails mal-educados que recebi desses profissionais foi imensa. Um crítico, vendedor de seguros que recebe comissões, jogou um insulto: "Você não passa de uma fiduciotária!" Tomei como um grande elogio!

Não se contentando com simplesmente distribuir insultos, o setor financeiro lutou contra as novas regras, gastando milhões com lobby. Afirmavam que a regulamentação prejudicaria pequenos investidores com menos de US$250 mil em ativos, porque não faria mais sentido, economicamente, que empresas grandes prestassem serviços a eles, pois os custos legais e de compliance seriam maiores. Tremendo papo furado. Perguntei a um executivo de uma dessas empresas: "Está me dizendo que quer atestar publicamente que *não* coloca os interesses de seus clientes em primeiro lugar? E toda essa besteira em seu material publicitário?" Ao que ele confessou: "Só entre nós, Jill... não sou legalmente obrigado a cumprir aquelas bobagens publicitárias."

Como colocar os interesses dos clientes em primeiro lugar seria prejudicial aos pequenos investidores? Queria entender. Temos que discutir isso. Enquanto escrevia este livro, o governo norte-americano anunciou que vai desfazer a regra da era Obama, tirando essa proteção ao consumidor. Ainda acredito piamente na necessidade dessa proteção, porque muitas pessoas — muitas delas inteligentíssimas — não percebem que estão recebendo conselhos que não as beneficiam completamente.

Em novembro de 2017, moderei um grupo focal em nome do Certified Financial Planner Board of Standards [Conselho de Planejadores Financeiros Certificados sobre Padronizações, em tradução livre] e da AARP sobre questões fiduciárias. Foi impressionante. Os participantes do grupo estavam felizes com seus consultores e os consideravam "honestos", "confiáveis" e "bem-informados". Porém, quando fomos mais a fundo, não sabiam bem se eles tinham responsabilidades fiduciárias. Simplesmente assumiam que sim. Uma participante afirmou que era "sabido" que os consultores deveriam agir em benefício dos consumidores, e tive que lembrá-la de que isso não era obrigatório de nenhuma maneira. Outros participantes concordaram comigo. "Há mui-

30 Idiotices que Pessoas Inteligentes Fazem com o Próprio Dinheiro

tos pontos cegos nessa área; as pessoas simplesmente não sabem que perguntas fazer." Outro apontou: "Espero que haja algum regulamento com relação a isso, porque muitas pessoas não têm conhecimento sobre o assunto."

Não ter essas regulações me faz querer soltar um palavrão com F — aquele antigo, de baixo calão. Mas não o farei. Em vez disso, você deveria seguir estes conselhos antes de ir para a cama (não literalmente) com qualquer consultor financeiro.[2] Adicione as seguintes questões às apresentadas no capítulo anterior:

- O seu potencial consultor é legalmente obrigado a colocar os interesses dos clientes em primeiro lugar todas as vezes? Pergunte a ele diretamente, sem sentir vergonha nem se desculpar. Se a resposta for positiva, peça que faça uma declaração por escrito, e esteja preparado para pagar pelo serviço. Certifique-se de perguntar como ele recebe os honorários. É por hora? A consultoria é parte de uma taxa de administração anual ou ele recebe uma comissão?

- Quais certificações profissionais seu potencial consultor possui? É certificado pelo CFP Board of Standards, é membro da National Association of Personal Financial Advisors [Associação Nacional de Assessores Financeiros Pessoais, em tradução livre] (NAPFA), é especialista em finanças pessoais CPA (Certified Public Accountant [Contador Público Certificado, em tradução livre]) ou é um Chartered Financial Analyst, e portanto tem responsabilidade fiduciária e precisa seguir padrões estritos com relação a exames, educação continuada e níveis de experiência? No caso da NAPFA, os consultores são proibidos de receber compensação de empresas por recomendar seus produtos e devem submeter os planos financeiros que criam para que colegas os revisem.*

- Seu potencial consultor já foi sancionado por conduta antiética? Possui licença e registro? Se um time estiver trabalhando em sua conta, conheça esses profissionais, pergunte a respeito de outros profissionais com quem fazem negócios (advogados, contadores etc.) e ligue para eles para conversar sobre tal profissional.

- Terceiros poderiam se beneficiar de algum conselho financeiro fornecido por seu potencial consultor? O profissional deve deixar claro se houver um conflito de interesses — e você precisa receber uma declaração por escrito. Por exemplo, se seu planejador quer que você venda seu bond ou previdência privada, é necessário saber se ele tem uma relação comercial com os fornecedores originais desses produtos.

Pode ser que se sinta extremamente desconfortável ao fazer tais perguntas, mas, como vimos no último capítulo, você não pode se preocupar com isso. Seu futuro está em jogo. Um consultor financeiro competente e honesto entenderá sua preocupação e ficará feliz em esclarecer o nível de responsabilidade e certificação profissional. Um sinal de que você deve ter cautela é se o seu potencial consultor se sentir ofendido. Afaste-se. Se descobrir que seu guru financeiro é um vendedor, pode ser que ainda assim queira trabalhar com ele, mas certifique-se de aumentar o escrutínio de tudo o que ele disser. O fardo de pesquisar suas opções e verificar se realmente vale a pena seguir o conselho é somente seu. Mas lembre-se, dependendo da situação e necessidade, é importante pagar alguém que forneça uma ajuda *real*.

---

* N. E.: No Brasil há diversos códigos de ética e conduta que orientam o desempenho profissional e o comportamento fiduciário dos agentes e consultores de investimentos, como ANCORD e AMBIMA, por exemplo.

QUANDO O CONSULTOR DESPREPARADO É VOCÊ

Pode ser que você esteja lendo e pensando que não quer pagar ninguém para receber conselhos insignificantes sobre sua situação financeira. Você é bem inteligente, você pensa. Com certeza consegue se virar.

Esse pensamento faz muito sentido — muitas pessoas inteligentes que estão pagando por consultorias financeiras provavelmente não deveriam. Mas muitos deveriam, e, se não o fazem, são vítimas da Idiotice #2. Estão recebendo conselho financeiro da pessoa errada — elas mesmas.

Um amigo meu, Paolo, é um jovem (casado, com três filhos) que tem uma pequena gráfica. Há não muito tempo, passou por problemas de fluxo de caixa. Clientes lhe deviam dinheiro, mas, ao mesmo tempo, ele tinha que pagar um imposto de US$50 mil. Em vez de procurar um consultor financeiro, pensou que conseguiria resolver a situação sozinho. Ele tinha cerca de US$50 mil em uma antiga conta de poupança.* Então sacou o dinheiro, planejando devolvê-lo dentro de 60 dias, assim que recebesse de seus clientes. Se fizesse isso, não estaria sujeito a impostos, nem aos 10% de multa por ter adiantado o saque. (A IRS permite que você saque dinheiro de uma conta de poupança, mas deve devolvê-lo à mesma conta ou à outra conta de previdência dentro de 60 dias — e só se tem direito a um rollover por ano.)

Você já sabe o que aconteceu. Paolo não conseguiu devolver a tempo, pois seus clientes atrasaram o pagamento. Com os impostos que precisou pagar e a multa, agora devia mais US$25 mil à IRS. Que manobra idiota! Por fim, me procurou para orientá-lo a como sair do buraco. Como disse a ele, se tivesse recebido conselho profissional antes, teria tido conhecimento de outras

---

* N. E.: Nos EUA existem vários tipos de conta de poupança, com regras especiais e que incentivam o poupador com isenções tributárias caso ele mantenha os recursos por longos prazos.

opções mais atraentes, como refinanciar a casa e usar os proventos para pagar os impostos. Agora, teria que refinanciar a casa de qualquer maneira, porque seus clientes ainda não o haviam pago e ele estava devendo os US$25 mil adicionais. Além disso, Paolo me disse que estava conversando diretamente com a IRS, em vez de ter um contador ou advogado para intermediar. Por que lidar com essa conversa sozinho? Só estava criando mais problemas para si próprio.

Outra amiga, Annie, cometeu um erro parecido, com consequências ainda piores. Proprietária de duas cafeterias pequenas, devia US$80 mil em imposto por transação imobiliária. Como foi durante a recessão, e ela não tinha o dinheiro, decidiu não pagar. Imaginou que, se aguardasse alguns anos, os negócios melhorariam e ela teria o dinheiro para pagar. Com todo o respeito, mas o que Annie não percebeu foi que *não pagar seus impostos é a pior decisão possível*. Por quê? Porque, além dos impostos, você passará a dever taxas e multas.

Dentro de poucos anos, Annie não devia somente US$80 mil, mas algo próximo de US$150 mil. Para pagar, por fim, raspou sua previdência, sem se iludir com a possibilidade de repor o dinheiro depois. Novamente, uma idiotice imensa. Como Paolo, ela possuía uma casa — uma casa muito legal. Ela não quis pegar dinheiro usando seu imóvel como garantia porque a casa já estava quase quitada. Se tivesse pago pela consultoria financeira de um fiduciário, ele com certeza teria feito as contas para ela, convencendo-a de que uma hipoteca, um empréstimo garantido pelo imóvel ou mesmo a venda da casa eram de longe opções melhores do que incorrer em multas e taxas e secar sua previdência. Ah, esse consultor teria dito para ela *nunca* deixar de atender à IRS ou outro departamento de impostos. Nunca mesmo. Porque eles vão encontrá-la.

QUEM DEVERIA – E QUEM NÃO DEVERIA – OBTER ORIENTAÇÃO PROFISSIONAL

Espero ter assustado pelo menos um pouco, para que os que gostam de se virar sozinhos busquem ajuda profissional se precisarem. Mas como identificar a necessidade? Primeiro vou deixar claro quem *não* precisa pagar por um profissional ou, mais especificamente, por um plano financeiro customizado. Em geral, o plano não é necessário se:

1. Você tem uma dívida de consumidor, incluindo dívida de cartão de crédito, empréstimos estudantis e empréstimos para você mesmo.

2. Você não está aumentando as contribuições para a aposentadoria (assumindo que você esteja submetido a uma alíquota de imposto alta para que isso faça sentido).

3. Você não tem uma conta de emergência com dinheiro suficiente para cobrir de 6 a 12 meses de gastos.

Você não tem ideia de quantas pessoas no meu trabalho me pedem referência de um consultor financeiro. Sempre me ofereço para sentar com elas para tomar um café e ouvir o que está acontecendo. Em nove de dez vezes elas não precisam pagar, pois não eliminaram essas três situações e consigo responder suas perguntas em 15 minutos. É necessário cuidar desses três itens antes de se preocupar em fazer qualquer outra coisa com o seu dinheiro. É fácil lidar com essas situações por conta própria.

Algumas pessoas inteligentes que ainda não lidaram com elas procuram consultores financeiros porque têm dificuldades para controlar seus gastos e querem que o consultor sirva como um coach e as leve pelas mãos. Geralmente isso é um exagero. Os consultores podem se encontrar com você uma ou duas vezes, ajudando a localizar áreas com gastos descontrolados e compartilhando ideias de como cortá-los. Mas a maioria das pessoas não precisa que um profissional as acompanhe o dia inteiro. Precisam é aprender a controlar os próprios gastos, e, a partir de determinado momento, não é mais complicado: você rastreia suas compras e não compra mais com frequência. O quê? Você precisa perguntar para mim ou outra pessoa se pode comprar uma aliança de US$20 mil quando tem uma dívida de US$18 mil no cartão de crédito? Ah, fala sério!

É como contratar um personal trainer na academia. Um pacote inicial de sessões de treinamento pode ajudá-lo a organizar sua atividade física, e talvez você queira trabalhar com treinadores periodicamente para que eles verifiquem se está tudo bem e recarreguem sua motivação. Mas, para entrar em forma, é necessário comer menos e fazer exercício sozinho. Da mesma maneira, muitas pessoas inteligentes gastam muito com orientação financeira de que não precisam.

Considere isto: não importa qual seja sua situação financeira, certifique-se de procurar orientação quando estiver enfrentando uma situação complexa e extraordinária que você realmente não saiba como lidar. Quando uma autoridade tributária entra em contato, por exemplo, obtenha orientação imediatamente. Se estiver negociando sua remuneração com um novo empregador e a empresa oferece uma escolha entre mais ações na bolsa ou mais dinheiro, obtenha orientação. Se herdou uma grande quantia de dinheiro e não sabe o que fazer, obtenha orientação. Se você está sendo perseguido por credores e corre o risco de perder sua casa, obtenha orientação, preferencialmente legal. Por mais que você pense que sabe como lidar com essas situações, você não sabe. Você nunca fez contas relevantes. Não conhece todas as nuances legais, tributárias ou financeiras. E, para piorar, provavelmente deixará suas emoções tomarem conta, prejudicando sua razão.

Idiotices que Pessoas Inteligentes Fazem com o Próprio Dinheiro

Lide com seu ego ou o que quer que esteja impedindo-o e entre em contato com um agente de investimentos.

PRESTE ATENÇÃO AOS SINAIS

Digamos que você atenda às três categorias, mas ainda assim não tenha certeza se realmente precisa de um consultor. Nada dramático aconteceu na sua vida financeira. O leão não está batendo à sua porta. Você (infelizmente) não herdou US$10 milhões de seu tio Sidney. Você tem objetivos claros, e alguns amigos seus sabem muito sobre finanças — pode ligar para eles quando tem dúvidas específicas. Então, você deveria encontrar-se com um consultor fiduciário e pagar por um plano financeiro personalizado?

Honestamente, não sei. A situação é diferente para cada um. Algumas vezes, conselhos financeiros são necessários porque você é seu pior inimigo: acha que sabe mais do que sabe, e tem que ser sincero consigo mesmo. Outras vezes, é necessário porque administra seu dinheiro de uma maneira que seu parceiro romântico acha abominável, e os dois precisam falar a mesma língua. Talvez precise porque não quer ter o trabalho de lidar com essas questões. É claro, é possível fazer sozinho, mas você prefere pagar US$10 mil por ano em seu portfólio milionário porque você *pode*. Esses motivos são todos legítimos, desde que compreenda pelo que está pagando.

Minha preocupação aqui é que você consiga a ajuda de que precisa, mas somente se de fato precisar/quiser. Para se certificar de que está conseguindo o que necessita, olhe sua vida com criticidade. Pessoas inteligentes tendem a perder alguns sinais de alerta que deveriam tê-los mandado correndo para o agente de investimentos mais próximo. Vamos analisar esses alertas um por um:

- *Você recebe uma restituição fiscal significativa todo ano.* "Uau", pode ser que você diga, "uma restituição todo ano

— isso é fantástico!" Na verdade, não é. Se está recebendo restituições, está pagando adiantado seus impostos ao longo do ano, o que significa que o Tio Sam está se beneficiando do uso desse dinheiro, não você. Você pode até ser patriota, mas não exagere! Digamos que receba uma restituição de US$10 mil. Você poderia ganhar, digamos, 5% em cima desse dinheiro todo ano. Faça as contas. Está deixando dinheiro debaixo do colchão e, assim como está usando o dinheiro de maneira ineficaz nesse aspecto, pode ser que esteja fazendo o mesmo de outras formas. Um assessor pode ajudá-lo a se organizar.

- *Você está obcecado pelo dinheiro.* Se estiver se preocupando com dinheiro mais do que uma vez por semana, e se perde o sono com frequência pensando nisso, pode ser que você não saiba como controlar alguma situação financeira pela qual está passando. Obtenha ajuda profissional — se não um consultor financeiro, um psicólogo.

- *Você e seu cônjuge brigam constantemente por causa do dinheiro.* Você conhece esses padrões de conflitos nos quais os casais se metem: brigam e nunca chegam a um consenso — o mesmo problema volta a aparecer o tempo todo. Se isso está acontecendo no seu relacionamento com relação à aposentadoria, à economia para a faculdade, aos gastos fora de controle ou outras questões financeiras, procure ajuda profissional. Isso pode ajudar vocês a conversarem de forma mais produtiva sobre os problemas. Trabalhar com um planejador financeiro também pode ajudar para que seu cônjuge fique mais engajado em questões financeiras, caso ele se recuse a pensar no assunto.

- *Você não sabe quanto paga pelos investimentos.* Não saber é um sinal de uma falta de clareza com relação à sua situação financeira. Um profissional pode ajudá-lo a colocar ordem nas finanças; assim você pode definir objetivos de longo prazo.

- *Você tem medo de fazer as contas de sua aposentadoria.* Por que está tão assustado? Provavelmente, você não pensou muito na sua aposentadoria, e sua vida financeira não está completamente sob controle. Faça um plano financeiro sólido, e seus medos vão evaporar sob a luz brilhante do conhecimento (poético, não?).

- *Você não registra seu fluxo de caixa.* É preciso saber minimamente quanto recebe por mês, quanto gasta e onde gasta. Caso não saiba, tem que começar agora, mesmo que pense que está vivendo com menos do que recebe.

- *Você sabe que tem problemas financeiros, mas não sabe disciplinar seus gastos.* É como o alcoolista que diz: "Sei que bebo demais, mas não consigo parar." Embora tenha dito que não recomendaria que as pessoas buscassem assessores financeiros como se fossem coaches, há uma exceção para quem tem um problema sério e que pode se beneficiar de qualquer ajuda para direcioná-la corretamente. Retornando à analogia da academia, algumas pessoas realmente precisam de encontros regulares com seus treinadores para que entrem na academia semana após semana. Assim, é válido pagar a alguém para ajudá-lo a se manter honesto e seguindo o plano à risca.

Só porque identificou um desses sinais, não quer dizer que deve largar este livro e correr para o agente de investimentos mais perto. Procure padrões. Se vir mais de um desses sinais aparecendo com frequência, e se não consegue se livrar deles, aí sim é a hora de obter ajuda.

COLOQUE-SE EM UMA BALANÇA

Na minha infância e adolescência, fui uma atleta ávida, muito boa no futebol, no basquete e, durante a faculdade, no lacrosse. Joguei pela faculdade até meu segundo ano, quando lesionei seriamente minhas costas, o que acabou com a minha carreira atlética e, francamente, me lançou em um caos emocional. Não sabia bem o que fazer comigo mesma, então me refugiei na comida. Estudando em Londres, comi por toda a Europa — ah, os scones, os croissants, o espaguete à bolonhesa, o escalope à moda de Viena (poderia continuar). Até então, nunca tinha tido problemas com meu peso, porque, ao me exercitar, rapidamente eliminava quaisquer calorias extras que consumia. Dessa vez, quando voltei para casa, *sabia* que estava acima do peso.

Quando o segundo ano começou, estava bem desgostosa comigo mesma. Tinha duas colegas de quarto bem magrelas. Em algum momento naquele outono, declarei que participaria do Vigilantes do Peso. Fui à primeira reunião em grupo e, quando foi a hora de subir na balança pela primeira vez, tive um miniataque de ansiedade. Meu coração pulava no peito, eu mal conseguia respirar. Decidi encerrar por ali, mas por fim voltei e consegui subir na balança. Estava com 76 quilos, mais pesada do que jamais estivera na vida inteira. Naquele momento, ao ver o número, tive um estalo. Entendi o que precisava fazer para perder peso, e decidi fazê-lo. Nos meses seguintes, entrei em ação, comendo melhor e me exercitando sem prejudicar minha coluna. Minhas colegas de quarto ficaram surpresas com a quilometragem que atingi na bicicleta ergométrica enquanto ouvia "Control", de Janet Jackson. "Jesus", elas diziam, "você vai chegar à Califórnia com essa bicicleta!". Sim, eu ia, e o peso foi queimando.

Quando me sento com meus clientes para conversar sobre a aposentadoria, com frequência vejo no olhar deles o mesmo medo e vergonha que eu sei que estava nos meus a primeira vez que tentei subir na balança. É vergonhoso admitir que você se encurralou, e assustador pensar que pode ser que não consiga sair dessa situação. Precisamente porque meus clientes não enfrentaram tal vergonha e medo, ignoraram seus problemas financeiros. Falharam ao registrar seus gastos, ao pensar e contribuir para a aposentadoria. Eles tinham muitas desculpas, dizendo que "eram ruins de matemática". Por outro lado, se convenceram de que eram especialistas e conseguiriam lidar com suas situações financeiras sozinhos, mesmo que isso não fosse verdade.

Sensações negativas impedem que procuremos a orientação financeira de que precisamos. Não queremos admitir para os outros e para nós mesmos que nos demos mal. Então, quando a obtemos, ficamos perdidos nesse mundo de agentes de investimentos e vendedores, sem entender como avaliar o que nos dizem. Se você está nessa situação, sinto a sua dor. Como algumas clientes já me disseram: "Obter orientação financeira pode ser mais difícil do que ir ao ginecologista fazer um papanicolau." Ao que respondo: "Mas não vou cutucar nem será gelado." Ainda assim, ficam relutantes.

Não ceda às emoções negativas. Saia um pouco de sua rotina diária e tente avaliar sua vida financeira atual mais objetivamente. Você de fato precisa pagar por um conselho profissional? Se, depois de considerar os sinais de alerta, ainda não tiver certeza, tome a rota conservadora e obtenha orientação, mesmo que isso custe um pouco. Encontre um profissional que realmente colocará seus interesses em primeiro lugar. Então, encontre alguém de quem você goste, cuja forma de trabalho, taxas e abordagem em relação ao dinheiro pareçam razoáveis para você, e que lide com os produtos financeiros de que você precisa. Mesmo que *pudesse* fazer isso sozinho, não prefere gastar seu tempo com coisas de que gosta? Pago uma pessoa para limpar minha casa apesar de ser boa nisso; prefiro passar um tempo com minha família e amigos ou pedalando. Há consultores financeiros incríveis por aí. Quando encontrar essa pessoa, ela vai mudar sua vida.

Como vimos, um sinal de alerta indicando que você precisa pagar por ajuda profissional é sua tendência a ficar obcecado por dinheiro. Você checa o extrato financeiro de sua corretora constantemente? Está tão preocupado com seus gastos que se recusa a comprar *qualquer coisa*? Você pesquisa por horas a fio cada decisão financeira que precisa tomar, paralisando-se? Ficar obcecado com as coisas é horrível para a sua qualidade de vida. Mas, ao contrário de outras obsessões, preocupar-se com o dinheiro e dar a ele muita importância em sua vida pode levar a decisões financeiras horríveis e custosas. Olharemos para o terrível significado que muitos de nós atribuem ao dinheiro, assim como o que você pode fazer — além de consultar um profissional — para controlá-lo.

IDIOTICE #3

Dar Mais Importância do que Deveria ao Dinheiro

Quanto as pessoas devem ganhar anualmente para serem mais felizes? US$300 mil? US$400 mil? Mais do que isso?

Na verdade, menos. A análise de uma pesquisa mundial descobriu que as pessoas são mais felizes no dia a dia quando ganham algo em torno de US$60 mil a US$75 mil. Sim, só isso! E se sentem melhor com sua vida em geral quando ganham cerca de US$95 mil.[1]

O dinheiro não é tão importante quanto as pessoas pensam. Claro, a vida é dura quando você não consegue bancar as necessidades básicas, e ter mais dinheiro deixa tudo mais fácil. Porém, ao suprir suas necessidades básicas, acumular mais dinheiro pode pesar em outros aspectos de sua vida. Pode ser que você goste de carros bons, jantares caros e outros luxos, mas também começa a se comparar a outras pessoas e se sente compelido a comprar mais para acompanhar a moda. Você se torna presa do sentimento contínuo de que não tem o suficiente e se apega ao seu estilo de vida. O pensamento de não ter o bastante ou de perder o que tem o estressa. Pode ser que acabe trabalhando muito para ganhar mais, negligenciando seus relacionamentos e outras partes importantes de sua vida. Muitos de meus antigos clientes lamentavam que se sentiam mais ricos quando ganhavam US$100 mil do que quando estavam ganhando três vezes mais. Sei que é difícil acreditar nisso

— você pode até estar fazendo pouco caso do que falei. Mas ouvi essa reclamação inúmeras vezes.

Enfatizar muito o dinheiro não só gera infelicidade como, ironicamente, perdas financeiras. Se começarmos a supervalorizar o dinheiro, podemos facilmente ficar obcecados e tomar decisões ruins em situações financeiras específicas. Uma vez tive um potencial cliente de 60 e poucos anos que entrou no meu escritório com uma pasta gigantesca cheia de dados sobre seu plano de aposentadoria; gigantesca mesmo, havia 400 páginas de planilhas naquilo, todas organizadas com flags de papel. Jim tinha pesquisado por meses, estudando uma dúzia de estratégias de investimentos possíveis que poderiam gerar a renda de que ele precisava para a aposentadoria. Pesquisou fundos mútuos e um bando de ações individuais, enquanto manteve seu dinheiro em espécie.

Em seu íntimo, ele já sabia qual era a opção correta — porque, francamente, a decisão de que plano de aposentadoria seguir não era *tão* complicada (veja o Capítulo 6). Mas estava tão pirado por causa da necessidade de ter certa quantia em sua aposentadoria que se recusou a agir. Jim queria encontrar as "melhores" ações e os "melhores" fundos mútuos, e ficava ansioso com a possibilidade de tomar a decisão errada. Então, apegou-se a uma pesquisa sem fim como desculpa para não fazer nada. Considerando que poderia ter se aposentado dois anos antes com um portfólio confortavelmente diversificado, continuou trabalhando em um emprego estressante enquanto continuava tentando entender o que fazer. Também perdeu as dezenas de milhares de dólares que seu dinheiro poderia ter rendido se tivesse investido nesse período. Foi inteligente? *Não.*

Um apego nada saudável ao dinheiro pode paralisar de muitas maneiras. Uma mulher que conheço estava tão preocupada em melhorar suas finanças que não vendia suas ações porque temia as consequências fiscais. Quando finalmente superou essa barreira, a ação tinha perdido valor, o que custou a ela dezenas de milhares de dólares de lucros em potencial, tudo porque não quis pagar 20% de seu retorno ao Tio Sam! Outra cliente, igualmente subjugada ao dinheiro, comprou uma hipoteca de pagamento balão para que obtivesse uma mensalidade mais barata para sua casa, acreditando que já a teria vendido antes que a taxa de juros ajustáveis aumentasse. À medida que os anos se passaram, ela não tinha nenhum plano de venda e não conseguia refinanciar sua hipoteca. Simplesmente ignorou o fato de que um dia os juros aumentariam e ela não conseguiria fazer o pagamento mensal.

Seis meses antes de isso acontecer, finalmente caiu em si e percebeu que tinha que vender a casa. Nessa época, os preços das casas na área dela tinham despencado, e o imóvel de US$800 mil valia apenas US$600 mil. Foi forçada a seguir com a venda e ficou com apenas US$100 mil de patrimônio, o que não foi o suficiente para comprar outra.

Por favor, não dê mais importância ao dinheiro do que ele merece. Preste atenção, respeite-o, valorize-o, mas não fique tão subjugado a ponto de adiar ações necessárias, ou fazer alguma coisa imprudente que vá de encontro aos seus interesses. Sei que é mais fácil falar para você se acalmar e ver a situação por outro lado do que realmente o fazer. Não posso estalar os dedos e fazer com que você repense a ênfase exagerada que tem dado ao dinheiro nem posso me sentar no sofá e investigar os elementos de sua personalidade ou histórico de vida que podem ter feito você seguir o caminho errado. Posso apenas ajudá-lo a reconhecer quando pode ser que esteja pensando muito em dinheiro e oferecer algumas estratégias simples que permitirão colocar a situação em perspectiva. Um pequeno progresso nesse sentido já fará com que deixe a imensa pasta de pesquisa de lado, evite a hipoteca de

46 Idiotices que Pessoas Inteligentes Fazem com o Próprio Dinheiro

pagamento balão e faça outras escolhas financeiras que realmente funcionem para você.

MINHA PERGUNTA DE US$64 MIL

Sempre me perguntei: por que tantas pessoas inteligentes tendem a dar tanta importância ao dinheiro? Como concluí, essa é uma pergunta de US$64 mil. Não porque ninguém sabe a resposta, mas porque nosso entendimento de dinheiro e sua importância é gerado a partir de cerca de 64 mil fontes diferentes. As causas adjacentes de nossa tendência a supervalorizar o dinheiro são inúmeras, complexas e interligadas.

Para começo de conversa, muitos de nós carregam um furgão cheio de bagagem de nossas infâncias que afetam nosso comportamento com relação ao dinheiro. Descreverei no Capítulo 9 como os pais podem destruir as atitudes de seus filhos quanto ao dinheiro ao deixar seus problemas emocionais interferirem. Por ora, vamos apenas reconhecer que os pais têm, sim, essa capacidade e que podemos ser vítimas disso. Nossos pais podem ter nos incutido a noção de que só o dinheiro é importante na vida. Ao se tornar um adulto programado com essa visão de mundo, pode ser que você fique extremamente preocupado em juntar a maior riqueza possível, preocupando-se por não ter o suficiente e sacrificando as outras alegrias da vida.

As circunstâncias de nossa infância podem ser um fator também. Corina, uma amiga minha, é professora em uma escola pública, ganha bem (inclusive terá direito a uma pensão que pagará a maioria de suas necessidades na aposentadoria) e está incrivelmente feliz com sua sorte. E não inveja suas irmãs, que possuem US$10 milhões cada; simplesmente está feliz por elas.

O marido da Corina, Jeff, é uma história completamente diferente. Trabalha com vendas e, com um salário de cerca de US$200 mil, é de longe o mais bem-sucedido de sua família de operários. Juntos, Corina e Jeff ganham US$300 mil anuais e têm uma vida que a maioria das pessoas consideraria confortável e financeiramente abençoada. Mas Jeff nunca está contente. Valoriza demais o dinheiro, a ponto de isso moldar sua identidade e sua autoestima. Ele se compara com os sogros, que são mais ricos do que ele e Corina, e sente que nunca está bom o bastante. Por causa de sua criação, tem algo a provar com relação ao dinheiro e à sua carreira. Já tentei de tudo — até preparei uma análise detalhada, provando que ele e Corina tinham dinheiro mais do que suficiente para ter uma renda de aposentadoria por 30 ou 40 anos. Ainda assim, ele não consegue se ver como um "sucesso" nem parar de se comparar com os outros.

Traumas antigos também podem causar uma supervalorização do dinheiro ou pelo menos distorcer nosso pensamento. Descrevi quando vi meu pai perder tudo quando eu era criança. Foi assustador, e desde então fui extremamente cuidadosa com meu dinheiro, mesmo quando ainda estava há décadas de me aposentar. Ficou tão ruim que desenvolvi minha própria hashtag para me descrever: #JillIsAWimp [#JillCovarde, em tradução livre]. Todos já conhecemos alguém que viveu a calamidade da Grande Depressão e por isso passou o resto da vida economizando e cortando gastos, mesmo quando não precisava ou quando estaria melhor se gastasse um pouco do dinheiro. Ele morreria se deixasse de ir ao mercado do outro lado da cidade para comprar um suco de laranja com desconto de 50 centavos?

Mudanças *positivas* abruptas em nossas circunstâncias financeiras no início de nossa vida também podem fazer com que fiquemos muito apegados ao dinheiro e nos comportemos obsessivamente por causa disso. Dr. Jim Grubman é um consultor e psicólogo que trabalha com famílias ricas e seus conselheiros. Como ele observou, muitos de seus clientes extremamente ricos cresceram em circunstâncias mais modestas. Quando enriqueceram depois de adultos, enfrentaram os mesmos desafios que os imigrantes quando chegam em um país estrangeiro. Por um lado, esses novos ricos podem se comportar como avarentos porque é emocionalmente difícil esquecer o mundo de dificuldades e escassez que deixaram para trás. Talvez aquele mundo tenha se tornado parte intrínseca de sua autoimagem, ou talvez se sintam culpados ao saber que seus amigos ou familiares ainda estão batalhando. Qualquer que seja o caso, essas pessoas dão tanta importância ao dinheiro que usam cupons para obter um desconto de três dólares em um corte de cabelo, quando provavelmente poderiam comprar toda a rede de salões à vista.

Por outro lado, alguns desses novos ricos *realmente* compram toda a rede de salões. A supervalorização do dinheiro faz com que sigam na direção oposta, abandonando todos os valores que tinham quando eram pobres ou de classe média e gastando em profusão. Como afirma o Dr. Grubman, eles têm um vício — gastam para tentar preencher um vácuo causado pela ruptura com sua criação. Assim como o imigrante do "antigo país" tenta se livrar do sotaque para se enturmar, alguns novos ricos gastam ostensivamente para encorajar uma identidade que parece estar o tempo todo insegura.

Se essas causas-raiz distorcem a percepção da importância do dinheiro, também podem provocar distúrbios psiquiátricos ou problemas emocionais, piorando pensamentos e comportamentos obsessivos. Como uma psicóloga amiga minha gosta de dizer, o dinheiro frequentemente é o meio pelo qual desordens psicológicas se expressam, precisamente porque é uma parte tangível e importante de nossas vidas. A ansiedade fica proeminente. Muitas das obsessões por dinheiro que vejo não têm origem só em sua supervalorização, mas nos medos que as pessoas têm.

No outono de 2017, por exemplo, quando o país estava discutindo um grande plano de reforma fiscal, um cara do meu trabalho, que chamarei de Bill, me puxou no canto e perguntou: "Posso fazer uma perguntinha?"

"É claro", respondi. (Psiu: nunca é uma "perguntinha", e geralmente é feita quando estou entre aparições na televisão, que não é a hora mais oportuna.)

Bill estava com medo de que o valor de sua casa despencasse, pois a reforma fiscal projetada limitaria a possibilidade de os residentes de Nova Jersey, onde ele morava, deduzirem impostos locais e estaduais. "Não consegui dormir à noite", ele disse, "porque o valor da minha propriedade vai cair 10%". Depois que mencionou, percebi que realmente estava com olheiras imensas.

"Bill", perguntei, "você planeja vender sua casa em breve?".

Ele deu de ombros. "Não. Pretendo morrer lá!"

"Então, por que você está preocupado com a possibilidade de o valor da propriedade diminuir 10%?"

Ele me olhou confuso. "Isso não a incomoda?"

"Não! Não planejo vender em breve, se é que vou vender. Mesmo que pensasse em vender daqui a anos, não permitirei que fique em uma posição na qual precise de certa quantia para que o resto da minha vida financeira funcione." Olhei bem dentro dos olhos dele. "Nenhum de nós sabe o que acontecerá no mercado imobiliário. Então, por que está enlouquecendo? É realmente necessário perder o sono por isso?"

Ele não pareceu convencido. Poderia ter apresentado centenas de argumentos e ainda assim ele se preocuparia. Porque o medo dele era irracional. Para o Bill, o dinheiro era um pouco mais importante do que deveria, fazendo com que ele se estressasse muito. Quaisquer outras ansiedades que ele tivesse apenas colocavam lenha na fogueira.

Bill não está sozinho. No estúdio em que gravo meu programa de rádio, um grande vidro separa a cabine onde fico da área onde os engenheiros trabalham. Alguns desses caras passam o dia inteiro verificando as poupanças. Poderiam estar vidrados no Facebook ou no Tinder. Mas não, estão observando dados financeiros. Por alguma razão, precisam analisar cada pequena mudança no mercado e fantasiar sobre como isso pode afetá-los. Pesquisam todos os fundos mútuos mais recentes — os que eles têm, os que acham que deveriam ter. São obcecados! Meus colegas e eu na minha cabine sempre damos risada disso.

Pode ser que você ache estranho que engenheiros de telecomunicações, que recebem um salário decente e dificilmente vivem no limite, estejam enlouquecidos com isso. Mas lembre-se, quanto mais você tem, depois de certo ponto, menos felicidade você sente. Como o Dr. Grubman disse, seus pacientes riquíssimos estão frequentemente aterrorizados por algo parecido com um transtorno de ansiedade, o que os faz ficarem presos em suas vidas financeiras. Os sintomas estão "baseados em uma série de sentimentos relacionados à ansiedade".[2] Para exemplificar, ele me contou de uma mulher que se recusou a transferir qualquer quantia de sua vasta riqueza para seus filhos adultos. Ela tinha muitos medos, desde a preocupação de que não teria dinheiro suficiente conforme envelhecia até a preocupação de que qualquer presente que desse aos filhos enfraqueceria a motivação deles para trabalhar duro. Nenhuma de suas preocupações de fato justificava sua parcimônia, o que causou grande tensão na família. Os filhos não entendiam o porquê de ela ser tão mão de vaca com eles, dado que ela tinha dezenas de milhões de dólares. Começaram a suspeitar que ela não confiava neles — ou pior, que estava tentando controlá-los ao mostrar o dinheiro, mas nunca entregar. Seu marido estava "arrancando os cabelos" tentando fazer com que ela cedesse um pouco, mas nada funcionava.

Como pesquisas mostraram, há algum gatilho em relação ao dinheiro que dispara nossas ansiedades; tem a ver com a maneira como nosso cérebro processa a incerteza. Em 2017 e em 2018, tive o prazer de entrevistar Mithu Storoni, médica e doutora, neuro-oftalmologista e autora do livro *Stress-Proof: The scientific solution to protect your brain and body* [À Prova de Estresse: A solução científica para proteger nosso cérebro e corpo, em tradução livre]. A Dra. Storoni descreveu um estudo fascinante que traz uma luz ao motivo de pessoas inteligentes às vezes fazerem idiotices. Pesquisadores do Reino Unido pediram aos participantes para prever a probabilidade de encontrar uma cobra embaixo de uma rocha nas telas de vídeos em frente a eles. (Fico toda arrepiada só de ouvir a palavra cobra, mas essa pesquisa é muito interessante, então continue lendo.) Se os participantes encontrassem uma cobra, recebiam um choque elétrico doloroso na mão. (Eu sei, o choque de ver uma cobra seria o suficiente.) Mesmo que os participantes não tivessem fobia, começaram a temer receber um choque ao encontrar a cobra. Os pesquisadores notaram quão estressados os participantes estavam ao alterar a probabilidade de uma cobra aparecer.

Pode ser que você pense que os participantes ficariam mais estressados se soubessem que a probabilidade de encontrar uma cobra seria mais alta, mas não foi o que aconteceu. Storoni me contou que o nível de estresse dos participantes aumentava consideravelmente quando tinham uma chance de 50% de encontrar uma cobra. Para eles, a *incerteza* de sentir dor fez com que a experiência fosse mais estressante do que a certeza.[3] Ao que parece, a incerteza é muito estressante!

Esse experimento que a Dra. Storoni descreveu me impressionou muito, pois nossas vidas financeiras são *lotadas* de incertezas.

Mesmo quem tem um bom emprego e dinheiro no banco pode se sentir extremamente estressado e ansioso por causa da incerteza do futuro financeiro. Essa indeterminação amplifica todas as outras ansiedades que as pessoas possam ter com relação a dinheiro, e isso pode fazer com que fiquem obcecadas, a ponto de enlouquecerem a si e a quem está próximo. A raiz disso tudo é a tendência de supervalorizar o dinheiro e dar a ele mais importância do que deveria ter.

Para complicar ainda mais, problemas de relacionamento podem sobrepor-se às nossas ansiedades, fazendo com que não só pensemos em dinheiro excessivamente, mas nos comportemos como malucos.

Um cliente, Bernie, certa vez veio ao meu escritório e disse: "Jill, tenho algo para lhe contar, mas não pode dizer nada à minha mulher."

Oh-oh — grande sinal de alerta.

Acontece que em três ocasiões diferentes Bernie havia passado cheques de cerca de US$25 mil para ajudar seu filho que não tinha nenhum problema, mas queria um carro e precisava de ajuda com outras contas, então, como ele sempre fez, pediu ajuda ao papai. Bernie não havia consultado sua esposa antes de entregar o dinheiro. Aconselhei-o a contar para a esposa — chamarei ela de Sharyn — sobre essas transações. Então, um dia, contou a ela no meu escritório. Sharyn perdeu a cabeça. Como ele pôde gastar tanto sem consultá-la? Mas só ficou pior. Bernie também confessou que havia feito um empréstimo de US$50 mil de sua previdência privada para que seu filho pudesse comprar uma casa. Ao todo, havia dado US$125 mil para o filho — não era uma quantia insignificante, dado seu patrimônio líquido de US$2 milhões.

Sharyn soltava fogo pelas narinas, e Bernie disse, para se explicar: "Não lhe perguntei porque você nunca teria concordado."

Ela ficou ainda mais vermelha: "É óbvio que eu nunca teria concordado!"

Como poderia um homem trair sua esposa assim? Que problemas em seu relacionamento, possivelmente conectados com a patologia dele, o teriam feito esconder questões financeiras? Além do mais, o que o fez ajudar seu filho irracionalmente (é irracional pegar dinheiro de sua conta 401(k))*, arriscando sua aposentadoria para que o filho pudesse comprar uma casa quando ele poderia facilmente ter alugado? Não faço ideia — isso Bernie, Sharyn e o terapeuta deles tinham que buscar entender.

A boa notícia é que conversaram sobre isso. Assim como alguns casais continuam juntos depois de uma infidelidade, Bernie e Sharyn sentiram-se comprometidos o suficiente para seguir juntos e tentar crescer com os desafios. Bernie logo deu controle total de seus ativos à sua esposa. Reconquistar a confiança dela foi muito mais difícil, custou anos de esforço da parte dele. Fale mais sobre fazer sua vida girar em torno do dinheiro e valorizá-lo demais. O que me leva a uma questão importante...

VOCÊ ESTÁ PREOCUPADO DEMAIS COM DINHEIRO?

"Ah, não", você diz, dando de ombros, "com certeza não estou! Nunca faria nada como Bernie". Você dá uma risadinha: "Qual é, Jill. Não sou como essas pessoas."

Tem certeza disso? Uma característica do pensamento doentio é que ele frequentemente é inconsciente. Sim, pode ser que Bernie de certa forma soubesse que estava fazendo algo estranho — e, francamente, sendo um imbecil — ao não contar para sua esposa. Mas meu colega Bill, que estava perdendo o sono com a possibilidade de o valor de sua casa diminuir, certamente não reconheceu sua

---

* N. E.: Nos EUA, uma conta 401(k) é um plano de aposentadoria patrocinado pelo empregador no qual os empregados podem fazer contribuições.

própria maluquice. Pode ser que você ache perfeitamente normal procrastinar por anos antes de investir em ações. Manter todo seu dinheiro em espécie e ter um monte de desculpas para não investir — "não é o momento certo", "ainda não entendi direito onde colocar meu dinheiro" e assim por diante. Que saber? *Não é normal.* Pode ser que você ache normal registrar cada dólar — cada *centavo* — mesmo quando não está em risco nem tem alguma outra razão para acompanhar seus gastos tão de perto. Novamente, *não é normal.*

Todos devemos ser o mais autoconscientes possível quanto a nossas atitudes e comportamentos relacionados ao dinheiro, para que possamos identificar uma preocupação excessiva antes que cause um dano sério. Veja este Top 5 de Sinais de Alerta, indicativos de que você talvez esteja dando ao dinheiro um lugar de muito mais importância em sua vida do que ele merece:

- Guarda segredos de seu cônjuge sobre o dinheiro.

- Perde o sono com frequência por causa de dinheiro (ou seja, uma vez por semana ou mais).

- Outras pessoas que você respeita dizem que você tem problemas com o dinheiro. (Quem são eles para falar, né?)

- É perfeccionista com questões financeiras. Por exemplo, não investe até que saiba todos os detalhes, que fale com todos os especialistas e assim por diante.

- Está constantemente comparando suas finanças com as de outras pessoas. De fato ajuda saber se seus vizinhos transam mais do que você? O mesmo vale para se eles ganham mais do que você.

Poderia seguir com mais sinais de alerta. Pensando nisso, seguirei! Aqui vão mais cinco:

Dar Mais Importância do que Deveria ao Dinheiro   55

- Verifica suas contas de investimentos diária ou semanalmente. (P.S.: esse é meu trabalho, e só verifico minhas contas trimestralmente.)

- Você se pega ruminando sobre sua vida financeira no trabalho e pedindo conselhos para seus colegas.

- Pensa demais no seu orçamento, mesmo quando está bem financeiramente. É como a pessoa que precisou perder peso uma vez na vida (quem, *moi*?) e ainda conta todas as 70 calorias em um cookie delicioso. Por que você faz isso?

- É incapaz de gastar dinheiro para se divertir, mesmo que tenha se planejado para isso. Alguns clientes meus não saíam de férias, mesmo que tivessem orçado, dizendo que queriam guardar ainda mais dinheiro. Garanto: É DOIDEIRA!

- Fica mexendo nos seus objetivos financeiros. Por exemplo, analisa metodicamente os valores e determina que precisa de US\$3 milhões para se aposentar, mas, quando consegue guardar esse valor, decide que precisa de US\$5 milhões e assim por diante.

Alguns desses comportamentos são familiares? Seja honesto! Estou aqui para ajudá-lo. E não o posso fazer a menos que esteja disposto a engolir alguns sapos bem gosmentos.

ACERTANDO-SE COM O DINHEIRO

Permita-me enfatizar: as apostas aqui são potencialmente altíssimas. Ao longo dos anos 1990, trabalhei com um engenheiro cujo consultor financeiro anterior dissera para ele alocar 70% de seus investimentos em ações e o restante em bonds. Ele tinha muito medo de investir, sentia que precisava de certa quantia em sua conta para se sentir feliz e realizado, não suportava a ideia de perder nem sequer uma porção do que havia acumulado. Então, preferia manter seu dinheiro todo em espécie. Procurou-me para receber uma resposta diferente, que *não* dei a ele. Precisava era livrar-se do dinheiro e diversificar o portfólio. Se não tivesse estômago para fazer isso de uma vez, poderia comprometer-se a colocar certa porcentagem de seu dinheiro mensalmente — o que é chamado de "dollar cost averaging (DCA)".

Recusou-se durante anos. Mas, no final dos anos 1990, com a alta súbita do mercado de ações, ficou claro — finalmente — que ele estava obcecado em evitar riscos. Então, entrou de cabeça e colocou todo o seu portfólio de US$300 mil em ações em alta. Por que ele ficaria para trás enquanto seus amigos estavam se tornando milionários?

Infelizmente, a bolha da tecnologia estava prestes a estourar. Quando isso aconteceu, sua conta de US$300 mil perdeu dois terços do valor. Ele enlouqueceu, tirou todo o dinheiro da corretora e o retransformou em espécie. Decidiu não investir mais. E nunca mais o fez.

Se esse cliente não tivesse dado tanta importância ao saldo — e ficado tão obcecado com a eliminação do risco —, poderia ter seguido uma estratégia diversificada de longo prazo, o que permitiria que ele alocasse uma quantia menor de seus ativos em ações. Nesse caso, provavelmente teria ficado tudo bem. Claro, poderia ter perdido um pouco de dinheiro com a explosão da bolha pontocom, mas, com uma alocação menor em ações, provavelmente conseguiria lidar bem com essas perdas, mantendo seu plano longo o suficiente para se recuperar e fazer novos ganhos. A importância excessiva dada ao dinheiro não o impediu de investir, mas de fazê-lo de forma que o permitiria continuar em seu plano e ganhar um pouco de dinheiro. Resultado: centenas de milhares de dólares em perdas reais e custo de oportunidade, que se estenderam por anos, possivelmente décadas.

Dependendo do que está em jogo, é preciso refletir e começar a corrigir os pensamentos. O que exatamente você deveria fazer? Fico feliz que tenha perguntado! Primeiro, se a supervalorização do dinheiro está paralisando-o, supere esse obstáculo. Como percebi com alguma frequência com meus clientes, só de fazer as contas e traçar um plano pode ser que você ganhe um senso de controle tranquilizador. Lembra-se de quando relatei meu nervosismo com relação a meu peso que me impediu de subir na balança? Quando finalmente subi e depois formulei um plano para perder peso, me senti muito melhor e consegui confrontar a realidade: tinha ganhado peso demais. Se a supervalorização do dinheiro ou de um estilo de vida fez com que você adiasse a criação de um plano para a aposentadoria ou a faculdade de seus filhos, feche os olhos e inicie um plano. Não se force a criar "o" plano — um plano provisório é o suficiente. Comece a implementá-lo, e o senso de urgência pode surpreendê-lo.

Uma segunda estratégia é começar com passinhos de formiga. Ao ajudar a mulher rica que não conseguia dar dinheiro aos filhos, o Dr. Grubman não estalou o chicote e exigiu que ela desse 1 milhão de dólares para cada filho imediatamente. Perguntou que quantia mínima ela se sentiria confortável em dar e disse para começar com isso. A resposta dela: US$10 mil. Quando desse esse presente, perceberia que o mundo não acabaria. Esse sucesso provavelmente a levaria a dar presentes maiores e, com o tempo, a diminuir a ansiedade. Ao ser confrontado pela incerteza, agir calmamente pode diminuir muito o estresse, dando a você um senso de poder e controle.

Terceiro, seja um "idiota gentil". Seja cortês consigo mesmo à medida que confronta obstáculos financeiros e o pensamento problemático subjacente. O Dr. Grubman me disse que, ao tratar pessoas com problemas relativos ao dinheiro, primeiro demonstra empatia, para que percebam que ele entende. Você pode fazer isso consigo mesmo. Reconheça suas preocupações e quão reais elas parecem. Reconheça a enorme dificuldade de discordar de pensamentos e comportamentos familiares. Dê crédito a si mesmo por trabalhar nisso e comemore quando tomar decisões financeiras inteligentes em situações que o teriam enganado anteriormente.

Mas não seja *somente* gentil consigo mesmo. Quando se pegar cometendo os mesmos erros idiotas com seu dinheiro, dê um empurrãozinho firme para caminhar e desafiar as pressuposições e percepções subjacentes ao seu comportamento. Seja intransigente. Diga a si mesmo a verdade sobre o que está fazendo, sem meias palavras (se fosse eu, soltaria um palavrão, mas é opcional). Seja um idiota consigo mesmo — um idiota *gentil* que pensa no seu próprio bem.

Quarto, seja muito introspectivo. Não perceba simplesmente a supervalorização que dá ao dinheiro e os padrões comportamentais doentios que resultam disso. Desafie-se a entender questões financeiras por completo. Se suspeitar que pensa como aprendeu na infância, analise-as a fundo. Seus pais eram obcecados com dinheiro? Eles ou outras pessoas na família usavam o dinheiro como bênção ou castigo? Seu pai lhe pedia para mentir sobre dinheiro para sua mãe ou vice-versa? O dinheiro era usado para expressar amor? Você sofreu traumas específicos com relação ao dinheiro? Essas são apenas algumas das perguntas que pode se fazer. Explorar experiências do passado sobre as quais você não tinha pensado ajudará a jogar uma luz nos comportamentos atuais. Isso o deixará mais confiante, aumentando sua habilidade de eliminar esses comportamentos. Certifique-se de lidar com outros fatores de estresse em sua vida, como relacionamentos abusivos ou uma situação ruim no trabalho, pois isso pode estar alimentando seus hábitos financeiros doentios e piorando-os.

Quinto, ouça sua intuição. Algumas vezes, quando estamos presos a comportamentos doentios, sabemos de alguma forma que estamos alimentando-os, mas continuamos a fazê-lo. Crie o hábito de se perguntar: "O que estou fazendo *realmente* me favorece?" Ouça a voz que diz: "Deveria acompanhar melhor meu dinheiro e não gastar de maneira tão extravagante", ou "Não deveria mimar meus filhos assim", ou "Não deveria sacar de nossa conta conjunta escondido de meu parceiro". Admita seu comportamento. Pense nele. Então, aplicando a sugestão "idiota gentil", aja para mudar.

Sexto, peça a ajuda de alguém. Pode ser um planejador financeiro, mas, se estiver lidando com questões psicológicas ou de relacionamento complexas, pode ser que precise de um terapeuta que o ajude a explorar experiências anteriores, identificar e entender seus pensamentos doentios e criar táticas para mudar o comportamento. Um terapeuta pode fornecer apoio durante um processo longo de mudança de atitude, dando motivação para continuar e segurando-o quando você cair.

O MELHOR É TER DINHEIRO SUFICIENTE

Já destaquei os custos financeiros de pensar muito sobre dinheiro, mas na realidade os custos vão muito além disso. Dar muita importância ao dinheiro pode tirar a alegria de sua vida. Pode empobrecer seus relacionamentos. Pode causar tanto estresse que compromete sua saúde física. *Dificulta* sua vida em vários aspectos. Caso não seja tratada, a preocupação com o dinheiro não some. Apenas se intensifica, fazendo com que você tome decisões cada vez piores.

Por outro lado, olhar para o dinheiro de forma equilibrada pode levar à felicidade profunda e duradoura. Joanne, uma amiga minha que tem uma rede de salões de beleza, cresceu em circunstâncias bastante difíceis. Criada por uma mãe solo, era forçada a catar centavos e não podia se dar aos luxos de seus colegas de escola. Ao se tornar adulta, estava determinada a ter uma vida muito mais confortável e mostrar ao mundo que havia

60 Idiotices que Pessoas Inteligentes Fazem com o Próprio Dinheiro

"conseguido". Trabalhando muito, conquistava seus objetivos e sempre buscava mais. Também buscou "parecer" a proprietária — dirigir um carro chique, usar roupas caras e morar em uma casa finamente mobiliada.

Estava tão fissurada em sucesso financeiro que, em suas negociações diárias, tentava pegar cada centavo. Presumia que todo empregado, vendedor e até mesmo cliente estava tentando atrapalhá-la, porque, como sua mãe costumava dizer: "É melhor se proteger, pois ninguém mais o fará!" Essa atitude levou-a a se comportar pessimamente algumas vezes. Não era generosa com seus cabeleireiros, cortou relações com antigos vendedores por causa de pequenos desentendimentos e jogava reclamações legítimas de clientes para debaixo do tapete.

Um dia, sua melhor cabeleireira disse que não trabalharia mais lá, pois abriria seu próprio salão. Joanne ficou espantada: "Não entendo", disse. "Você tem praticamente seu próprio negócio aqui. Trabalha como quer e ganha bastante. Por que deseja sair?"

"Bem, para começo de conversa", a cabeleireira falou, "você cobra qualquer centavo de mim. Sério, Joanne, quanto você tem que ganhar? As centenas de dólares ao longo do ano valem a pena?".

Joanne rejeitou a observação de sua cabeleireira. Não achava que era avarenta ou egoísta — mas uma empresária inteligente. Naquela noite, estava reclamando da cabeleireira para o marido, esperando que ele concordasse com o ponto de vista dela. Mas ele ficou do lado da cabeleireira. Ao ouvir as reclamações da esposa, murmurou: "Querida, ela tem razão."

Joanne ficou extremamente irritada mas, como me falou certa vez: "Foi naquele momento que percebi que não era minha mãe, e precisava mudar para ser mais feliz e ajudar minha empresa a crescer."

Desde então, Joanne tem uma vida financeira que não deixa nada a desejar. Ao perceber que estava dando muita importância ao dinheiro, parou de tentar negar sua infância acumulando coisas chiques. Quando perdeu o hábito de gastar, percebeu que não estava pensando em dinheiro o tempo todo nem alimentando sua autoimagem ao ter certo patrimônio líquido. Isso fez com que mudasse a maneira de tratar as pessoas — não precisava mais controlá-las.

Também ficou mais relaxada com relação ao sucesso dos negócios. Não assumia mais que tinha que ganhar o máximo possível. Em vez disso, pensou sobre o estilo de vida que a faria mais feliz e quanto teria que ganhar por ano para sustentá-lo. Em vez de esforçar-se ao máximo para lucrar tudo o que podia, contentou-se com o que precisava para viver a vida que queria, delegando o resto para ter mais tempo de lazer. Quando empresários conhecidos pediam para que ela abrisse mais salões, ela dava de ombros e dizia: "Quer saber? Não preciso desse estresse. Temos que curtir a vida. Tenho o suficiente, sou feliz."

Você pode dizer o mesmo? Sabe quanto é suficiente para você? Se suspeitar que está levando o dinheiro muito a sério, resolva essa questão. Se acha que não está, mas se pergunta por que não está mais próspero e feliz, dê uma boa olhada em suas atitudes e comportamentos com relação ao dinheiro. Pode ser que você não seja tão saudável quanto pensa.

Quando as pessoas deixam de progredir no aspecto financeiro, tendem a se empobrecer limitando suas opções. Pouco a pouco, suas ações colocam barreiras em suas vidas. Na história do início deste capítulo, Jim tinha menos opções para a aposentadoria depois de dois anos ponderando obcecadamente, porque havia perdido dezenas de milhares em ganhos potenciais enquanto seu pé de meia continuava em espécie. Como veremos ao longo deste livro, decisões financeiras inteligentes geralmente nos ajudam a manter nossas opções abertas, enquanto as idiotas as fecham.

No próximo capítulo, exploraremos uma armadilha comum que limita as opções até mesmo das pessoas mais inteligentes. Muitos de nós assumem que pagar por uma graduação criará novas opções maravilhosas para nós mesmos ou nossos filhos. Com frequência, isso acontece, mas pagar muito pela faculdade errada também pode nos levar a um pesadelo — forçar-nos a morar com nossos pais ou trabalhar em um emprego horrível que odiamos — ou, se formos os pais, adiar nossa aposentadoria. Examinaremos os lados negativos do ensino superior e aprenderemos a escolher uma faculdade que possa fornecer a nós e a nossos filhos acesso a uma ótima carreira sem arruinar nossas finanças no processo. Somos inteligentes. Não é hora de sermos mais inteligentes com relação ao ensino superior?

_____ IDIOTICE #4 _____

Fazer um Grande
Empréstimo Estudantil

Uma conhecida minha, Brooke, era muito parecida com a Janis Joplin — tinha um cabelo comprido que vivia descabelado e usava vestidos psicodélicos. Gostava muito de maconha também — a propósito, esse gasto estava devidamente orçado quando pedi uma lista de suas despesas mensais. Quando chegou aos 30 anos, deu um jeito na vida e tornou-se uma muito bem paga gerente corporativa de uma grande empresa de bens de consumo do centro-oeste. E foi aí que os problemas começaram.

Antes de ter esse emprego, Brooke havia comprado um apartamento de dois quartos por meio de uma hipoteca bem gorda. O apartamento precisava de reforma e não era um bairro tão legal, mas Brooke gostava dele o suficiente e era o que conseguia pagar. Depois que já estava morando lá há cerca de um ano, conheceu uma garota bem legal, a Chris, se apaixonou e, logo depois, como na piada, chegou com o caminhão de mudança e foram morar juntas. As duas compraram uma casa térrea no subúrbio, pois o apartamento da Brooke era muito pequeno para as duas, a filha da Chris e seus dois cachorros.

Mas, em vez de vender o apartamento, Brooke o manteve como um investimento, imaginando que poderia alugá-lo. Não foi uma boa estratégia. Como já estava pagando parcelas bem caras dos empréstimos para sua graduação e MBA, não conseguiu fazer os pagamentos mensais do apartamento, apesar de ganhar US$150 mil por ano. Quando a conheci, seu score de crédito havia sofrido um golpe sério, ela estava afogada em dívidas, prestes a perder o apartamento.

Muitas pessoas inteligentes e bem-sucedidas cometem o erro de assumir uma dívida estudantil enorme. Os norte-americanos devem cerca de US$1,4 trilhão em empréstimos estudantis, e cerca de 40% das pessoas que participaram do programa de empréstimo para o ensino fundamental atrasaram o pagamento. Nas últimas décadas, o número de pessoas com dívidas imensas aumentou consideravelmente. De acordo com a Brookings Institution, em 1992, só 2% dos empréstimos estavam acima de US$50 mil. Em 2014, já eram 17%.[1] Em 2017, a média devida era de quase US$35 mil, 62% a mais do que há uma década.[2]

Todo esse empréstimo excessivo tem um preço. Algumas pessoas, como a Brooke, não conseguem abraçar oportunidades de carreira ou de investimentos por causa do fardo dessa dívida. Outros têm parcelas mensais tão onerosas que precisam trabalhar em empregos que odeiam (com frequência, em vários empregos ao mesmo tempo) ou adiar a aposentadoria por muitos anos. Quando uma de minhas amigas chegou aos 40 e poucos, teve que sair de um emprego que lhe dava muita satisfação enquanto advogada da área ambiental em uma empresa sem fins lucrativos para trabalhar como advogada corporativa em uma empresa que lhe sugava a alma, mas pagava bem. Ela não tinha muito dinheiro guardado para a aposentadoria, graças aos pagamentos do empréstimo estudantil, e o marido estava desempregado. Ganhar bastante em uma megaempresa era a única alternativa.

Outras pessoas com grandes dívidas são forçadas a morar com os pais depois dos 30 anos (o que raramente é bom para os filhos ou os pais), ou adiar a compra de uma casa ou o começo de uma família. Alguns outros sofrem com a falta de qualidade de vida

— não tiram férias, não compram novos carros. Podem aceitar receber menos sem nem barganhar, pois se sentem financeiramente vulneráveis. E há os custos menos tangíveis. Em uma pesquisa feita com trabalhadores, 80% dos que fizeram empréstimos estudantis relataram que a dívida era uma "fonte de estresse 'significativo' ou 'muito significativo'".[3] Até mesmo alguns alunos do ensino médio estão preocupados com a dívida que terão que assumir quando forem para a faculdade. Um aluno do segundo ano do ensino médio disse: "Pensar na dívida da faculdade me deixa careca. É insano."[4] Estudos conectaram dívidas maiores com menos bem-estar, incluindo a saúde física.[5] Se você tem 30 ou 40 anos, com filhos, e ainda estiver preocupado com o pagamento da dívida estudantil, pense nos efeitos subjacentes de seu estresse financeiro na vida de seus filhos. Os problemas causados pela dívida estudantil são frequentes, negligenciados e extremamente danosos.

Ao listar esses horrores, não estou contestando o valor do ensino superior, que pode criar oportunidades incríveis. Pessoas com graduação podem ter salários mais altos e níveis mais baixos de desemprego do que as que têm somente o ensino médio. De acordo com uma pesquisa, os diplomas de graduação de algumas universidades aumentam a renda anual em mais ou menos US$6.500, além de um "salário bônus" de US$200 mil em uma carreira de 30 anos.[6] Tive sorte de frequentar uma ótima faculdade — Universidade Brown (e também de me graduar sem dívidas, porque meus avós tinham guardado dinheiro para ajudar a mim e a minha irmã a ir para a faculdade). Meu diploma me ajudou em muitos momentos na minha carreira.

Além disso tudo, os custos educacionais aumentaram nas últimas décadas, então o valor total do ensino superior erodiu. Isso significa que você tem que trabalhar mais para ter certeza de que o diploma que você quer faz sentido para *você*, dadas as circunstâncias financeiras e aspirações da carreira. Muitas pessoas inteligentes não fazem isso. Pensam que *qualquer* diploma de graduação já vale a pena, não importando o preço, o que não é verdade. Em muitos casos, as pessoas assumem dívidas que fecham as oportunidades que desejavam criar.

Se você é estudante de ensino médio, inteligente e ambicioso, e está pensando no diploma universitário, ou se está no mercado e pensa em voltar a estudar, imploro para que leia este capítulo. Se você for pai ou mãe de um aluno, pare de assistir a *Game of Thrones* ou *The Crown* e puxe uma cadeira também, porque esta pessoa sem filhos tem uma mensagem importante para você: precisamos conversar. No que você está *pensando* ao assentir quando seus filhos pedem para ir para essas universidades privadas supercaras? Acha que vale a pena condenar a vida de seus filhos à pobreza para frequentar uma universidade de segunda, terceira ou quarta que sua família não pode pagar? Vale comprometer seu próprio futuro colocando dinheiro nessas faculdades quase impagáveis em vez de botá-lo em poupanças para a aposentadoria?

PENSE, GENTE!

Barb, uma amiga minha de Rhode Island, me ligou com uma ótima notícia: a filha dela, Kelly, ia para a St. Michael's College em Vermont. "Nossa", exclamei. "A Kelly não ia para a URI?" A Universidade de Rhode Island é a grande universidade subsidiada pelo estado. O custo total de um ano lá, incluindo gastos, ficaria cerca de metade do preço da St. Michael's.

"É, ela ia", relembrou, "mas queria muito estudar na St. Mike's".

"Por quê?", perguntei. "Para quê?"

Minha amiga não sabia ao certo. Murmurou algo sobre como Kelly queria muito ir para uma faculdade fora do estado, conhecer alunos mais diversos, blá-blá-blá.

"Você sabe que não pode pagar pela St. Mike's, né?"

Fazer um Grande Empréstimo Estudantil   67

"Sabemos", disse ela. "Kelly terá que assumir um empréstimo."

Quatro anos depois. Kelly se formou em antropologia na St. Michael's. Tentou um emprego em uma área metropolitana importante, mas não conseguiu, apesar de ter notas excelentes. Um ano depois da formatura, voltou para a casa dos pais em Rhode Island. Alguns meses mais tarde, conseguiu um emprego e, uma boa notícia, começou a fazer pagamentos da dívida de US$70 mil. Foi o diploma da St. Michael's que a fez conseguir o trabalho? Não. O pai dela tinha um emprego no mercado financeiro e usou suas conexões pessoais para conseguir um emprego no banco local.

Pense nisso. Se Kelly tivesse aceitado e ido para a URI, o pai dela provavelmente poderia ter usado suas conexões para conseguir *exatamente o mesmo emprego*. Ela estava atolada em parcelas dos US$70 mil, possivelmente por décadas — para quê? É como pagar US$6 em "água de aspargos" no mercado quando se pode colocar água da torneira em uma jarra, umas gotinhas de essência de aspargo que custariam centavos e deixar pegar o sabor. Quem faz isso???[7]

Lembre-se de que pessoas inteligentes e suas famílias não entram em armadilhas só na faculdade, mas nos cursos de pós-graduação. Outro amigo meu tem um filho, Vince, que se formou entre os melhores de sua escola em Princeton, mas não sabia o que fazer. Então fez o que qualquer jovem brilhante e promissor faria: matriculou-se na Cornell Law School — e odiou.

Quando Vince se formou, uniu-se a alguns colegas da faculdade para fundar uma startup. Não precisava de um diploma em direito para isso, e nunca trabalharia como advogado. Três anos na Cornell mais os gastos custaram US$250 mil. Se você contar o que ele teria recebido trabalhando em um emprego que pagasse, digamos, US$50 mil ao ano, seu namorico com o direito custou pelo menos US$400 mil. Para nada.

Por que pessoas inteligentes fazem essas idiotices? Há algumas razões, mas a principal é que muitos alunos e seus pais não pensam o bastante sobre as decisões com relação ao ensino superior. Quando ouço que alguém gastará US$70 mil a mais para que possa "estudar fora do estado", é óbvio — eles não pensaram no assunto. Igual a quando ouço que alguém fará faculdade de administração ou direito não porque está louco para trabalhar na área, mas porque "é um ótimo treino para seja lá o que você queira fazer".

Já conheci famílias que passaram mais tempo deliberando a respeito das próximas férias do que sobre a faculdade. É divertido sonhar acordado com as praias de areias brancas de Bora Bora ou o apartamento chique que encontrou no Airbnb. E fazer as contas para comparar a St. Michael's College com a Universidade de Rhode Island? Não é nada divertido. Pesquisar e aplicar dinheiro para que o governo federal ajude a bancar sua educação? Ainda menos divertido. Mas a vida não é só diversão, e é do seu (e de seus filhos) futuro financeiro que estamos falando. Você, Sr. ou Sra. estudante, quer pagar uma parcela de US$500 relativas a um empréstimo estudantil pelos próximos *25 anos* porque se apressou com o depósito para a faculdade chique em vez de fazer uma análise custo-benefício? Você, Sr. pai ou Sra. mãe do estudante, quer adiar sua aposentadoria por dez anos porque não fez a análise custo-benefício?

Acho que não.

PODE SER QUE NÃO ESTEJA CRIANDO NETWORK, MAS UM "NÃO TRABALHO"

Mesmo quando pais e alunos pensam em suas decisões para o ensino superior, com frequência superestimam o valor de uma faculdade particular caríssima. Ouço o tempo todo: "É importante ir para uma universidade de renome porque abrirá portas depois da formatura." Algumas delas realmente abrem portas. Se você ou seu filho for aceito em uma faculdade da Ivy League ou uma das top 20, como Stanford, Universidade de Chicago ou MIT, pode fazer sentido assumir uma dívida imensa para fazer networking com os ex-alunos. E se a renda de sua família estiver abaixo de US$250 mil, mais ou menos, a maioria dessas instituições têm endossos gigantescos, então fornecerão os meios necessários para que você ou seus filhos as frequentem. Mas outras faculdades de renome de segunda ou terceira não oferecerão uma rede de contatos tão boa para que valha a pena assumir uma dívida, e não têm pacotes financeiros comparáveis.

Um jovem inteligente e ambicioso que conheço, Jesse, foi para a faculdade e conseguiu um ótimo emprego no departamento de marketing de uma fabricante de dispositivos médicos. Depois de vários anos, chegou ao cargo de gerente, mas então decidiu que queria migrar para a área de investimentos. Para a transição, fez um MBA em um programa fora de Boston que era, no máximo, meia-boca. Ficou meses tentando conseguir um emprego em um dos bancos de investimentos de Nova York, mas não conseguia nem uma entrevista. Ninguém dava a mínima para o diploma daquele programa de MBA — não era Harvard Business School ou Wharton. Para esses empregadores da elite, ele poderia ter ido para uma "Uniesquina". Ele finalmente conseguiu algumas entrevistas, mas porque sua rede de contatos da família e amigos pediram favores a ele. Para Jesse, o processo de procura de emprego era uma atividade para fazer sozinho. O custo de sua educação tinha consumido tudo o que ele tinha.

Eis o segredinho que raramente admitimos: a maioria dos pais inteligentes e bem-sucedidos já tem networks que seus filhos podem acessar, então é o dever deles selecionar faculdades que possam pagar. Considere, também, que o mercado de trabalho mudou nas últimas décadas. Quando John F. Kennedy era presidente e Bob Dylan estava lançando seu álbum de estreia de mesmo nome, ter uma faculdade poderia ajudar muito a conseguir um emprego, simplesmente por causa do nome da instituição. Isso não acontece tanto na nossa era Donald Trump e Bruno Mars. Experiência real é muito mais importante do que costumava ser, assim como sua habilidade de demonstrar as "soft skills" desejadas pelos empregadores, como resolução de problemas, habilidade de colaboração e criatividade.

Pesquisas documentaram a importância da experiência em relação à educação superior. A National Association of Colleges and Employers [Associação Nacional de Faculdades e Empregadores, em tradução livre] (NACE) faz uma pesquisa anual que pergunta aos empregadores o que eles mais procuram em novas contratações. Quando escolhem entre dois candidatos com perfis similares, o que faz a diferença? A resposta mais ouvida em 2018 não foi a universidade onde o candidato estudou, mas se já tinha feito estágio com o empregador. Em segundo lugar, se o candidato já tinha feito estágio na área. A universidade onde ele estudou ficou em *nono* lugar na pesquisa. Na maioria dos casos, os empregadores querem indícios de que você tem habilidades para o trabalho.[8] O "nome" tão aclamado das universidades perdeu um pouco de sua influência. Então, por que pagar tanto por ele?

A CONVERSA QUE NÃO ACONTECEU SOBRE A FACULDADE

Outra razão para alunos tão inteligentes estarem enterrados em dívidas até o último fio de cabelo é porque *seus pais não os impediram*. Os pais geralmente não têm colhões para falar honestamente com seus filhos sobre o que a família pode pagar. Os pais que cresceram muito na vida sentem que devem fazer o impossível para garantir a felicidade e o sucesso de sua prole. Qualquer coisa menos do que isso faz com que sejam pais ruins — ou assim eles pensam. Ouço muito isso: "Não consigo falar não para o meu filho." Esses pais foram para faculdades de renome, então não conseguem suportar a ideia de negar o mesmo privilégio aos filhos. Ou fingem que a família pode bancar essa oportunidade, comprometendo o próprio futuro para pagar as contas da educação, ou assumem uma atitude completamente indiferente em relação à dívida da faculdade, comprometendo o futuro dos filhos. "Meu pai ganhava menos do que eu ganho agora", dizem, "mesmo levando a inflação em conta, e conseguiu pagar meus quatro anos na Penn. Por que é tão difícil para mim?". Vou lhe contar: os custos com a educação aumentaram cerca de duas vezes a taxa de inflação desde que você saiu da faculdade.

Há muitos outros motivos para os pais não serem honestos com os filhos acerca do que podem pagar. Talvez você sinta que de alguma forma estragou sua carreira, tem vergonha de sua falta de rendimentos e não quer admitir isso para si mesmo ou seus filhos. Ou talvez tenha cometido alguma das 12 idiotices deste livro e ache que não é um bom modelo financeiro para seus filhos. Sentindo que lhe falta autoridade, não tomará a difícil decisão de dizer não ao pedido dele. Talvez você e seu cônjuge discordem sobre como lidar com a faculdade, então é mais fácil evitar essa conversa. Talvez você seja desorganizado e não saiba o que sua família pode pagar.

Qualquer que seja o caso, provavelmente não estará fazendo um favor aos seus filhos ao fingir que está tudo bem. Minha cliente Gail era mãe solo de três filhos e morava no subúrbio da Filadélfia. Era vendedora de carros em uma concessionária Jaguar, ganhava cerca de US$120 mil anuais. Os filhos estudaram em escola pública até o ensino médio. Quando foram para a faculdade, não pensou muito no assunto nem se sentou com cada um deles ou abriu quanto a família poderia pagar e usou essa informação para ajudar nas decisões subsequentes.

A filha mais velha foi para a faculdade e, felizmente, não precisou de muito financiamento — apenas cerca de US$20 mil — porque Gail pagou a maior parte da conta. Então seu próximo filho foi para a faculdade. Teve que pegar mais dinheiro emprestado — cerca de US$60 mil. Perceba, Gail não havia planejado cuidadosamente, não tinha levado em conta riscos potenciais ao poder de compra dela. No meio da faculdade do filho, o mercado para carros de luxo entrou em declínio, e a renda dela diminuiu cerca de US$25 mil do dia para a noite. Assumir mais uma dívida era o único jeito de compensar a diferença.

Gail sentiu-se culpada por seu filho ter tido que assumir uma dívida maior que sua filha, então disse a ele que a pagaria. Quando ouvi isso, quase perdi a cabeça. "Como pôde fazer isso? Você não pode pagar!" Gail cometeu um erro tão terrível, tão monumental, que vou devotar um capítulo a isso: pegou US$50 mil de sua poupança para pagar o empréstimo do filho. Não dá para acreditar. E então a filha número três chegou à fase da faculdade. O pé-de-meia estava vazio, mas Gail não podia dizer à sua filha para não fazer faculdade. Então sua filha se matriculou, tornando-se a campeã da família em dívidas, com alarmantes US$105 mil.

No meio do primeiro ano de faculdade de sua filha mais nova, Gail sofreu outro corte em seus ganhos. Não conseguia mais se sustentar e teve que recomeçar em outra área. Acabou vendendo a casa e mudando para uma cidade na Flórida com um custo de vida muito menor do que o do subúrbio da Filadélfia. Conseguiu um novo emprego como representante de dispositivos médicos e estabilizou sua vida financeira. Ainda assim, como tinha tirado dinheiro de sua poupança e decidido que tinha que pagar os empréstimos de sua filha mais nova, trabalhou mais do que uma década além do que esperava para se aposentar e subsistindo com uma renda de aposentadoria menor do que havia planejado.

Se Gail tivesse sido honesta com ela mesma sobre o que a família podia pagar, e se tivesse sentado com todos os filhos individualmente quando ainda estavam no ensino médio para ajustar suas expectativas com relação à faculdade, todo o seu futuro financeiro poderia ser diferente. Teria percebido que os empréstimos eram muito arriscados para sua família, apesar de possibilitarem o ensino superior em faculdades particulares para três filhos. Poderia ter financiado a educação para seus filhos apenas no ensino público, ou, se insistissem frequentar faculdades particulares, poderia ter passado a responsabilidade de arrecadar o dinheiro para eles.

Também poderia ter dividido melhor seu apoio financeiro às necessidades e desejos individuais de seus filhos. Se algum deles fosse um estudante dedicado, talvez tivesse entrado em uma faculdade mais cara, enquanto outro, mais social, e que provavelmente passaria boa parte do tempo no campus bebendo cerveja, entraria em uma faculdade estadual. Quem disse que a faculdade tem que ser exatamente igual para todos os irmãos?

A questão é: se Gail tivesse pensado mais e sido mais estratégica e honesta, os três filhos teriam encontrado oportunidades de carreiras comparáveis à vida depois da faculdade, com muito menos dívidas. A família inteira estaria em uma posição financeira melhor.

IDIOTICE #4(A) – FINANCIAR A FACULDADE ANTES DA APOSENTADORIA

Vamos analisar o épico erro cometido por Gail ao retirar dinheiro de sua conta específica para a aposentadoria para pagar a faculdade de seus filhos. Por um lado, entendo o porquê de ela ter feito isso. Se você tem um filho em idade escolar, provavelmente se orgulha de fazer o melhor para eles. Está fazendo um pé-de-meia para o ensino superior, talvez utilizando-se de um plano financeiro para a faculdade. Na verdade, talvez você seja um pai tão bom que, quando aloca dinheiro para a poupança, prioriza a educação de seus filhos em vez de qualquer outro objetivo financeiro, inclusive a aposentadoria.

Muitas pessoas pensam e agem assim. Uma pesquisa recente descobriu que quase metade dos norte-americanos de meia-idade estão "dispostos a gastar mais do que podem" para ajudar seus filhos a viver confortavelmente. Quase 20% disseram que estariam dispostos a pegar seis dígitos emprestados para pagar a faculdade dos filhos.[9] E mais pais e mães de meia-idade *estão* tomando emprestado. Em 2017, pessoas com mais de 60 anos eram "a idade que mais crescia no mercado de empréstimo estudantil", de acordo com um relatório do Consumer Financial Protection Bureau.[10] A vasta maioria desses tomadores de empréstimos não estava pagando a própria dívida estudantil, mas a de seus filhos. Em muitos casos, não podiam pagar esse empréstimo. Um estudo descobriu que quase 40% dos idosos que estavam pagando as dívidas estudantis não tinham dinheiro suficiente para suas necessidades básicas, como ir ao médico.

Sei que é possível fazer as duas coisas: economizar para a aposentadoria *e* a faculdade.[11] Mas, em minha experiência com as famílias, essa estratégia requer uma disciplina que talvez não tenham. Além disso, presume que os pais terão a mesma renda no futuro, depois que os filhos terminarem a faculdade, que possuem quando seus filhos são pequenos. Na economia atual, não podemos pensar assim.

Ouça atentamente a tia Jill: *Você deve pensar detalhadamente em sua aposentadoria antes de começar a economizar para a faculdade de seus filhos.* Cuide dos três principais aspectos antes, inclusive a aposentadoria, e, se sobrar dinheiro, economize para a faculdade ou para ajudar seus filhos com as dívidas estudantis. Sabe quando está em um avião e ouve uma mensagem dizendo que, se algo de ruim acontecer, deve-se primeiro colocar a máscara de oxigênio em si próprio e depois em seus filhos pequenos? Bem, é bastante parecido com sua aposentadoria. Você pode fazer empréstimos parentais ou ajudar seus filhos a pagar as dívidas que contraírem para ajudar a pagar a faculdade. Mas não há nenhum empréstimo, fora aquela hipoteca reversa do inferno de que já falamos, para a aposentadoria. A aposentadoria vem sempre em primeiro lugar.

Se tiver filhos, provavelmente odiou esse conselho. Os pais que vão às minhas apresentações com certeza odeiam. Superfocados em educação — e com razão — sentem-se egoístas ao pensar em sua aposentadoria primeiro e pedir para seus filhos fazerem uma faculdade pública ou contraírem dívidas. Mas isso não é egoísmo. Se você chegar à idade de se aposentar sem economias, seu filho adulto pagará para cuidar de você de qualquer maneira! Não seria melhor não mexer na sua aposentadoria agora, beneficiando-se da mágica dos juros compostos, do que ser um fardo para seus filhos depois? Que caminho é o mais egoísta? Como o escritor de teatro Tony Kushner disse: "Às vezes, agir em benefício próprio é a coisa mais generosa que você pode fazer."[12]

Como a faculdade acontece antes da aposentadoria, muitos de nós pensam que deveríamos focá-la primeiro e esquecer a aposentadoria. Como uma ouvinte do meu programa de rádio declarou: "Sou psicóloga, então terei muitos anos depois de meus filhos se formarem para pensar no meu fundo para a aposentadoria. Vou me virar." Essa lógica parece fazer sentido, mas está errada. Pode ser que você tenha muitos anos para economizar para a aposentadoria, mas eles serão o suficiente?

Não estou dizendo que você está necessariamente ferrado se não economizar agora para a aposentadoria para poder pagar a faculdade. Talvez possa realmente se virar com a aposentadoria depois. Muitas vezes, os pais conseguem fazer com que a aposentadoria dê certo depois de pagar pela faculdade, economizando mais no final da carreira ou fazendo mudanças que permitam gastar menos na aposentadoria. Mas, em uma parte significativa dos casos, os pais acabam tendo os mesmos problemas da Gail. Alguém fica desempregado. Alguém fica doente. Um membro da família tem necessidades inesperadas, e você quer ajudar financeiramente. Nesses casos, os que estão próximos da aposentadoria se encontram em situações inesperadamente precárias. Sem boas opções, têm que fazer sacrifícios dolorosos, como trabalhar sete anos além do que gostariam em um emprego que odeiam ou se mudar para longe dos amigos e da família para morar em um lugar com baixo custo de vida.

Você quer arriscar colocar-se em tal posição? Quer depender de "trabalhar por mais tempo" em uma era em que os robôs deixarão milhares de trabalhos obsoletos? E quer chegar aos seus 50 ou 60 anos lidando com o estresse financeiro? Se você parar um pouco, levar as questões da aposentadoria a sério e tomar decisões difíceis agora sobre priorizar sua aposentadoria em vez da faculdade de seus filhos, pode ser que chegue à aposentadoria se sentindo calmo, em paz e no controle de seu destino.

Meus clientes Judy e Don o fizeram. Quando entraram em contato comigo, queriam saber como economizar para um curso de quatro anos em faculdade particular para seus dois filhos, de 10 e 12 anos. A família morava em Maryland, perto de Washington, D.C., e Judy e Don tinham 40 e poucos anos e ganhavam, juntos, US$250 mil anuais. Sim, eu sei — US$250 mil deveriam ser o suficiente para pagar tudo. Mas não é. Conforme descobriram rapidamente, o dinheiro que planejavam economizar para a faculdade precisava ir para a conta de aposentadoria se quisessem atingir o objetivo de um dia parar de trabalhar.

Em nossas primeiras reuniões, o casal se sentiu derrotado — principalmente Judy. Engenheira, havia estudado em uma faculdade comunitária nos dois primeiros anos do curso e terminou em uma "faculdade estadual meia-boca", como ela o descreveu. Como valorizava muito a educação, sonhava matricular seus filhos em universidades particulares. Sentada à mesa de frente para Judy e Don, sentia que estavam paralisados e me perguntava se estavam absorvendo meus conselhos.

No entanto, nas reuniões seguintes, haviam aceitado a situação, estavam mais predispostos a repensar os planos para os filhos. Quando me pediram para pensar em alternativas factíveis, propus que seguissem um plano combinado. "Diga a seus filhos que vocês podem pagar a maior parte do ensino em uma faculdade pública", disse, "mas precisarão trabalhar um pouco e pegar alguns empréstimos para se formarem. Se tudo correr bem com o plano de vocês, pode ser que consigam ajudá-los a pagar as dívidas, mas eles não devem contar com isso." Se seguissem esse plano, conseguiriam economizar o suficiente para atingir objetivos razoáveis de aposentadoria.

Judy e Don decidiram seguir o plano. Assim que seus filhos chegaram ao ensino médio, explicaram com o que a família poderia contribuir para a faculdade. A filha deles não ficou muito animada com a possibilidade de se matricular em uma faculdade pública. "Se eu descobrir uma maneira de pagar o resto da mensalidade em uma faculdade particular mais cara, posso ir, né?", perguntou ela. Os pais concordaram. E, incrivelmente, a filha deles conseguiu. Estudou muito na escola e ganhou uma bolsa de estudo para o Haverford College. O filho deles estudou na University of Maryland, e os dois se formaram sem *nenhuma* dívida. Enquanto isso, Judy e Don estavam no caminho para se aposentar aos 65, dois anos antes do esperado. Chegaram ao final da carreira sentindo o que todos queremos: paz com relação ao futuro financeiro.

Diferentemente de outros clientes meus, não resistiram quando fiz as contas — ou, pelo menos, não resistiram por muito tempo. Não insistiram que pagariam pela faculdade inteira agora e depois "trabalhariam mais" ou "economizariam mais". Estavam dispostos a processar a informação, encarar a realidade, pensar de novas maneiras e ajustar as expectativas. Se conseguir superar sua resposta emocional inicial como eles fizeram, você economizará de forma a se beneficiar por completo. Economizará para a aposentadoria centenas de milhares de dólares a mais do que se gastar com a faculdade. Chegará à aposentadoria confiante e no controle. E, muito provavelmente, sem dívidas gigantes, seus filhos estarão melhor também.

TOMADA DE DECISÕES INTELIGENTES EM RELAÇÃO À FACULDADE

Quer você tenha um filho na faculdade ou você mesmo seja estudante, espero que eu esteja inspirando-o a olhar para a faculdade com uma lente mais realista, baseada em uma análise cuidadosa de sua possibilidade financeira e no valor que opções educacionais específicas podem agregar. Espero, também, que tenha começado a deixar de lado emoções fortes que possa sentir — "Eu *tenho* que ir para essa faculdade particular cara", ou "Tenho que dar aos meus filhos a mesma educação que tive", ou "Tenho que tratar todos os meus filhos da mesma maneira", ou "A faculdade dos meus filhos é mais importante do que tudo". É preciso começar a ver a decisão de ir para a faculdade pelo que ela realmente é: uma decisão de negócios, e das mais importantes e maiores que você e sua família tomarão.

Olhando para a faculdade dessa maneira, perceberá que há muito que pode fazer para maximizar o valor para a sua família. Você sabia que, anualmente, US$2,7 bilhões de ajuda financeira federal deixam de ser pedidos? Isso é inacreditável! De acordo com Kelly Peeler, fundadora e CEO da NextGenVest, um serviço que oferece aos alunos a ajuda de que precisam para navegar pelo processo de ajuda financeira, bolsa de estudos e empréstimo estudantil, muitas famílias presumem que não conseguirão se qualificar para esses serviços e deixam esse dinheiro na gaveta da empresa.[13] Na verdade, se ganham US$200 mil ou menos por ano, podem, sim, se qualificar.

Se as famílias pensassem mais racionalmente, como pensam nos negócios, sobre o ensino superior, seria uma missão saber o que o estado oferece, ou quais bolsas de estudos instituições particulares disponibilizam, ou como usar investimentos estudantis para economizar para a faculdade.[14]

Ainda mais importante é que as famílias não se preocupam em explorar todas as possibilidades de faculdades de baixo custo disponíveis. Além das classificações-padrão de faculdade, você deveria prestar atenção à classificação anual da revista *Money*: "The Best Colleges for Your Money" [As Melhores Faculdades para o Seu Dinheiro, em tradução livre].[15] Também precisa pesquisar departamentos acadêmicos em faculdades de baixo custo que oferecem ótimo custo-benefício. Se é morador da Virginia, por exemplo, e quer cursar pós-graduação em administração, pode procurar uma universidade de renome cara, como a Universidade de Nova York. Mas também pode escolher a Universidade de Virginia ou a Universidade da Carolina do Norte em Chapel Hill, ambas bem-conceituadas. Se pagar de fora do estado, na UNC economizará US$15 mil por ano em relação à Universidade de Nova York, e o custo de vida provavelmente também será menor.

Você *precisa* pesquisar se quiser ganhar o jogo do financiamento educacional. Também deveria fazer o que poucos fazem e *negociar* sempre que possível. Há não muito tempo, uma jovem colega minha decidiu abandonar o jornalismo e estudar direito. Foi admitida na Georgetown, o que teria custado US$60 mil por ano. Também entrou em uma faculdade com baixa classificação, a Fordham, que lhe concedeu US$35 mil de subsídio (dinheiro LIVRE DE IMPOSTOS, gente), diminuindo o custo anual para

80 Idiotices que Pessoas Inteligentes Fazem com o Próprio Dinheiro

somente US$25 mil. Como bônus, poderia cursar direito ao lado do Lincoln Center!

Apesar da diferença, ela queria muito ir para Georgetown. Depois de muito insistir, ligou para a Georgetown e disse que queria muito, mas que havia recebido uma oferta de US$35 mil anuais da Fordham. Adivinhe! A Georgetown ofereceu US$25mil por ano, cortando seus gastos para US$35 mil anuais. Ela escolheu a Georgetown. Aquele único telefonema, que ela quase não deu, fez com que economizasse US$75 mil em três anos, fora os juros que teria que pagar se tivesse feito um empréstimo.

Se uma faculdade ofereceu algum auxílio ou uma bolsa de estudos e suas notas ou experiência fazem com que você seja um bom candidato, não tenha medo de pedir a outras escolas o mesmo. Afinal de contas, o pior que pode acontecer é eles dizerem não. Pergunte você mesmo em vez de esperar que seus pais o façam (bom conselho para quase tudo na vida). As faculdades não ficam tão impressionadas com pais que cuidam de tudo para seus filhos. Elas *ficam* impressionadas com alunos ambiciosos que argumentam de maneira articulada e confiante por eles mesmos.

Muito antes de começar a negociar, sente com seus pais e calcule exatamente quanto você pode pagar. Especialistas em faculdades com quem conversei em meu programa de rádio sugeriram um valor fácil de ser lembrado. É uma boa ideia, dizem, não pegar emprestado mais do que acredita que será o seu salário no primeiro ano no mercado de trabalho. Se estiver cursando engenharia, essa fórmula permite que assuma uma dívida maior do que, digamos, se estiver estudando história da arte, pois o salário em seu primeiro ano provavelmente será maior. Mas, de qualquer maneira, você assumirá uma dívida que provavelmente conseguirá pagar dentro de dez anos.

Se fizer muito bem as contas, como fiz, descobrirá que na verdade é só depois de dez anos que a dívida educacional começa a

Fazer um Grande Empréstimo Estudantil   81

limitar suas oportunidades. Ter 20 e poucos anos com uma dívida é muito diferente de ter 30 e poucos e ainda estar pagando. É claro, essa fórmula tem um uso limitado, se você não tem ideia de que carreira quer seguir. Mas a maioria das pessoas tem ao menos alguma ideia, então, para elas, é uma orientação bastante útil.

E se você já estiver embaixo de uma pilha de dívidas? Não entre em pânico — ainda pode agir de forma a pagar o empréstimo e mitigar o fardo. Aconselho a, se tiver dívidas, organizar-se o mais rapidamente possível. Crie uma tabela com todas as suas dívidas, o nome e o telefone do credor, e outras informações pertinentes, incluindo — principalmente — a quantia emprestada e a taxa de juros. Então coloque tudo isso em débito automático mensal. Isso economizará as taxas e os juros que podem acumular com a falta de pagamentos, para não mencionar o estresse de ter que organizar esses pagamentos todos os meses.

Se calcular seu orçamento e descobrir que tem dinheiro extra todo mês, passe a pagar seus empréstimos mais rapidamente, começando com o mais caro. Pode ser psicologicamente mais satisfatório "acabar" com um pequeno empréstimo, em vez de um maior, mas está pagando mais juros dessa maneira. Se tiver empréstimos federais, tente adiar ou anular, ou procure planos de consignação.

Se tiver filhos, ajude-os a se organizar com o processo de pagamento de empréstimos. Você quer que a responsabilidade seja deles, mas isso não significa que não pode ser uma fonte de informação e emocional para eles. Se conseguir ajudá-los financeiramente sem comprometer seu futuro, sinta-se livre para fazê-lo, mas não deixe que se abstenham da responsabilidade. Em vez de dar dinheiro para o empréstimo, pode pagar parte ou todo o empréstimo e deixar que lhe paguem por um período com juros mais baixos ou sem juros. Seus filhos precisam sentir que fazem "parte do jogo". De que outra forma aprenderão a ser responsáveis pelo próprio bem-estar financeiro?

Se seus filhos ainda estão no ensino médio, comece a ser honesto com relação ao financiamento da faculdade — logo no primeiro ano. Também conheça a ética e as ambições de seus filhos. Todos eles aproveitarão ao máximo uma educação de alto custo em uma universidade de prestígio, ou alguns deles se darão melhor em uma faculdade mais barata, onde farão exatamente a mesma coisa que em lugares chiques? Todos estão emocionalmente prontos para estudar fora do estado? Estão bem direcionados com relação às carreiras? Um amigo meu teve que tirar o filho de uma universidade supercara porque ele não parava de ir a festas logo no primeiro ano. Voltou a morar com os pais e se matriculou em uma faculdade comunitária. Se demonstrasse seriedade com relação aos estudos, poderia então explorar opções mais caras depois. Quanto mais honestamente você falar sobre as características de seus filhos, provavelmente menos chances você terá de enfrentar esse tipo de surpresa desagradável, gastando dezenas de milhares de dólares com educação no processo. Tudo bem se seu filho ainda não sabe o que quer fazer da vida. Mas, por favor, deixe que ele experimente em uma faculdade mais barata.

TRANSFORME SEU FILHO EM UM BATALHADOR

Uma aluna do ensino médio que conheço, Jocelyn, mora em uma pequena cidade em Oklahoma. Desde pequena, sabia que queria escrever e dirigir filmes. Quando ainda estava no ensino funda-mental, sonhava em estudar na Universidade do Sul da Califórnia, que tem um dos melhores programas de cinema (e, incidentalmen-te, popularmente conhecida como Universidade dos Mimados). Os pais de Jocelyn a encorajaram a se matricular na faculdade e seguir sua paixão por filmes, mas não destruiriam o futuro deles para que ela estudasse na USC. Foram muito claros que, com outros três filhos, só poderiam pagar uma universidade pública ou estadual, que custaria cerca de US$12 mil de mensalidades e taxas. Se quisesse morar em um dormitório, teria que pegar um empréstimo e pagar sozinha. Caso contrário, poderia morar em casa e se formar sem dívidas.

A última notícia que tive foi que o programa de estudos da Universidade de Oklahoma não rivalizava com o da USC. Na verdade, os dois programas não estavam no mesmo planeta. Mas essa era a realidade, precisava aceitar. Os pais não a proibiram de tentar a USC. Mas disseram que, se quisesse estudar lá, teria que se virar para pagar cerca de US$60 mil ao ano — os US$72 mil de mensalidades e gastos, menos os US$12 mil com os quais os pais contribuiriam.

Para a surpresa dos pais, Jocelyn aceitou o desafio. No verão antes de começar o ensino médio, passou horas pesquisando do que precisaria para entrar na USC e, mais importante, como poderia pedir bônus, bolsas de estudos e, claro, empréstimos. Ao longo de seu primeiro ano, procurou no diretório de ex-alunos por pessoas de Oklahoma que haviam cursado a USC. Quando as encontrou, ligou perguntando sobre a experiência delas e o que ela poderia fazer para ser aceita e obter ajuda financeira. Também se dedicou aos estudos, sempre obtendo notas A.

Não sei se Jocelyn atingirá seu objetivo. Mas sei que a questão financeira não a desencorajou. Ao contrário, fez com que ela refletisse sobre o que queria, trabalhasse muito para isso e procurasse soluções criativas. Seja lá o que Jocelyn faça de sua vida, terá o benefício da persistência que cultivou ao contemplar o futuro na faculdade. Também se beneficiará do conhecimento da realidade financeira. Muitas pessoas que não conseguem ir para a faculdade de mão beijada percebem benefícios escondidos. Tornam-se muito focadas em seus objetivos. Ficam disciplinadas com relação ao pagamento mensal e viram ótimos poupadores quando terminam de pagar os empréstimos. Apreciam mais os objetivos de carreira que alcançam — porque os conquistaram. Por fim, tornam-se mais maduras financeiramente, aceitam os limites e a responsabilidade pessoal.

Gostaria que todos pudessem pagar pela faculdade de seus sonhos. Mas não vivemos nesse mundo. Ainda assim, me conforta saber que toda a batalha e o desapontamento que as pessoas sentem, em muitos casos, faz com que abracem o crescimento pessoal. Também me conforta saber que o mundo não é branco e preto. A escolha perante nós não é entre estudar em uma escola cara e assumir dívidas de empréstimo ou evitar as dívidas e resignar-se a oportunidades de carreira menores. Na maioria dos casos, ainda é possível conquistar suas ambições de carreira sem carregar o fardo de uma dívida imensa. Mas você tem que deixar de lado preconcepções fora de moda e algumas de suas emoções, pesquisar e, claro, ter conversas difíceis. Precisa ser tão inteligente com relação à faculdade quanto é em outras áreas de sua vida.

Aprender a tomar melhores decisões a respeito da faculdade tem um lado bom que geralmente é esquecido. No processo de "cair na real" com relação à faculdade, você se coloca em uma posição melhor para resolver diversas questões financeiras. Cerca de uma década após a graduação, muitas pessoas começam a pensar em se estabelecer. Deveriam comprar uma casa ou alugar? Essas mesmas pessoas podem mais tarde contemplar a decisão de comprar uma casa de férias ou uma propriedade para investimento. Com muita frequência, a decisão emocional combina com a sabedoria convencional sobre as alegrias da propriedade para induzir pessoas a comprarem um imóvel que não podem pagar ou que, de certa forma, não atende às necessidades. O resultado: dezenas de milhares de dólares em perdas — em alguns casos, mais. Analisemos agora os erros comuns que pessoas inteligentes cometem no mercado imobiliário e algumas estratégias para garantir que qualquer propriedade que você compre realmente traga alegria.

IDIOTICE #5

Comprar uma Casa Quando Deveria Alugar

Você está com 50 e poucos anos, e seus filhos estão quase saindo de casa. Depois de trabalhar como um jumento por 30 anos, tem sorte de ter economizado uma riqueza acima de suas necessidades de renda para a aposentadoria. Tudo o que deseja é praticar hiking pelo deserto de Sonora pelo tempo que seus ossos permitirem. Após várias férias em spas e resorts, por alguns milhares de dólares cada, decide que finalmente é hora de ter seu próprio lugar em Tucson. O que você faz, compra ou aluga?

Em 2004, dois clientes meus, John e Mary, enfrentaram essa questão. Como o preço do mercado imobiliário estava em uma crescente, decidiram entrar de cabeça e comprar um imóvel. Sentiam que podiam pagar: tinham US$1 milhão, sendo US$650 mil em uma conta para a aposentadoria e US$350 mil em uma poupança. A residência principal deles valia cerca de US$300 mil, com uma hipoteca de US$150 mil. E, arredondando, John e Mary tinham, juntos, uma renda anual de US$300 mil.

Inicialmente, compraram um terreno, gastando US$100 mil de suas economias disponíveis. Sobraram US$250 mil que poderiam usar em caso de emergência. Um ano depois, tendo economizado mais US$50 mil, começaram a construir a casa dos sonhos, gastando US$300 mil no projeto e pegando emprestado US$250 mil para completar. Sabiam que haviam esvaziado suas economias líquidas, mas os preços do mercado imobiliário estavam superaltos, assim como o preço da construção. Fizeram um pouco de sua lição de casa e pensaram que seria possível usar a casa algumas semanas no ano e alugá-la o restante dele. O aluguel pagaria o custo da casa, acharam, antes que percebessem que haviam raspado toda a conta.

Sei o que está pensando: onde você estava, Jill? Como pôde deixar que fizessem isso? Uma das partes frustrantes de ser consultora financeira é que eu só podia aconselhar, não forçar meus clientes a fazer o que era melhor. Quando John e Mary propuseram a ideia de construir a casa, quase pirei. "Vão acabar com toda a grana de vocês", falei, engasgando. "Ficarão responsáveis por duas hipotecas, todo o dinheiro ficará preso no mercado imobiliário. E se precisarem desse dinheiro para alguma coisa?" Não questionei a paixão deles pelo cacto saguaro, mas pedi que considerassem alugar por um tempo. "Vamos jogar dinheiro pelo ralo se alugarmos", disseram. Talvez, mas também manteriam as opções abertas. Poderiam explorar comunidades e situações diferentes e ver quais preferiam.

Não quiseram me dar ouvidos. O mercado imobiliário estava tão em alta que não conseguiam perceber que os preços despencariam. E como despencaram. No meio de 2006, a crise imobiliária estava no início, especialmente no Sudoeste. Começou com quem comprava e revendia casas sem exigir uma quantia de entrada, que de repente lotou o mercado com toneladas de imóveis à venda (leia o livro *A Jogada do Século*, de Michael Lewis, para saber mais). Quando não encontraram compradores, muitos tentaram alugar sua propriedade, inundando o mercado de locação. Assim, meus clientes não conseguiram alugar a nova casa como planejado. Em 2008, quando a crise financeira pegou, John perdeu seu emprego fixo. Precisando de dinheiro e com duas hipotecas, Mary e John foram forçados a vender a casa do Arizona com US$50 mil de prejuízo. Não foi um prejuízo imenso, mas poderiam ter evitado.

Muitas pessoas inteligentes cometem erros imobiliários, comprando em situações em que alugar seria melhor. Em 1999, dei consultoria para um casal de estudantes de medicina, casados e com 20 e poucos anos, que queriam comprar uma casa para morar enquanto terminavam a faculdade. Estavam fazendo provas para residências em suas especialidades médicas. Não podiam suportar a ideia de "jogar dinheiro fora" pagando aluguel, e seus pais estavam dispostos a pagar a entrada.

"E se vocês não forem aceitos em residências na área para onde querem se mudar?", perguntei.

"Ah, a gente vende", disseram.

"Certo, e se vocês não conseguirem vender ou não conseguirem um preço bom?"

Eles me cortaram. "Não achamos que isso vá acontecer." Ah, o otimismo da juventude.

Deram uma entrada de US$250 mil em uma casa térrea em um bairro bom. Se tivessem segurado a casa por uma década ou mais, teriam lucrado bastante. Mas, alguns anos depois, em 2002, terminaram a faculdade e, como temi, foram aceitos em residências fora do estado. No despertar da bolha pontocom, o mercado imobiliário estava abalado. Conseguiram vender a casa, mas perderam dezenas de milhares de dólares. Agora, se o *timing* fosse diferente e tivessem vendido em 2006, antes de o mercado imobiliário quebrar, teriam parecido gênios. Então, dá para dizer que de fato fizeram uma jogada pouco inteligente? Diria que sim. Como era provável que esse casal precisaria vender a casa em apenas alguns anos, o mais prudente seria alugar, não comprar e depender da sorte — e, como descobriram, algumas vezes temos azar.

Cuidado com o mercado imobiliário. Se estiver comprando sua residência principal, pode pagar a hipoteca e os custos de ter uma propriedade? Talvez alugar seja a melhor opção. Se estiver pensando em comprar uma casa para veraneio, não vai se aposentar em breve e não é independente financeiro, é provável que faça sentido desistir de comprar, pois terá mais liquidez assim e menos exposição ao risco, além de mais opções. Você não está "jogando dinheiro pelo ralo" ao alugar. Está *comprando flexibilidade*. Todo aluguel que você paga é o preço da liberdade de poder agarrar oportunidades quando aparecem, ou a habilidade de ajustar-se a cenários inimagináveis que surgem. Alugar pode não ser nem de perto tão sexy quanto comprar, sobretudo para as gerações mais velhas, presas às noções das "alegrias do imóvel" ou de "comprar um pedaço do sonho americano". Mas, se seu objetivo é um futuro financeiro seguro e uma vida que você possa aproveitar, alugar pode ser o caminho. Guarde o sexy para outra coisa.

A ETERNA SABEDORIA DO OTIMISTA

Por que tantas pessoas brilhantes tomam essas decisões tão ruins com relação ao mercado imobiliário? Com alguma frequência, porque estão apegados a um futuro muito cor-de-rosa. Cientistas cognitivos têm um nome para isso: "viés do otimismo", a tendência dos seres humanos de pensar que coisas ruins acontecem com todo mundo, menos conosco. Sem perceber, pensamos sempre nas melhores possibilidades em nossa vida e tomamos decisões com base nisso. Quando a realidade dá as caras, como costuma dar, é uma enorme surpresa. E como prestamos pouca atenção para mitigar o risco, presumindo que as piores possibilidades nunca se materializarão, sofremos golpes financeiros que poderíamos ter evitado. "A vida é boa", diz o ditado. "Sim, exceto quando é uma merda!"

Olha esse sorriso no seu rosto. "Aí vem a Pequena Miss Sunshine falando sobre como a vida é uma merda", você diz. "Vai cortar minha brisa!"

Aham — já ouvi tudo isso antes, geralmente expresso de maneiras bem piores por meus clientes e ouvintes. Como já expliquei, minha percepção de risco — que eu diria que é bem balanceada, não pessimista — deu-se aos meus anos trabalhando como negociante em Wall Street. Muitas pessoas veem traders como pessoas felizes e sortudas que arriscam, mas na verdade foram treinadas para olhar não o lado positivo, mas o potencial risco que correrão em uma transação. E você com certeza presta atenção ao lado negativo quando seu próprio dinheiro, não o do banco, está em risco. Ensinaram-nos a levar a sério até mesmo os resultados negativos cujas probabilidades de ocorrer eram bem baixas.

Imagine uma grande curva do sino com duas extremidades. Essas extremidades representam baixa probabilidade, resultados extremos tanto negativos quanto positivos. Provavelmente, resultados modestos representados no meio da curva acontecerão. Mas não se engane pensando que os resultados negativos de baixa probabilidade, porém catastróficos, não acontecerão. Algumas vezes, a cada geração, seu bairro será devastado por uma enchente, ou o mercado de ações ou imobiliário quebrará, ou bônus previstos não virão. O que você fará? Não faz sentido dar passos pequenos e relativamente baratos para se preparar?

Sei que é difícil pensar nos potenciais lados negativos. É ruim para nossos planos, ou para nosso senso de vida "justa". Também não estou dizendo que deve viver todo momento tremendo de medo de o impensável acontecer — obviamente, isso é uma receita para a tristeza profunda. Mas deve ao menos levar em conta o lado negativo ao traçar seus planos de comprar um imóvel. Não coloque todo centavo que você tem na construção de uma propriedade dos sonhos. Pode ser que precise desse dinheiro. Não estique suas finanças para comprar uma segunda casa, pensando que a alugará se precisar. E se ninguém quiser alugar? Não compre uma casa pensando em mantê-la por alguns anos, presumindo que o mercado se manterá intacto. Pode ser que não se mantenha. E tome o cuidado de não comprar uma casa presumindo que você terá deduções fiscais para o resto da vida. Como muitos proprietários descobriram em 2018, as leis podem mudar e seus amados benefícios fiscais podem desaparecer em um piscar de olhos!

Um amigo búlgaro gosta de contar uma piada sobre um otimista e um pessimista que se encontram na rua. "Ah, meu Deus!", o pessimista diz. "Não dá para piorar." O otimista balança a cabeça. "Não, *dá* para piorar."

Amo essa piada. Contei na Fox Business Network em 2008, quando o mercado estava em decadência e os comentaristas estavam matraqueando sobre os preços das ações logo se estabilizarem e o pior passar em breve. Uma dose de cinismo europeu saudável foi o melhor remédio. Adivinha? Precisamos disso agora! Da próxima vez que pensar em comprar um imóvel, lembre-se da piada do búlgaro otimista. E aja com cautela.

SER PROPRIETÁRIO É DIVERTIDO E OUTRAS MEIAS VERDADES

Uma cantora de ópera do centro-oeste uma vez ligou para o meu programa no rádio com uma história de obsessão por imóveis. Alguns anos antes, conheceu o homem dos sonhos dela, com quem se casou e teve o primeiro filho. Comprar uma casa parecia a coisa certa.

Não se você é das artes, não é?! Músicos, cantores de ópera, bailarinos tendem a se mudar muito ao longo de suas carreiras. E Joy não era uma exceção. Meses depois de ela e o marido terem comprado um pequeno apartamento, ela recebeu uma ligação: uma oportunidade de fazer parte da Metropolitan Opera em Nova

York. Felizmente, Joy conseguiu vender a casa recém-comprada por mais ou menos o que havia pagado e colocou o rendimento no banco. Mas sofreu uma perda que não teria se estivesse alugando, na forma de US$10 mil em custos de venda.

Falei com a Joy mais ou menos na época que ela chegou a Nova York. Não podia esperar para começar o trabalho prestigioso. Mas adivinhe o que mais ela não podia esperar? Comprar um imóvel em Nova York. "Ei, pera lá", disse eu, "você não acabou de cometer esse erro? Por que não alugar por um tempo e ver como será o trabalho?".

Joy disse que estava no "trabalho dos sonhos". Ela não podia imaginar sair de lá.

"Bem, e se você for demitida?", perguntei. Eu sei, Pequena Miss Sunshine.

Ela reconheceu que isso poderia acontecer, mas não se importou. Tinha centenas de milhares de dólares que sobraram da venda do apartamento no banco. O fato de ela estar pagando mais de US$5 mil por mês para alugar um apartamento horrível em Manhattan estava matando-a.

"Sim", disse, "mas quanto você gastaria em Nova York por um lugar de que gostasse?".

"Cerca de US$2 milhões", respondeu.

"US$5 mil por mês não é melhor do que US$2 milhões?"

Ela concordava comigo. Continuei alfinetando-a assim, e ela por fim cedeu, concordando em dar uma chance a Nova York antes de comprar uma casa.

O mercado imobiliário causa essa fascinação em nós. É como aquele namorado ou namorada ruim que tivemos na faculdade. Mesmo depois de termos sido traídos, abandonados ou sofrido de fofocas pelas nossas costas, a gente não se segura. O viés de otimismo tem uma importância nesses casos, mas não é só isso. Nos Estados Unidos, as pessoas desde cedo ouvem sobre as "maravilhas" de ter uma casa própria e são levadas a acreditar que imóveis são os "pilares de nosso futuro financeiro". Conhecemos pessoas que ganharam milhões comprando e reformando casas, alugando para férias ou comprando imóveis em áreas ruins que se valorizaram. Também somos estapeados pela pornografia imobiliária em jornais como *The New York Times* e *The Wall Street Journal*.

Nossa obsessão com a propriedade data dos anos 1950 e 1960, quando o governo federal tentou convencer veteranos da Segunda Guerra Mundial a comprar casas. Legisladores acreditavam — e ainda acreditam — que as pessoas construiriam vidas mais estáveis e contribuiriam mais para suas comunidades e a economia se tivessem uma casa própria. Locatários estragam as propriedades, diziam, enquanto proprietários investem em melhorias. Locatários mudam de cidade em cidade, enquanto proprietários criam raízes e sentem-se parte de uma comunidade. A força de tais argumentos fez com que o governo oferecesse empréstimos com juros baixos a veteranos para que pudessem comprar casas, dando início à indústria da hipoteca moderna.

A enorme demanda por casas pela geração grandiosa e seus descendentes, os baby boomers, aumentou o preço por várias décadas, permitindo que pessoas comuns acumulassem patrimônio e reforçando as crenças com relação aos benefícios da casa própria. Surgiu o mito da casa própria e do "sonho americano", que a crise financeira e a bolha imobiliária chacoalharam, mas não destruíram. Ainda hoje, o governo oferece deduções fiscais atraentes nos juros dos pagamentos da hipoteca (um pouco menos generosa após a reforma fiscal de 2017), e o comandante-chefe dos Estados Unidos é um magnata imobiliário.

A casa própria é melhor para a sociedade? Esse é um assunto para um outro livro, mas permita-me dizer que tenho minhas dúvidas. Todo mês colocamos muito dinheiro nas hipotecas e em manutenção, pensando que estamos valorizando a casa e economizando para o futuro. Quando amortizarmos a hipoteca e quitarmos nossa casa, teremos todo esse dinheiro para pagar por nossa aposentadoria. Sim, mas e se o preço das casas estiver 20% abaixo do antecipado quando nos aposentarmos? E então? Como colocamos muito dinheiro no mercado imobiliário nas últimas décadas, colocamos menos em nossas poupanças para a aposentadoria, em que podemos monitorar melhor e gerenciar os riscos. O Economic Policy Institute [Instituto de Políticas Econômicas, em tradução livre] relatou que casais de meia-idade (de 55 a 61 anos) acumularam, em média, apenas US$163.577 para a poupança.[1] Como na era dos baby boomers, teremos que entender, enquanto sociedade, como dar apoio a uma geração que tem pouca ou nenhuma economia para a poupança, patrimônio inadequado com seus imóveis e ausência de aposentadorias, apenas a seguridade social para se agarrar — tudo porque enfatizamos demais a casa própria.

Poderíamos pensar que pessoas inteligentes pensariam melhor sobre a casa própria. Mas não pensamos — o mito está entranhado entre pessoas de todos os espectros sociais. Também nos atinge no dia a dia, dando voz a crenças que influenciam os mais inteligentes de nós a investirem no mercado imobiliário.

"Ah, Jill", ouvi de clientes, "em vez de investir o meio milhão extra que tenho em um portfólio bem equilibrado, investirei em um imóvel e o alugarei". Sim, ótima ideia (note o sarcasmo em minha voz). Caímos nesse conto de que todo mundo pode ter uma casa própria, construindo impérios imobiliários, e que será ótimo! Alguns dos meus clientes e amigos adoraram, mas muitos outros acharam uma dor de cabeça colossal (telefonemas à meia-noite, locatários idiotas) e muito menos lucrativo do que o imaginado.

Uma amiga de Rhode Island comprou uma casa com quatro unidades para alugar. Não teve problemas para conseguir locatários, pois a propriedade ficava bem ao lado da Universidade Brown. Mas os estudantes universitários que alugaram uma das unidades destruíram o lugar. Certa vez, deram uma festa tão grande que um dos policiais disse: "Isso aqui parece aquela cena da fraternidade do *Clube dos Cafajestes*!" A empresa de limpeza recusou-se a limpar porque estava muito nojento.

E havia os canos entupidos. A cada dois meses, mais ou menos, minha amiga recebia uma ligação à meia-noite de um locatário reclamando que o vaso sanitário estava entupido ou de um vizinho dizendo que os locatários dela deixavam lixo para todo lado. Em alguns anos, esse suposto "bom investimento" mostrou-se um fiasco. No que diz respeito à renda, minha amiga estava bem, mas, se colocar no papel o tempo que ela gastava com o imóvel e o estresse causado, não valia a pena. Um dia, entrou no meu escritório e disse: "Chega. Não consigo mais!" Logo depois, ela vendeu. Poderia ter contratado uma administradora para gerenciar a propriedade para ela, mas teria um custo e não valeria a pena. Ser proprietário de um imóvel para alugá-lo não é nem de perto tão atraente quanto outras opções de investimento disponíveis.

Se você é habilidoso e gosta de lidar com pessoas e resolver seus problemas, ser proprietário pode ser atrativo. Mas para muitas pessoas inteligentes é horrível. Da mesma forma, muitos de nós caem na armadilha de outro erro imobiliário, a noção de que possuir sua casa o levará a algum tipo de nirvana que não sentirá ao alugar. "Ah", pensam, "posso finalmente relaxar agora que tenho minha casa própria. Posso deixar tudo como gosto". É verdade que ter sua casa própria o faz sentir uma segurança psicológica que o aluguel não traz. Mas muitas pessoas inteligentes

Comprar uma Casa Quando Deveria Alugar   95

— principalmente as que reclamam de "jogar dinheiro pelo ralo" ao alugar — subestimam as dores de cabeça análogas à propriedade. Utensílios quebram. Porões alagam. Telhados dão goteira. Uma centena de outras coisas que não estão cobertas pelo seguro residencial dão errado. Você, proprietário, é que deve arrumar ou chamar alguém para arrumar. Especialistas em manutenção e renovação que participaram do meu programa de rádio disseram que o proprietário típico deve esperar pagar de 1% a 3% do preço de compra *todo ano* com manutenção. Fale mais sobre jogar dinheiro pelo ralo.

Uma noite, escrevendo este livro, cheguei ao meu apartamento, de minha propriedade, com fome e louca para fazer meu jantar. Quando liguei o forno para assar a lasanha, o fogo não acendeu. Paguei US$425 pelo conserto (bem feito, quem mandou querer fazer a própria janta).

Esse tipo de coisa acontece o tempo todo. E não só em imóveis mais antigos, como o meu. Uma mulher que conheço comprou uma casa novinha e descobriu que acessórios e utensílios estavam quebrando. Os construtores aparentemente pegaram atalhos e a deixaram com as contas dos reparos. "Sabe aquela série 'Extreme Makeover: Reconstrução Total'?", perguntou, "vou fazer uma chamada 'Esta Merda de Casa Nova'". Pelo menos ela tinha senso de humor. Se comprar um imóvel em vez de alugar, conte com gastos inesperados e problemas que o farão dar risada ou, mais provavelmente, balançar a cabeça por frustração.

Outro mito imobiliário em que pessoas inteligentes acreditam é a noção de que é fácil entender o mercado e ganhar dinheiro. Shelley e o namorado, Claude, saíram do boom pontocom com empregos sólidos, ganhando cerca de US$150 mil juntos. Queriam sair do aluguel em Denver e comprar uma casa, mas em 2005 tinham economizado apenas metade dos 20% de entrada que desejavam. Ainda assim, estavam ansiosos para comprar. As taxas de juros da hipoteca haviam caído de mais de 8% anuais fixos para menos de 6%, e o preço das casas havia aumentado. Eles temiam que, se não comprassem naquela hora, "perderiam" as taxas de juros baixas. Além disso, os preços subiriam, e a "casa dos sonhos" se tornaria muito cara. Tentei acalmá-los, aconselhando-os a ser conservadores ao comprar uma casa. Se esperassem e dessem 20% de entrada, os pagamentos mensais seriam mais baixos, permitindo que economizassem mais todo mês e dando mais segurança. Não me deram ouvidos. "Cada dia que esperamos", disseram, "a casa que queremos fica mais distante".

No meio de 2005, deram 10% de entrada em uma casa de US$350 mil, assumindo uma hipoteca de 30 anos com taxa de juros de 5,875%. Em 2007, o valor da casa havia subido para US$400 mil e eles não podiam estar mais felizes. Mas o mercado desmoronou, abaixando o preço da casa para menos de US$300 mil. Ao mesmo tempo, as taxas de juros caíram para menos de 5%. Shelley e Claude pensaram que haviam sido espertos comprando no mercado em alta, mas teriam se dado muito melhor se tivessem esperado mais alguns anos. Em 2012, Claude ficou desempregado, e, como o casal não tinha um fundo de emergência, foi forçado a vender a casa, perdendo o pagamento de entrada.

É tolice tentar entender o mercado financeiro — falarei sobre isso no Capítulo 13. Mas as pessoas se queimam tentando entender o mercado imobiliário também. Ninguém sabe se os preços subirão ou cairão em um curto período, nem o quanto. Sei que é difícil, mas é preciso analisar as condições de mercado e considerar outras opções ao decidir comprar um imóvel. Determine se você pode pagar a casa que está ansioso para comprar e parta daí.

LEMBRE-SE DAS TRÊS QUESTÕES

Como exatamente determinar quanto se pode pagar? Pode ser que tenha escutado em algum lugar que o gasto doméstico total deve ser 30% de sua renda. Para alguns, essa regra é rígida, mas, dependendo de onde more, pode não dar certo. Se tem uma renda de US$200 mil e mora em Nebraska, onde os preços imobiliários estão abaixo da média nacional, seria idiotice gastar US$75 mil com isso; simplesmente não é necessário. Se ganhasse esses mesmos US$200 mil, morasse em uma área com alto custo de vida e soubesse com razoável certeza que sua renda subiria (por exemplo, você é funcionário em um escritório de advocacia, e em dois anos será sócio), então teria segurança de gastar um pouco além dos 30% e provavelmente precisará fazer isso.

A regra dos 30% é tão útil quanto a regra de que um adulto saudável deve consumir 2 mil calorias por dia. Para muitas pessoas, essa pode ser uma boa estimativa, mas leve em conta suas circunstâncias. Um maratonista alto que corre 40 quilômetros por semana pode precisar de 4 mil calorias por dia — e mais um pouco. Uma garota sedentária de 1,5 metro talvez precise apenas de 1.500. Use a regra de 30% como um ponto de partida e adapte-a de acordo com as suas circunstâncias.

Antes mesmo de pensar em aplicar a regra dos 30%, volte ao Capítulo 2 e revisite as Três Questões. Já pagou suas dívidas, incluindo os terríveis empréstimos estudantis descritos no Capítulo 4? Está aumentando suas contribuições previdenciárias? Tem uma conta de emergência grande o suficiente para cobrir de 6 a 12 meses de gastos? Se respondeu não a alguma dessas questões, tenha muito cuidado ao comprar uma casa, mesmo que esse custo fique dentro dos 30% de sua renda.

Lembre-se, há situações nas quais você realmente quer comprar uma casa em vez de alugar, mesmo enquanto lida com os itens fundamentais da segurança financeira. Em alguns mercados, por

98 Idiotices que Pessoas Inteligentes Fazem com o Próprio Dinheiro

exemplo, comprar uma casa pode ser considerado mais barato do que alugar, porque há poucos imóveis para aluguel. Faça as contas. Se alugar é significativamente mais barato, escolha essa opção enquanto continua a pagar as dívidas e economizar para o futuro.

Deixe-me mostrar como analisar com responsabilidade a possibilidade de comprar uma casa. O casal Jerome e Sandy morava em um apartamento alugado em Nova York. Se você conhece a cidade, sabe que US$1.200 para um apartamento de três quartos com vista para o Central Park é ridiculamente barato. Quando Jerome estava para se aposentar, aos 70 anos, o aluguel tinha aumentado para US$1.800 ao mês — ainda assim um ótimo negócio —, mas ele e Sandy tiveram a oportunidade de comprar o apartamento por um preço abaixo do valor de mercado (o condomínio estava se transformando em uma cooperativa; vou poupá-lo dos detalhes, mas muitos veem conseguir um negócio em uma cooperativa de Nova York como um ótimo negócio). Jerome e Sandy estavam pensando em comprar o apartamento dando como entrada parte do US$1 milhão que tinham nas economias da aposentadoria, em vez de continuar alugando. Perguntaram quanto dessa economia podiam usar para dar a entrada.

"Tenho uma resposta fácil", disse. "Sei exatamente quanto."

"Quanto?"

"Zero."

"Zero? Por quê? Não deveríamos comprar?"

"De forma alguma."

Se tivessem US$5 milhões em economias para a aposentadoria, comprar o apartamento poderia ser uma boa ideia. Mas era muito mais barato alugar a US$1.800 por mês do que comprar. Só o custo de manutenção do apartamento e os impostos imobiliários daria em torno de US$2.500 ao mês. Se o aluguel aumentasse

25% na próxima década, ter a casa própria ainda seria mais caro. Além disso, comprar tiraria parte de suas economias para a aposentadoria, das quais eles provavelmente precisariam em algum momento, e não ficariam com o suficiente para o caso de imprevistos. É verdade que comprar o apartamento permitiria que angariassem uma grande renda se vendessem algum dia. Mas talvez não conseguissem, abrindo-se para um risco extremamente desnecessário.

"Bem, se comprarmos", disseram Jerome e Sandy, "pelo menos teremos um ativo para passar para nossos filhos".

"Vocês já têm um ativo", respondi. "É chamado 1 milhão de dólares em que vocês não mexerão!"

Eles se olharam e voltaram os olhos para mim. Eu tinha razão. Decidiram deixar passar essa oportunidade supostamente lucrativa. Continuariam alugando.

EIS O HEROICO (E FELIZ) LOCATÁRIO NORTE-AMERICANO

Dada a persistência do mito do "sonho americano", não posso terminar este capítulo sem fazer um esforço para romantizar o aluguel. Precisamos de um novo sonho, gente! Ou ao menos um modificado. Com isso em mente, veja essa história do meu próprio círculo social.

Um grande amigo meu, Gus, divorciou-se aos 50 e tantos anos, depois de 25 anos de casamento. Ele e sua ex-esposa eram proprietários de um imóvel e tinham juntado uma grande quantia graças a compras inteligentes e sortudas — sortudas porque sempre ocorreram no momento certo para obter vantagens do mercado, inteligentes porque Gus e sua esposa sempre compraram casas dilapidadas e as melhoraram. Enquanto negociavam o divórcio, Gus disse à sua ex-esposa: "Fique com a casa. Ficarei com meu plano de aposentadoria. Vamos seguir em frente." E assim foi. Todos os nossos amigos presumiram que Gus compraria uma nova casa. Ele tinha uma boa economia que poderia usar para dar uma entrada, e uma renda muito boa. Imagine nossa surpresa quando ele falou: "Não comprarei nada. Vou alugar! Quero morar perto dos meus filhos, mas não me prender àquele bairro. Quero o máximo de oportunidades possível."

Cinco anos se passaram desde o divórcio, e Gus é um dos locatários mais felizes que conheço. "É ótimo", diz ele. "Eu pago, alguém vem e arruma as coisas. Não preciso me preocupar com nada. Posso me mudar, se quiser, ou continuar aqui." Alguns amigos às vezes questionam a decisão dele, dizendo que não pode deduzir os pagamentos da hipoteca de seus impostos. "O quê? Acha que vou comprar um imóvel por causa da redução fiscal? Nunca fiz isso antes."

É isso aí, Gus.

Conheço muitas pessoas que preenchem cheques mensais para o aluguel em vez de para a hipoteca — e amam. Da perspectiva deles, alugar é liberdade. É oportunidade. Um jovem casal pode alugar e, quando um trabalho ótimo surgir a vários estados dali, podem aceitar. Um casal de meia-idade interessado em reduzir custos pode alugar um imóvel enquanto sua casa está à venda, em vez de comprar uma outra logo de cara. Se a casa não for vendida, não tem problema — podem se mudar de volta, evitando a ruína de ter duas hipotecas. Um casal mais velho pode deixar de comprar uma casa na praia, alugando uma mais legal. Quando um deles tiver um problema de saúde e precisar do dinheiro, eles terão!

Minha própria mãe, uma corretora imobiliária, desenvolveu uma paixão pelo aluguel no fim da vida. Alguns anos depois que meu pai morreu, um empreiteiro bateu à porta dela e ofereceu muito dinheiro pela casa. Ela sabia que vender era o melhor, mas não tinha certeza de para onde iria depois. Seu primeiro impulso foi colocar todo o rendimento da venda em um lugar novo e confortável. Minha irmã e eu a encorajamos a alugar por alguns anos e então comprar, se ainda quisesse. Por que estava com pressa? Por que não esperar para ver o que realmente queria? Alguns anos depois, ela está encantada por ter seguido nosso conselho. Não só ama o novo apartamento como aprecia a liberdade e a flexibilidade atreladas a ter dinheiro no banco. A menos que tenha um fundo trust ou uma tia rica sem filhos, você pode se encantar também.

IDIOTICE #6

Arriscar-se Muito

Muitas das histórias que contei até agora envolvem idiotices que ocorreram, digamos, durante eventos extremos, como o boom pontocom e a quebra do final dos anos 1990 e começo dos anos 2000, ou a crise financeira e a Grande Recessão de 2008–2009. A idiotice é sempre idiota, mas momentos de caos podem ampliar sua duração e impacto. Poucas histórias ilustram melhor a "magnificação da crise" do que a de Rodney, um amigo de um amigo que trabalhava para o Lehman Brothers. Rodney ganhava muito bem — em 2007, recebeu uma compensação de US$1,8 milhão. Com o passar dos anos, tinha US$2 milhões em espécie e havia acumulado um caminhão de ações do Lehman Brothers — estou falando de US$20 milhões. Ele não queria vender nenhuma delas, sentindo que "sempre era o melhor investimento".

Um dia, a esposa dele, que não trabalhava no setor financeiro, perguntou-lhe sobre as ações. "Querido, você não acha que é muito dinheiro aplicado em um lugar só? Não deveríamos vender um pouco?"

Rodney concordou que sua esposa estava certa, e uma de suas resoluções de ano-novo em 2008 foi vender as ações. Mas, em vez de fazer isso logo, entrou com uma ordem de vender quando o preço, que Rodney presumiu que seria mais alto do que estava no momento, atingisse um valor limite (isso se chama "limit order").

Escolheu US$70 por ação — até que razoável, pois a bolsa estava em US$60. No final de fevereiro, as ações caíram para US$50 e Rodney admitiu que não conseguiria US$70 por um tempo. Ele reduziu o preço para pouco mais de US$50. Quando chegou ao novo preço, decidiu vender uma parte para satisfazer a vontade de sua esposa.

Em março, as ações do Lehman Brothers caíram para US$30, mas Rodney disse a si mesmo que não entraria em pânico, que o banco valia mais de US$30 por ação. Quando a bolsa voltou a US$40, Rodney se sentiu confiante de que seu limite de US$50 já estava ganho — era questão de tempo. Novamente, as ações não atingiram o limite, então voltaram a cair. E de novo. E mais uma vez. Em 15 de setembro de 2008, o Lehman Brothers entrou com pedido de falência, e as ações tornaram-se inúteis. Rodney perdeu o trabalho e todos os US$20 milhões. Por sorte, ele tinha US$2 milhões em economias, mas tiveram que vender a casa. Embora antes a família não precisasse se preocupar com dinheiro, essa realidade mudou.

Rodney, como tantas outras pessoas inteligentes, cometeu o erro de correr um risco excessivo. É um erro bastante fácil de ser cometido, e potencialmente devastador. Como mencionei, meu pai negociava opções na American Stock Exchange quando eu era criança. Ele gostava de correr riscos e, como era independente, podia fazer as apostas que bem entendesse. Esse risco descontrolado foi sua ruína. No começo dos anos 1980, antes da alta das ações começar, meu pai amava uma estratégia chamada baixa volatilidade. Era uma aposta baseada não em se uma ação subiria ou cairia, mas se o preço variaria em determinada faixa de preços.

Funciona assim: se a ação XYZ tem sido um pouco entediante ultimamente, negociada entre US$9 e US$10 nos últimos seis meses, um negociador usaria produtos financeiros chamados "derivativos" ou "opções" para apostar que o valor dela nos próximos três ou seis meses não cairia abaixo de US$7 ou subiria acima de US$12, por exemplo. Em um momento em que os mercados não estavam agindo muito, essa aposta era vista como fácil — "dinheiro grátis".

Meu pai fez uma aposta de baixa volatilidade em uma empresa de energia chamada Marathon Oil. O que não previu foi que a empresa, que vislumbrava uma possível aquisição pela Mobil Corporation por US$85 por ação no final de 1981, receberia uma oferta muito maior pela U.S. Steel. Meu pai tinha apostado que a ação ficaria em torno de US$85, mas, quando a U.S. Steel fez a oferta, subiu para US$125! Os shareholders da empresa ficaram maravilhados. Em um único dia, meu pai perdeu tudo que tinha na conta — US$300 mil, que hoje valeriam pouco menos do que US$800 mil. Não teve escolha a não ser parar e procurar um emprego. Você não vai acreditar, mas conseguiu uma vaga na empresa que gerenciava as opções para a Marathon. Depois de pegar dinheiro emprestado de parentes, que ele devolveu integralmente, fez com que nossa família pudesse pagar as contas.

Não arrisque seu futuro financeiro no sucesso ou fracasso de uma única aposta, por mais lucrativa que pareça. Não é prudente nem necessário correr esse risco. O melhor caminho quando investir é o do meio, tendo objetivos financeiros razoáveis, aceitando apenas o risco necessário para atingi-los e mantendo-se no caminho nas altas e baixas do mercado. Chamo de teoria da "direção defensiva" do investimento. Com o tempo, seguir uma abordagem "passiva" como essa permitirá que você chegue mais perto de seu objetivo, sem se tornar presa de processos mentais que distorcem nossa percepção de risco e nos deixam vulneráveis a péssimas decisões. Depois, quando atingir seus objetivos, poderá curtir uma liberdade financeira em vez de trabalhar igual a um condenado após arriscar muito em uma aposta. Se você seguir os simples passos de que falarei adiante neste capítulo, pode ser que você curta algo mais valioso do que o dinheiro: a felicidade verdadeira.

NUNCA ACEITE CONSELHOS DE INVESTIMENTOS DE UM HOMEM DAS CAVERNAS

Pode ser que alguns de vocês não tenham ficado extremamente comovidos com as histórias de pessoas como Rodney ou meu pai. "Jill, dá um tempo", você diz. "O que eles fizeram foi muito irresponsável e estúpido. Posso cometer erros, mas não farei nada *tão* idiota assim."

Não tenha tanta certeza disso. Correr riscos excessivos nem sempre tem a ver com o quão inteligente ou responsável você é. Tem tudo a ver com o modo como sua mente processa riscos. Embora possamos pensar que enxergamos o risco clara e racionalmente, na verdade há inúmeros vieses cognitivos que atrapalham nossa percepção de probabilidade e faz com que tomemos decisões financeiras ruins. Como Dan Egan, diretor de finanças comportamentais, disse-me em uma entrevista, seres humanos "não prestam tanta atenção ao futuro quanto deveriam, ou prestam atenção à coisa errada — ao que é elegante, brilhante e colorido, em vez de no que é chato e entediante, muitas vezes mais importante".[1] Não temos consciência dessa nossa tendência, o que a deixa mais perigosa.

Como Egan relatou, nosso cérebro evoluiu por dezenas de milhares de anos em condições muito diferentes das que vivemos na vida moderna. Como a maioria dos homens das cavernas vivia até os 30 ou 40 anos, não 70 ou 80, nosso cérebro não evoluiu para compreender fenômenos que ocorrem em horizontes de tempo distantes. O que os homens das cavernas sabiam sobre os juros compostos ou o conceito de complexidade (por exemplo, a ideia de que se você fizer exercícios todos os dias os efeitos podem se acumular por um longo período)? Não muito, e é por isso que esses conceitos ainda podem ser contraintuitivos para nós e que muitos lidam melhor com tarefas de curto prazo do que com um planejamento estratégico de longo prazo.

Considere, por exemplo, o que cientistas cognitivos chamam de "viés do presente". Focados em horizontes curtos de tempo, nossos cérebros reptilianos fazem com que estejamos inclinados a prestar atenção a eventos de risco que aconteceram recentemente e presumir que essa tendência vai se manter para sempre. Isso nos cega à possibilidade de uma mudança no padrão existente e faz com que ajamos de forma irracional, sem refletir sobre o risco real.

O viés do presente está em todo lado hoje em dia, se você souber procurar. Veja como as pessoas tomam decisões preventivas de saúde. Entre 2009 e 2016, apenas cerca de 40% dos norte-americanos adultos tomaram a vacina da gripe, apesar de terem recomendação médica e serem baratas e bastante disponíveis. Há muitas razões para isso, incluindo o mito de que a vacinação causa autismo ou de que causam gripe. Mas outra razão foi a "antiga falácia de que algo assim [ou seja, pegar gripe] nunca acontecerá [comigo]".[2] Muitas pessoas dizem a si mesmas: "Estou me sentindo bem. Por que deveria me vacinar?"[3] Sim, está bem agora e esteve bem nas últimas semanas, mas e daqui a alguns meses? O viés do presente atrapalha o senso de risco das pessoas, fazendo com que não ajam, deixando-as mais vulneráveis.

Muitos vieses de cognição aparecem no investimento — a "aversão à perda" (nossa tendência a temer perdas mais do que apreciamos os ganhos), por exemplo, ou o "viés de ancoragem" (nossa tendência de tomar decisões devido a algumas informações).[4] Mas, de acordo com minha experiência, o viés do presente é um dos mais perigosos. Clientes que descrevi em capítulos anteriores viram o mercado imobiliário em alta por um período de anos e presumiram que sempre seria assim. Acreditaram que não precisavam de vários seguros porque sempre foram saudáveis. Mas nada na vida é imutável. Os antigos egípcios, maias, romanos, todos pareciam invencíveis] e todos viram sua civilização colapsar. Para tomar decisões finais, precisamos unir o presente às várias

108 Idiotices que Pessoas Inteligentes Fazem com o Próprio Dinheiro

possibilidades futuras. É necessário tratar o conceito de risco com mais seriedade.

Digamos que sua empresa tenha atualizado o plano de previdência, e agora você deve escolher um fundo mútuo. Então revê suas opções e o desempenho de vários fundos. O fundo "A", que foi investido em ações em crescimento, relatou uma perda de 2% no ano fiscal anterior. O fundo "B", outro portfólio em crescimento, conseguiu um ganho de 6%. Qual você escolheria? Provavelmente, o fundo de maior rentabilidade. Por que não o fundo ruim, em vez de ficar com o que subiu? Porque você é humano. Você assume que, como esses fundos tiveram esse desempenho no passado recente, continuarão assim no futuro.

Mas o desempenho recente não é garantia de desempenho futuro. Não acredita em mim? Dê uma olhada naquele prospecto enorme que a empresa de fundos lhe enviou. Em geral há um termo de responsabilidade que diz: "Desempenho anterior não garante retornos futuros." As empresas de fundos são forçadas pelos reguladores a deixar isso por escrito, mas quase todos os investidores não leem o aviso e fazem o que sempre fazem — compram os que tiveram o melhor desempenho no ano anterior, usualmente correndo perigo. Veja um exemplo recente: em 2016, o gás natural era o ativo de melhor desempenho, até 57,6% no ano. "Uau", pode ser que você tenha exclamado, "quero participar disso!". Grande erro. Em 2017, o gás natural foi o terceiro *pior* ativo, caindo 21%.

De maneira similar, o grande investimento do meu pai foi um enorme fracasso não por causa de ignorância, mas do viés do presente. Durante o final dos anos 1970, quando o mercado de ações se encontrava estagnado, meu pai ganhou muito dinheiro apostando que os preços das ações de certas empresas continuariam irrisórios. Ele percebeu que estava correndo um risco calculado ao apostar da mesma maneira na Marathon Oil. Na verdade, o foco intenso no desempenho recente o cegou para a realidade fundamental do mercado de ações: o preço de uma empresa pode sempre cair ou subir inesperadamente por inúmeros motivos. Guerras eclodem. Desastres naturais acontecem. Executivos de empresas erram nas projeções de receita. No caso do Rodney, também podemos encontrar o viés de presente. Como as ações de sua empresa tinham mantido o valor ou aumentado nos anos recentes, ele presumiu que sempre seria assim.[5] Então não vendeu nem diversificou seu portfólio, mesmo quando a esposa, que não entendia muito de finanças, achava que ele deveria fazê-lo.

Histórias como a de Rodney e meu pai são apenas parte do todo quando falamos de viés do presente. Esse ponto cego em nosso pensamento pode pesar para os dois lados, *tanto* para a tomada de risco excessivo *quanto* para o medo excessivo. Entre 2012 e 2018, a S&P 500 subiu impressionantes 100%. Ainda assim, como o *Wall Street Journal* relatou em 2018: "Aproximadamente US$1 trilhão [foi] tirado dos fundos mútuos de ações dos EUA" durante aquele mesmo período de seis anos. "Ninguém está animado", disse um analista. "Não é como 1999 e 2000, quando você ia para o bar e a TV estava na CNBC."[6] Por que isso? Acha que pode ter tido algo a ver com o fato de que muitos norte-americanos perderam tudo na crise financeira? *Claro!* Inúmeros investidores individuais tiveram uma experiência ruim e, consciente ou inconscientemente, temiam que o futuro reservasse mais do mesmo. Um clássico caso de viés do presente.

Com toda a certeza, muitos desses investidores não ficaram travados apenas pelo viés do presente, mas pelo trauma infligido pelas perdas. Conheci várias pessoas que nunca se sentiriam confortáveis novamente correndo riscos razoáveis depois de grandes perdas. Uma mulher herdou US$3 milhões em meados dos anos 1990 quando o marido morreu. Começou a praticar day trading e foi muito bem, transformando aquela quantia em US$5 milhões até meados dos anos 2000. Quando o mercado quebrou em 2008, ela perdeu US$1,5 milhão. Aterrorizada, tirou todo o dinheiro do mercado de ações e o manteve permanentemente em espécie e bonds de baixo risco. Embora tenha conseguido pequenos retornos, perdeu o retorno de 250% da década anterior. Meu pai também ficou tão assustado com a experiência de perder tudo que, pelo resto da vida, virou um investidor conservador — em seu detrimento e de seus herdeiros. (Eu sei: "Oh, coitadinhos!")

As duas caras do viés do presente ajudam a explicar o porquê de uma abordagem passiva de investimento como a que estou defendendo — em que você traça um plano sobre como alocar seus investimentos e então segue com ele nas altas e baixas de mercado — em geral dão melhores retornos do que gerenciar ativamente os investimentos. Ao gerenciar ativamente, tende-se a reagir emocionalmente ao desempenho recente dos investimentos. Se está na baixa, você se assusta e fica mais inclinado a tirar o dinheiro e deixá-lo em espécie até que os preços subam de novo. Se estiver em alta, deseja investir ainda mais.

Isso é o *oposto* do que deveria fazer. Se tirar seu dinheiro de um investimento em declínio e esperar ele voltar a subir, está perdendo uma parcela de seu valor na ascensão. Na verdade, está vendendo na baixa e comprando na alta. Se colocar muito dinheiro em um investimento que já está na alta, fica mais vulnerável ao declínio subsequente se o preço já está perto do pico. Todas essas pequenas manobras, baseadas no medo e na ganância e influenciadas por um foco no que acabou de acontecer, têm um preço. Como pesquisas descobriram, investidores ativos que tentam igualar a performance do S&P 500 ficaram 2,8% atrás por ano em um período de 20 anos.[7] O investimento mais inteligente é o *passivo*.

NÃO SE PAUTE PELOS OUTROS

Por mais importantes e perigosos, os vieses cognitivos não são o único motivo pelo qual as pessoas inteligentes se tornam os piores inimigos de si mesmas quando falamos de investimento. Muitos de nós simplesmente não entendem nossa tolerância ao risco tão bem quanto deveríamos. Falamos a nós mesmos que podemos lidar com muito mais riscos do que de fato podemos — em geral, claro, quando os mercados estão em alta. Assim, ao surgir a oportunidade, assumimos um risco excessivo, com pouca coisa para nos impedir. Aprendemos da pior maneira que, por fim, talvez não possamos tolerar tanto risco.

Tive um casal de clientes que eram professores aposentados com 60 e tantos anos em meados dos anos 2000. Tinham aposentadorias boas que, combinadas com a seguridade social, eram o necessário para suas necessidades. Também contavam com uma grande economia para a aposentadoria. Não seguindo meu conselho, colocaram todo o dinheiro no mercado de ações.

"Por que arriscar tanto?", perguntei. "Não faz sentido!"

"Bem", disseram, "não precisamos desse dinheiro, então pensamos em investi-lo para nossos filhos".

Certo, pensei. Se estavam investindo para os filhos e poderiam lidar com a perda de parte ou de todo o dinheiro em curto ou médio prazo, talvez faça sentido. Mas então o mercado desabou, e o que eles fizeram? Tiraram e correram, perdendo mais do que teriam perdido se tivessem assumido um risco mais moderado no longo prazo. Sozinhos, a maioria de nós age como esse casal. Superestimamos nossa habilidade de sustentar o risco, permitindo que as emoções influenciem nossa tomada de decisões.

As pessoas também correm muito risco porque são tomadas por sentimentos de inveja e inadequação. Tendemos a medir nosso próprio valor de acordo com o que os outros têm, e alguns de nós

112 Idiotices que Pessoas Inteligentes Fazem com o Próprio Dinheiro

correm riscos em uma tentativa tola de se igualar, pensando pouco em nossos próprios objetivos e tolerância ao risco.

Linda, uma paramédica que conheci, é um caso a ser estudado. O irmão dela era muito bem-sucedido no design de móveis, e ela sempre se sentia insegura com sua falta de status e riqueza. Um dia, o irmão falou de uma oportunidade de investir em algumas cadeiras antigas de um designer famoso. Se comprasse naquele momento e vendesse em um ou dois anos, ganharia muito dinheiro. Na cabeça dela, esse investimento representava a grande chance de igualar-se ao irmão e tornar-se um "sucesso" aos olhos da família. Aconselhei-a a se certificar de que eram autênticas e que o preço era atrativo. Linda disse que o faria, e acabou pegando um empréstimo e dando como garantia a única casa que tinha para investir nas cadeiras, que no fim eram falsas. Linda perdeu quase todo o investimento.

Todos temos sentimentos de inveja e inadequação com relação a outras pessoas. Quando abri meu próprio escritório de investimentos, reservei-me um salário relativamente pequeno para que meu negócio crescesse. No momento em que meus amigos estavam trazendo para casa de US$1 milhão a US$2 milhões, eu estava ganhando apenas uma fração disso. Acha que meu ego sofreu um golpe quando minha mãe me contou que um antigo colega de classe meu, que ficava de recuperação em matemática no ensino médio, havia comprado uma casa de US$6 milhões? Estaria mentindo se dissesse que não. Mas nunca agi pelos sentimentos, enfiando meu dinheiro em algum esquema arriscado para enriquecer rapidamente.

Se quiser construir um futuro financeiro saudável, tente ignorar fatores externos. Só porque seu melhor amigo ganhou US$100 mil em bitcoins, não significa que você precisa pegar toda a sua economia e comprar a próxima moeda virtual que aparecer. Só porque sua irmã rica está colocando o dinheiro em uma ação de biotecnologia obscura, não quer dizer que é um bom investimento para você. O segredo para um bom investimento é se conhecer bem e fazer o próprio jogo. Veremos o que isso significa.

OS CINCO PASSOS DA JILL PARA UM INVESTIMENTO BEM-SUCEDIDO

Podemos sobreviver ao viés do presente e outras distorções ao criar um mecanismo de regulação para nós mesmos que nos ajude a compensar. Dan Egan o compara a óculos: nossos olhos não focam direito, então, em vez de ficar cerrando os olhos, criamos uma engenhoca esquisita que fica em nosso nariz para nos ajudar a ver. De forma similar, precisamos de engenhocas para nossas questões financeiras. Minha versão de "óculos" para o investimento é um sistema simples de cinco passos que permite minimizar a quantidade de decisões de investimento direto que é preciso tomar. Quanto menos decisões, menos oportunidades para seus vieses internos causarem desastres. Enquanto o mercado está em alta ou em baixa, não é necessário se preocupar. Apenas aguarde e espere o sistema que você criou lidar com isso. Bem legal, né? Aqui vai o que se deve fazer:

Passo #1: Lembre-se das Três Questões

Já se livrou das dívidas, economizou para um fundo de emergência suficiente para cobrir os gastos de 6 a 12 meses e aumentou suas contribuições para a aposentadoria? Não? Então, por que está lendo este capítulo? Você não deveria nem *pensar* em investir, a menos que tenha lidado com as três questões.

Passo #2: Crie um Plano Financeiro

Após ter lidado com as três questões, o que fazer? Deveria encontrar uma maneira de alocar seus ativos? Não. Primeiro, precisa criar um plano financeiro com seus objetivos, outras fontes de renda que terá no futuro e sua tolerância ao risco. Seus investimentos devem estar de acordo com esse plano, não o contrário.

Elaborar um plano financeiro requer reflexão séria. Quando planeja se aposentar? Que benefício de seguridade social é esperado? Terá uma herança? Conseguirá outras fontes de renda? O que gostaria de poder ter no futuro, além de uma aposentadoria confortável? Espera cuidar de um familiar idoso? Planeja ajudar com a educação superior de seus filhos? Espera comprar ou alugar uma segunda casa (depois do capítulo anterior, espero que a resposta seja "Alugar!")?

Depois de ter respondido a essas perguntas, calcule a taxa de retorno que precisará de seus investimentos para atingir seus objetivos. Se quiser, pode fazer isso em uma calculadora de aposentadoria online (aconselho que o faça) e talvez descubra que necessitará de uma taxa de retorno impensável em seus investimentos — 10%, digamos, ou até 12% — para ter dinheiro suficiente no final da vida. Se for o caso, precisará de outro plano. Algumas pessoas podem acreditar que 10% de retorno pode ser possível se assumirem alguns riscos, mas não é o caso. Em longo prazo, não é provável que um portfólio arriscado traga esse tipo de riqueza, pois as mudanças possivelmente causarão pânico, e você pulará fora. Mesmo que invista em um momento oportuno, não sairá antes de uma queda. Está a fim disso, considerando sua idade e os anos restantes até precisar usar suas economias?

Também pode ser que, ao fazer as contas, descubra que não precisa se arriscar muito para atingir seus objetivos. Nesse caso, pode agarrar-se a um portfólio "chato", que não flutue muito.

Se não respondeu a nenhum questionário de avaliação de risco (estão disponíveis online), o que está esperando? Talvez deva lembrar exatamente como você se sentiu em setembro de 2008, quando parecia que o mercado chegaria a zero. Ficou agonizando com as perdas? Perdeu o sono? Verificava sua conta obsessivamente ou sofria do efeito avestruz e não queria nem saber as más notícias?

Se seus objetivos iniciais requisitarem muito risco, então jogue-os fora e encontre objetivos mais realistas. É possível que não se aposente aos 58 anos, mas aos 64. Talvez você só possa pagar por educação superior em faculdades estaduais para seus filhos. Quem sabe não se contente com US$8 mil mensais durante a aposentadoria, não os US$10 mil que você gasta atualmente. Pense, talvez com o auxílio de um planejador financeiro confiável. Reconciliar-se agora com a realidade poupará muitas noites de insônia no futuro.

Passo #3: Aloque Seus Ativos

Depois de ter encontrado objetivos razoáveis e calculado a taxa de retorno de que precisará, terá que investir o dinheiro de forma que consiga o retorno sem muito risco. Diversifique seu portfólio, dividindo-o entre as cinco classes mais básicas de investimento: ações, bonds, imóveis, commodities e espécie. Quer mais risco? Aumente o percentual alocado em ações ou commodities. Quer menos riscos? Enfatize bonds e espécie. Qualquer que seja o caso, encontre uma fórmula de alocação que reflita a sua tolerância a riscos e que você consiga manter tanto em bons quanto em maus momentos. O objetivo da distribuição de ativos é que, no longo prazo, quando parte de seu portfólio estiver ruim, a outra estará boa. Com certeza haverá anos em que múltiplas classes de ativos estarão boas ou ruins (2008 e 2015 são exemplos), mas a estratégia funciona muito bem em um horizonte mais longo de tempo. Tanto a pesquisa quanto o bom senso mostram que um plano de alocação de ativos bem pensado, com reequilíbrio periódico, pode ajudar os investidores a atravessarem momentos extremos de movimentação do mercado sem agir precipitadamente.

Passo #4: Continue com o Plano!

Todo ano, uma das classes de ativos em que está investindo ficará pior do que as outras. Você ficará tentado a mudar seu dinheiro dos ativos de baixo desempenho para os de melhor. Não faça isso! Tenha fé no seu plano, sabendo que a mistura de ativos trará melhores resultados no longo prazo. O mercado pode mudar, mas você é a mesma pessoa — não se esqueça disso! E não fique estressado se sua distribuição for muito conservadora ou muito arriscada. O que realmente determinará quanta riqueza você acumulará em sua vida não é se sua alocação ações/bond é 70/30, 60/40 ou 50/50. Mas se economizou de maneira consistente e evitou cometer os grandes erros apontados neste livro.

Uma vez que tenha criado um plano, a melhor abordagem, creio, é esquecer e focar outras partes de sua vida. Não fique obcecado! Se me perguntar como estão meus investimentos, não saberei os valores. Isso porque verifico apenas a cada três meses. Aloquei minhas ações para refletir minha tolerância ao risco (no meu caso é 50/50 ações e bonds, e estou nessa em longo prazo, então não preciso saber semanalmente como está). Isso é o investimento passivo em seu melhor!

Preciso reequilibrar meu portfólio periodicamente (pelo menos a cada ano, embora prefira trimestralmente) para manter minhas alocações de acordo com o plano. Se as ações tiveram um bom desempenho em um trimestre, coloco alguns desses ganhos nas outras quatro categorias para manter minha proporção desejada. Ou, se recebo novos prêmios de ações todo ano, tenho que vender uma porção para manter minha distribuição predeterminada. Então, pode optar por um autorreequilíbrio, o que muitas empresas financeiras oferecem, e eu recomendo, para ter ao menos um pouquinho de manutenção.

Passo #5: A Cada Três Anos, Revisite Sua Alocação

Já passou por grandes mudanças em sua vida? Por mais importante que seja manter o plano, às vezes há circunstâncias que requerem que se arrisque mais ou menos. Digamos que seus pais morram inesperadamente e você herde US$5 milhões. Agora você não precisa do milhão que havia guardado em seu pé-de-meia para pagar a faculdade de seus filhos. Pode arriscar mais com ele. Por outro lado, talvez seu cônjuge faleça, deixando você sozinho para cuidar dos filhos. Decide então parar de trabalhar para cuidar deles, contando com suas economias e o dinheiro que receberá do seguro de vida de seu cônjuge. Se havia alocado 75% de seus investimentos em ações arriscadas, agora você não pode perder parte de seu dinheiro, muito menos todo, então diminui a alocação para 40% ou até 30%.

Nesses tipos de situação, o plano é alterado não porque um ativo ou outro parece mais atrativo no momento, mas porque sua vida mudou, e com ela suas necessidades financeiras e tolerância ao risco. Quando seu portfólio sofre um baque ou um investimento "certeiro" aparece em sua porta, a voz do "viés do presente" em seu ouvido pode falar para você mudar seu perfil de risco. Pergunte a si mesmo: algo realmente mudou em minha vida que requeira uma mudança? Se não, respire fundo e volte ao Passo #4.

O SEXTO PASSO

Sim, há um sexto passo para a minha abordagem de "direção defensiva" do investimento, e é o melhor de todos: caminhe assistindo ao pôr do sol. Já pensou sobre sua vida e seus objetivos. Fez as contas. Criou um plano com o qual consegue viver durante os bons e maus momentos. E manteve o plano. Agora, depois de todo esse trabalho, acalme-se e divirta-se. Não, provavelmente não ficou zilionário. Não velejará em um iate de 100 pés pelo Caribe.

Mas também não faliu nem precisa ir trabalhar em um supermercado. Além disso, há um tipo especial de satisfação em eliminar o ruído, conseguir conhecer a si mesmo e seus sonhos e manter seus valores, princípios e personalidade intactos para torná-los uma realidade. Não tem apenas as economias para a aposentadoria e a paz que isso traz, mas a felicidade de sentir-se sólido e forte na vida.

Com todos os defeitos, meu pai conhecia essa felicidade. Após perder todo o dinheiro e conseguir o emprego na empresa, percebeu que precisava trabalhar com parceiros que segurariam sua necessidade de se arriscar excessivamente. Assim, uniu-se a outro especialista, por fim estabelecendo uma sociedade. Pagou todo o dinheiro que pegara emprestado, montou um plano financeiro e manteve-se firme. Embora o plano fosse conservador demais, permitiu que se aposentasse aos 60 e poucos anos.

Papai poderia ter trabalhado mais para juntar mais dinheiro, mas não quis. "Quer saber?", me disse. "Não quero trabalhar tanto assim e cair morto olhando para a tela de ações." Ficar com a família e curtir uma vida equilibrada era mais importante para ele do que outro dígito em seus rendimentos. Nunca sentiu inveja de seus amigos ou familiares mais ricos, nem alterou sua estratégia ultraconservadora para tentar alcançá-los. Ele se conhecia, respeitava os limites. Quando morreu, aos 76 anos, era calmo, feliz e em paz. Havia arriscado por ganância, mas aprendeu com os erros e acabou servindo de exemplo para outras pessoas.

Você precisa aprender sobre o risco excessivo da pior maneira? Ou se comprometerá agora mesmo com uma abordagem mais disciplinada, adotando um sistema que o ajudará a superar seus vieses cognitivos e emoções? Viverá sua vida trabalhando em direção a um objetivo maior ou enlouquecerá, sempre correndo atrás de dinheiro sem um propósito maior?

Só você sabe a resposta. Escolha com sabedoria.

IDIOTICE #7

Não Proteger Sua Identidade

Ainda não acabamos com a história do meu pai. Um dia, quando tinha 73 anos, alguns anos antes de sua morte, ele me ligou para dizer que havia "feito besteira" e achava que "teve um problema de roubo de identidade". Aparentemente, a IRS entrara em contato com o contador dele, informando que a agência pensava que meu pai fora vítima de um roubo de identidade. Isso ainda não fazia parte de discussões nacionais, mas a IRS havia desenvolvido um software para sinalizar retornos diferentes dos arquivados anteriormente. Por 50 anos, meu pai nunca havia recebido uma restituição fiscal nem preenchido sua declaração de renda a tempo — sempre enviava depois do prazo. Mas, naquele ano, a IRS recebeu um pedido de restituição logo depois do início do prazo para declarações, em fevereiro, que dizia que meu pai deveria receber US$30 mil em restituições fiscais federais. Muito suspeito, para dizer o mínimo.

Imaginamos que a IRS estava correta — havia alguém tentando aplicar um golpe na agência fingindo ser meu pai. Muito possivelmente meu pai, que usava computador, mas não era especialista, tinha clicado em um link de um e-mail que recebeu e divulgou informações pessoais, além de seu CPF. Não percebeu como estava vulnerável a esse tipo de fraude. Como descobriu, os ladrões apenas precisavam, após conseguir seu CPF, pedir uma restituição e então mudar o endereço ou as instruções para a transferência de fundos, e o Tio Sam pagaria a eles qualquer valor devido. Então, quando ele entrasse com o pedido *real,* a IRS diria: "Albie, deve haver algum erro, pois já recebemos seu requerimento de restituição." (Isso, é claro, se a IRS falasse como um ser humano.)

Tais fraudes acontecem a todo momento e custam bilhões de dólares em perdas todos os anos. Felizmente, indivíduos não são os responsáveis por elas — o governo é quem paga. Mas, como bancamos o governo com o pagamento de impostos, isso significa que todos pagamos por essas fraudes com impostos mais altos.

Desde a monumental violação de dados da Equifax em 2017, o roubo de identidade está nos noticiários, e especialistas denunciam a vulnerabilidade dos consumidores a muitos golpes e fraudes. Devemos acreditar em tudo isso?

Com toda a certeza.

A maioria das pessoas — inclusive a maioria das pessoas inteligentes — ignora o roubo de identidade; não adota os passos básicos para impedi-lo, como mudar senhas com frequência ou verificar o crédito. Em um estudo recente, 81% dos participantes com mais de 30 anos disseram reutilizar senhas. Entre os participantes mais jovens, tal descuido era ainda mais expressivo, com 87%.[1] Outro estudo descobriu que, nos meses após o roubo de dados da Equifax, metade dos inquiridos não tinha verificado seus extratos para confirmar que suas identidades não haviam sido roubadas. Quase metade dos que tinham entre 18 e 36 anos não sabia ou sabia pouco sobre o caso da Equifax. (P.S.: Os hackers roubaram os dados pessoais de 146 milhões de norte-americanos, incluindo carteira de motorista e CPF.)[2] Em outra pesquisa, descobriu-se que 40% dos inquiridos usaram redes Wi-Fi inseguras e 35% foram descuidados ao clicar em links em sites de mídias sociais.[3]

Olhando para o lado mais precavido, 52% dos norte-americanos, de acordo com o Pew Research Center, "relatam usar autenticação de dois fatores em pelo menos algumas de suas contas online".[4] Mas espere: isso significa que quase 50% *não* usam a autenticação de dois fatores. E isso quer dizer que eu provavelmente deveria explicar o que é uma autenticação de dois fatores. Enquanto a autenticação de único fator exige seu usuário e senha, a de dois adiciona outra credencial ao processo, como um código enviado ao seu celular, que então você insere no site para obter acesso. A autenticação de dois fatores adiciona cerca de um minuto ao seu processo de login, o que evidentemente é muito tempo para a maioria das pessoas!

Nossa falta de paciência, combinada com uma atitude indiferente, nos deixa abertos a um estresse e inconveniente consideráveis, quando não a perdas financeiras reais. Confie em mim, você não quer que sua identidade seja roubada. Reorganizar suas questões pode ser difícil, demorando meses de esforço e demandando os serviços de advogados e outros especialistas. Adam Levin, ex-diretor da New Jersey Division of Consumer Affairs, entrou no mundo do roubo de identidade e escreveu um livro sobre o assunto chamado *Swiped* [Roubado, em tradução livre]. Nele, conta a história de uma mulher cuja identidade foi roubada por uma pessoa que cometeu crimes em seu nome. "Sempre que saía de casa", Levin escreve, a mulher "tinha que se preocupar com banalidades como parar em semáforos, porque havia a possibilidade de o número de sua carteira de motorista ser digitado em um banco de dados por um agente da lei e a 'ficha' dela ser descoberta, e então receber voz de prisão". O roubo de identidade custou à mulher dezenas de milhares de dólares e transformou sua vida em um inferno. Como ela explicou: "Faz sete anos que, todos os dias da minha vida, fico no telefone com um especialista em fraude tentando resolver esse problema."[5]

Já está com medo? É melhor que esteja! Ao ocorrerem quebras de segurança como a da Equifax, você tem que presumir que seus dados já estão pela dark web. Para quem não tem familiaridade com o conceito, os dark sites só podem ser acessados por meio de navegadores encriptados. Criminosos podem usá-los para cometer vários delitos — como comprar drogas, malwares e até seus dados pessoais — não detectados pela lei. A boa notícia é que é possível dificultar os danos causados pelos ladrões. Você seria idiota de deixar seu carro estacionado em Nova York com a janela aberta e sua bolsa Gucci à vista? De forma alguma! Ao menos trancaria o carro e colocaria a bolsa no porta-malas (minha mãe diria que você é um imbecil por fazer isso também). Pode-se fazer o mesmo com o roubo de identidade. Leve isso a sério, tomando cuidado e sendo vigilante. Deixe que os ladrões escolham alvos menos conscientes primeiro!

PESSOAS INTELIGENTES SÃO HACKEADAS TAMBÉM

Suspeito que a maioria dos leitores fechará o meu livro, voltará ao que estiver fazendo e esquecerá todas as ameaças decorrentes do roubo de identidade. Muitos podem pensar que são muito inteligentes para que o roubo de identidade aconteça consigo. Sabem manter as senhas seguras, não dar o CPF e não abrir e-mails que são obviamente spam ou phishing. Com tais salvaguardas, você se sente "seguro" online.

Mas não está seguro. Como especialistas dirão, a tecnologia digital é porosa de baixo a cima. Pensava estar muito segura também, até que entrevistei o especialista em cibersegurança Kevin Mitnick para o meu podcast.[6] Conhecido como "o hacker mais famoso do mundo", o cara é um ladrão cibernético de boa-fé que ficou cinco anos em uma prisão federal, incluindo oito meses na solitária. Hoje em dia, as empresas pagam para ele e sua equipe hackearem suas redes para expor vulnerabilidades. Fora do ar, para demonstrar o que os ladrões podem fazer, Mitnick perguntou duas informações minhas: nome e endereço. Online, e em menos de cinco minutos, conseguiu meu CPF e várias outras informações

Não Proteger Sua Identidade 123

pessoais. Não importa quão inteligente você é. A informação de ninguém está a salvo.

Se acha que a inteligência o protege do roubo de identidade, tenho uma piada: quantos doutorados são necessários para se proteger do roubo de identidade? A resposta é mais de dois. Meu amigo Jason, que tem um doutorado em uma universidade da Ivy League, mandou uma nota fiscal de US$4.500 para sua cliente, outra doutora que trabalhava como professora em uma faculdade de administração bem respeitada em outro país. A nota fiscal continha instruções de transferência bancária para sua cliente usar. Jason esperou pelo pagamento e achou estranho quando não recebeu. Enviou à cliente alguns e-mails com lembretes, mas não recebeu resposta. Finalmente, várias semanas depois, Jason e a cliente entraram em contato em uma conferência pré-agendada por Skype. "Transferi US$4.500 para você", disse a cliente. Ela leu em voz alta as instruções que havia recebido.

"Essa não é a minha conta bancária", falou meu amigo.

Investigações revelaram que o e-mail da cliente havia sido hackeado. Os hackers interceptaram o e-mail original de Jason com as instruções corretas e não permitiram que ela o recebesse. Enviaram-na um novo e-mail, aparentemente de Jason, com instruções diferentes de transferência. Interceptaram todos os outros e-mails de Jason, evitando que a cliente os lesse. Ela não fazia ideia de que ele estava escrevendo para ela, e nenhuma ideia de que havia sido enganada. (Muito provavelmente, os hackers estavam rastreando e-mails que continham palavras como "nota fiscal" ou "instruções de transferência".)

Como Jason e sua cliente aprenderam, *nunca* é uma boa ideia enviar instruções de transferência ou informações sensíveis por e-mail. Como os hackers tinham o número de sua conta, Jason teve que fechá-la e abrir outra. Sua cliente perdeu o dinheiro — o banco recusou-se a reembolsá-la. Desde então, Jason ficou muito mais cuidadoso com relação ao uso do e-mail. "Sempre que escrevo alguma coisa, presumo que um golpista possivelmente lerá", disse. "Mando menos e-mails e faço mais ligações atualmente. Nunca pensava muito sobre o roubo de identidade. Agora, fico obcecado."

Há várias outras razões pelas quais pessoas inteligentes subestimam o risco do roubo de identidade. Como o economista comportamental Dan Egan me disse, nosso tempo limitado de atenção tem proeminência na maneira como tomamos decisões financeiras. Muitas pessoas não trocam contas bancárias com frequência, mesmo que alguns bancos ofereçam incentivos monetários para novas contas, pois querem minimizar o número de contas que têm que administrar. Algo parecido acontece com relação ao roubo de identidade. "Sabemos, de certa forma, que deveríamos ter uma senha diferente para tudo, e que deveríamos ter autenticação de dois fatores para tudo, mas não temos memória para isso."[7]

Egan observa que o roubo de identidade também é uma ameaça relativamente intangível, por isso ignorado mais facilmente. Temos muito mais medo de quedas de avião do que de acidentes de carro, ou do vírus Zika do que de doença cardíaca, mesmo que acidentes de carro e ataques cardíacos afetem mais pessoas. O roubo de identidade parece similar à doença cardíaca ou aos acidentes de carro, pois não o registramos como uma catástrofe aguda. Os ladrões podem roubar-lhe uma informação pessoal via e-mail, obter outras rastreando suas mídias sociais ou comprando-as de ladrões que hackearam uma empresa de quem você é cliente. Só quando compilam todos os dados eles têm a capacidade de infligir devastação em sua vida. Se souber que alguma informação sua, como o CPF, foi roubada, pode demorar meses ou anos para que sofra as consequências negativas, se sofrer. Muitos de nós podem ter ciência do problema do roubo de identidade, mas não *sentem* diretamente — até que acontece. Não é nenhuma surpresa ser

Não Proteger Sua Identidade 125

mais provável que a maioria de nós tranque seus carros do que configure uma autenticação de dois fatores.

Alguns podem também não agir, pois não têm ciência dos potenciais golpes dos quais podem ser vítimas. "Nunca tinha ouvido falar de um golpe assim", me disse Jason, "e não fazia ideia de que estava correndo riscos ao enviar instruções de transferência pelo e-mail". Você pensaria que crianças podem ser vulneráveis ao roubo de identidade? Eu não, até que um ouvinte me ligou no rádio e contou que seu filho de dois anos teve sua identidade roubada. Não sabia bem como tinha acontecido — pode ter sido um erro ao digitar, ou falado demais ao conversar com alguém. Mas, de alguma forma, um ladrão conseguiu o CPF do filho dele e começou a solicitar cartões de crédito em seu nome. Esse ouvinte não sofreu nenhuma perda financeira, mas teve que trabalhar por mais de um ano com a IRS, a Federal Trade Commission e a polícia para resolver esse assunto. As informações de seu filho ainda estão por aí. Bloqueou o crédito de seu filho e tomou outras medidas de precaução, mas continuou vulnerável a potenciais outros golpes.

Há dúzias de golpes comuns e, é claro, eles estão em constante evolução com as novas tecnologias e mudanças nos comportamentos. A organização de caridade que liga pedindo uma doação e algumas de suas informações pessoais? Pode ser um golpe. O e-mail que recebeu da IRS informando que receberá um reembolso e precisa apenas de suas informações pessoais para ter acesso? É definitivamente um golpe — a IRS nunca entrará em contato por via eletrônica, só por correio. O usuário daquele site de namoro com quem você está conversando e que parece muito legal para ser verdade? Pode ser um golpe.[8] Quando pensa que entendeu seus principais pontos de vulnerabilidade, novos aparecem — e-mail, mídias sociais, sites que você usa.

Em muitos casos, não nos protegemos porque não entendemos como as empresas usam nossos dados e como nossas informações pessoais podem ficar vulneráveis. Com o caso da Equifax, dois famosos âncoras pediram que eu explicasse a violação e o que isso significava para eles. "Mas nunca dei informações para a Equifax", disse um deles.

"Eu sei", respondi, "mas toda vez que contraiu um empréstimo ou assinou um contrato de cartão de crédito, concordou com todas as letrinhas, que autorizavam a empresa a consultar seus créditos em agências de relatório de créditos, como a Equifax. Foi assim que conseguiram suas informações".

Ele era uma pessoa extremamente inteligente e bem respeitada, em quem milhões de norte-americanos confiam para lidar com questões importantes do dia a dia. E não sabia fatos básicos sobre relatório de crédito! Sem esse conhecimento, era menos inclinado a guardar suas informações com mais cuidado. Muitas pessoas inteligentes preocupadas com suas vidas simplesmente não se importam de não prestar atenção à manipulação de seus dados. "Não sei como essas coisas funcionam", dizem. "Presumo que as empresas cuidem disso." As grandes empresas *não* cuidam disso. Nem de perto. Você tem que cuidar sozinho, o máximo possível.

Finalmente, suspeito que muitos de nós são simplesmente preguiçosos com relação a se proteger da tecnologia. Amamos a conveniência das mídias sociais, smartphones e outras tecnologias de comunicação, mas não queremos lidar com os inconvenientes que surgem. Quem quer ler as letrinhas miúdas do formulário de divulgação gigante ou contrato de sua operadora de celular, aplicativo de namoro ou programa de refeição online com relação ao uso de seus dados? Quem quer perder tempo elaborando senhas? Quem quer pensar sobre as informações que está divulgando ao escrever um e-mail ou texto? Quem quer pensar se está usando ou não uma criptografia de ponta a ponta ou um servidor seguro? Queremos viver nossas vidas e esquecer tudo isso. Ainda assim, não podemos.

SEJA MUITO CÉTICO

Neste ponto do capítulo, pararei de tentar convencê-lo a agir e passarei a falar o que deveria fazer para proteger sua identidade. Quero que feche os olhos e me imagine em meu home office, segurando meu nariz enquanto digito. *Sei* que o que estou prestes a recomendar é a) um tédio; b) nada original;[9] e c) um saco.

Sei que você tem coisas melhores a fazer. E sei que muitos seguirão meu conselho e *ainda assim* cairão em um golpe. Apesar disso, meu plano de dez passos (o mais divertido possível) o ajudará a reduzir as chances de ser uma das vítimas.

Veja o que deveria fazer *agora mesmo* para ajudar na prevenção do roubo de identidade:

1. *Deixe suas informações seguras como se sua vida dependesse disso:* fornecer seu CPF? Talvez, mas sempre pergunte se é necessário para completar a transação. Se a empresa com que está lidando não requer, não forneça. E nunca forneça a um estranho.

2. *Seja menos social nas mídias sociais:* seus amigos não se importam se você acabou de sair para passar dez dias em Machu Picchu ou se ama o novo sistema de entretenimento de US$10 mil que comprou para sua casa, mas os ladrões sim. Eles estão acompanhando as redes sociais, monitorando quando você está longe de casa e compilando informações sobre você para vender a outras pessoas ou usá-las em um possível golpe. Como Adam Levin diz: "O Facebook e outras redes sociais podem ser identificados como o Eldorado dos ladrões."[10]

3. *Advirta os jovens (e os velhos):* crianças fornecem muitas informações nas mídias sociais, e os ladrões sabem disso. Avise-as sobre os perigos. Seus pais idosos e avós também

são alvos fáceis. Alerte acerca de golpes comuns que envolvem tecnologia, e lembre-os de que, ao fazer amizade com os netos no Facebook, devem tomar cuidado para não compartilhar demais. Uma dica simples: nunca coloque seu ano de nascimento e não presuma que as mensagens instantâneas ou diretas das redes sociais são seguras.

4. *Evite a 12345678:* você precisa de senhas mais fortes e deve mudá-las mensalmente. Eu sei, é um saco, mas há uma razão para sua empresa também fazer isso! Se ajudar, obtenha um gerador de senhas.

5. *Use dois fatores, querido:* senhas não são o suficiente. Quando possível, proteja suas contas com autorização de dois fatores. É como ter uma chave tetra em sua porta da frente. É como usar duas camisinhas em vez de uma só. É, você entendeu.

6. *Use o cartão de crédito:* se sofrer um golpe em seu cartão de débito, pode ser que tenha que lidar com a perda. Empresas de cartão de crédito geralmente absorvem a perda.

7. *Fortaleça o Wi-Fi:* da próxima vez que estiver em um aeroporto e logar em um Wi-Fi público para verificar seu extrato bancário ou pagar suas contas, saiba que está sendo ridículo. Duas palavras: apenas redes seguras. Eu sei, foram três palavras.

8. *Leia antes de pagar:* peço que faça o impensável e gaste três minutos lendo com cuidado as compras de seu cartão de crédito antes de clicar "Pague tudo" no site. É fácil de fazer — e ainda mais fácil de esquecer. Mas de que outra maneira saberá se sua conta foi comprometida? Aqui está outra maneira: solicite que sua instituição financeira o notifique se um pagamento acima de um valor fixo tiver sido autorizado. A maioria das instituições oferece esse serviço.

Não Proteger Sua Identidade 129

9. *Faça o seu checkup anual:* o que fazer um exame físico tem a ver com roubo de identidade? Nada — estou falando sobre verificar seus scores de crédito uma vez por ano, para se certificar de que o Dmitri em Vladivostok não financiou um carro em seu nome para comprar o novo Buick dele. O melhor de tudo é que é grátis [no Brasil, consulte serasaconsumidor.com.br/score/].

10. *Olhe, ouça e aprenda:* conheça os últimos golpes e fraudes. Além de ficar de olho nas notícias diariamente, configure um alerta do Google sobre o tópico. Certifique-se de consultar a lista anual de golpes fiscais da IRS: "Dirty Dozen".

A questão geral aqui é ser muito cético. Não neurótico. Não paranoico. Não estou-tão-aterrorizado-que-não-consigo-dormir- -e-preciso-de-um-whisky (mas, se quiser se presentear com uma bebida alcoólica âmbar por ter mudado sua senha, tudo bem). É fácil adotar esses dez comportamentos. Não requerem quase nada de tempo — certamente muito menos do que gastaria para arrumar a bagunça se sofresse um golpe. Você precisa seguir esses passos.

E se seus dados já tiverem sido comprometidos? Não entre em pânico. Você pode tomar medidas para se proteger em uma hora ou menos. Entre em contato com a Experian, Equifax ou TransUnion e peça que anexem um "alerta de fraude" ao seu relatório. Ligar para apenas uma dessas grandes empresas de crédito é o suficiente, pois a lei federal as obriga a avisar as outras duas. Há mais uma empresa de relatório de crédito — Innovis — que você deve entrar em contato separadamente.[11] Fazer isso deixará mais difícil, mas não impossível, que um ladrão compre uma hipoteca ou solicite um cartão de crédito em seu nome. Precisará atualizar o alerta a cada poucos meses. Se já foi fraudado, avise os órgãos de proteção ao crédito e registre um boletim de ocorrências.

130 Idiotices que Pessoas Inteligentes Fazem com o Próprio Dinheiro

Depois do fiasco da Equifax, tornei-me fã de congelamento de crédito. Você terá que entrar em contato com cada uma das três grandes agências para isso, mas previne que alguém contraia crédito em seu nome. Se desejar obter crédito depois, você deve pedir formalmente para removerem o congelamento. Pode demorar alguns dias, então leve isso em conta se planeja comprar uma casa ou obter novos cartões de crédito. Esse tempo é um pouco chato, mas a maioria das pessoas pode esperar algum tempo antes de conseguir crédito. Se estiver comprando uma casa, poderia usar o tempo para contemplar se realmente deveria comprar em vez de alugar (veja o Capítulo 5).

PEGUE O SEU MOLETOM INGÊNUO E QUEIME-O!

Quando eu era criança nos anos 1970 morava perto de Nova York, e nosso bairro estava passando por uma onda de crimes. Fomos alvos de invasores e vandalismo, mas havia, na cidade, assaltos, ataques — tipo *Law and Order*. Meu pai estava preocupado. "Certo", disse ele, "vamos trancar a porta da frente" — o que não fazíamos, acredite se quiser. Minha irmã e eu odiamos a ideia. Entrávamos e saíamos de casa milhares de vezes por dia, uma fechadura na porta era um saco. Meu pai foi firme: trancaríamos a porta. Agora tínhamos que carregar chaves conosco para onde quer que fôssemos. Odiávamos, mas aquela era a realidade, e logo nos acostumamos.

Hoje em dia, é a mesma coisa com relação ao roubo de identidade. Até que a tecnologia melhore, precisamos abrir mão de um pouco da conveniência que amamos para nos proteger. E não podemos só trancar as portas da frente quando falamos de nossas identidades. Também temos que trancar as portas dos fundos e as que saem para o quintal. Droga, também precisamos trancar o portão ao redor da piscina enquanto estamos nela. E ligar o alarme. Sim, toda essa vigilância é necessária. Os ladrões podem obter nossa informação hackeando o site de uma grande empresa com a qual você faz negócios, mas é possível que obtenham porque você, Sr. ou Sra. Idiota, estava fazendo compra online em uma rede sem fio insegura.

Falando de idiotas, uma amiga dizia que estamparia um moletom com a palavra INGÊNUA. "Por quê?", perguntei.

"Sou ingênua. Cairei no golpe toda vez."

Não seja a pessoa usando o moletom INGÊNUO. Proteja suas informações. Grande parte de sua segurança informacional não está em seu controle, mas você deveria ao menos tomar as medidas básicas para se proteger. Caso contrário, está pedindo por problemas.

Enquanto falamos disso, há muitas outras roupas que você não deveria vestir (quem diria que eu escreveria um livro de moda?). Não seja a pessoa usando o "Arruinei minha aposentadoria ao usar grande parte de minhas economias muito cedo". É outro grande erro que pessoas inteligentes cometem. Investem tempo e esforço economizando para a aposentadoria, e gastam tudo em luxos que esperavam que poderiam se permitir, mas pelos quais na verdade não podem pagar, como viagens chiques ou imóveis extremamente caros. É um pecado capital em meu mundo que pode deixá-lo com pouquíssimas opções quando tiver 80 ou 90 anos. No próximo capítulo, veremos o porquê.

IDIOTICE #8

Permitir-se Muito Luxo nos Primeiros Anos de Aposentadoria

Quando abriu este livro de "idiotices", pode ser que tenha pensado que eu lhe apontaria o dedo e o pressionaria a economizar mais para a aposentadoria. Afinal, se tem uma idiotice que pessoas inteligentes cometem é não economizar o suficiente para a aposentadoria, certo?

Errado.

Você é inteligente, então *presumirei* que está arrasando em suas economias para a aposentadoria. Você sabe como maximizar sua previdência privada. Pode até que ser esteja contribuindo para outros planos e juntando economias não destinadas à aposentadoria. Além disso, depois de ter lido o Capítulo 4, tenho certeza de que está priorizando a aposentadoria, e não os gastos com a faculdade de seus filhos, mesmo que isso signifique deixar de lado aquela faculdade particular superchique em favor de uma instituição pública de qualidade, mas menos prestigiada.

Pode até ser que seja o melhor poupador do mundo, mas *não* vou presumir que saiba como *gastar* seu dinheiro suado quando se aposentar. Uma mulher que chamarei de Gloria estava aposentada, divorciada e na casa dos 60 anos. Tinha US$2 milhões em ativos, bem como uma casa muito legal de frente para a praia que valia cerca de US$1,2 milhão. No começo de sua vida, Gloria tinha um estilo de vida razoavelmente caro — jantares em restaurantes elegantes, carros caros e viagens a lugares exóticos. Seu consultor disse que ela teria que cortar alguns gastos na aposentadoria, porque, apesar de US$2 milhões parecerem muito, precisava garantir que durariam algumas décadas. Contando com o que ela receberia de aposentadoria mensalmente e analisando os custos e outras fontes de renda, Joe, seu consultor, calculou que ela poderia sacar com segurança US$60 mil por ano, não mais.

Gloria prometeu que não estouraria o orçamento, mas logo ficou claro que não conseguia abandonar o estilo de vida. Quando precisou de um carro novo, escolheu uma Mercedes de US$75 mil, em vez de um Honda Accord que poderia ter custado menos da metade. Quando Joe questionou sua decisão, Gloria disse: "Ah, por Deus, eu nunca dirigiria um Honda!" Da mesma forma, em uma tentativa de cortar custos, vendeu a casa e alugou um apartamento, escolhendo um bem espaçoso, com três quartos, em vez de uma opção de um quarto que Joe disse que acomodaria melhor as expectativas de renda. "Gloria, você não pode pagar!", falou, ao que Gloria respondeu: "Não seja um estraga-prazeres. Tenho três filhos. Preciso dos quartos extras para eles me visitarem." Joe mostrou o orçamento para ela — na velocidade de seus gatos, ficaria sem dinheiro quando tivesse 70 anos. Mas ela não quis escutar. "Nem sei se estarei viva em 10 ou 15 anos. Quero viver agora. Se tiver problemas depois, podemos falar de cortar gastos."

Ano após ano, Joe a aconselhava a diminuir os gastos. Ano após ano, ela se recusava. Com 70 e poucos anos, cerca de uma década depois de começar a trabalhar com seu consultor, ela ficou sem dinheiro e tinha apenas a aposentadoria. Foi forçada a mudar para um apartamento mais barato e bem pequeno em um bairro no qual ela nunca imaginaria morar. Pior ainda, teve que pedir dinheiro aos filhos para ajudar a pagar suas contas mensais, pois a aposentadoria não era suficiente. Dificilmente é isso que se quer na aposentadoria.

Outro casal que conheço, Nate e Leslie, também tinham juntado US$2 milhões para a aposentadoria quando chegaram aos 60 anos, e outros US$500 mil em ativos não voltados à aposentadoria. Determinados a se aposentarem cedo (ele era médico, e ela, professora) planejaram sacar US$100 mil por ano de suas economias pelas próximas décadas. Isso, junto com a aposentadoria, permitiria que mantivessem o estilo de vida a que estavam acostumados. Depois de uma simples análise (descrita depois), eu disse que o plano parecia razoável. Mas o que Nate e Leslie não haviam falado era do desejo de viajar. Dois anos depois de nos falarmos pela última vez, entrei em contato novamente e fiquei sabendo que tinham feito várias grandes (e caras) viagens para lugares como Índia, Austrália e África. "Somos jovens", explicaram. "Temos que fazer essas coisas enquanto ainda podemos." É justo, mas também tinham que ter como pagar.

Quando refizemos as contas, Nate e Leslie haviam gastado tudo, deixando só US$50 mil de suas economias para a aposentadoria. Além disso, o mercado estava em baixa, então a previdência deles valia apenas US$1,8 milhão. Nate e Leslie poderiam sacar apenas US$65 mil ao ano de sua previdência se quisessem que o dinheiro durasse até o fim de suas vidas. Chocados, foram forçados a mudar o estilo de vida dramaticamente — sem social no clube de golfe, apenas um carro em vez de dois e jantar fora só de vez em quando. Não é a aposentadoria dos sonhos.

Por mais essencial que seja planejar e economizar durante sua carreira, é necessário devotar a mesma energia para pensar como gastará sua previdência. Se você se permitir muito luxo no começo da aposentadoria, não restará o suficiente para se sustentar por anos ou décadas. Sei que está doido para fazer o máximo que puder nos anos em que ainda está saudável e pode curtir a vida

136 Idiotices que Pessoas Inteligentes Fazem com o Próprio Dinheiro

ao máximo. Trabalhou tanto e por tanto tempo que agora é hora de aproveitar. E não é para ser mórbido, mas provavelmente sabe histórias de amigos ou parentes que morreram mais cedo do que o esperado, antes que tivessem uma chance de curtir os "anos dourados". Então, apesar de tudo, por favor, curta a vida. Viva o agora. Você merece. Mas seja razoável. Uma década depois, talvez duas, e você ficará feliz por ter sido moderado.

POR QUE PODE SER QUE VOCÊ NÃO ESTEJA "BEM"

Invariavelmente, a tendência em ceder ao luxo no começo da aposentadoria remonta à falha de um planejamento de longo prazo. Muitas pessoas inteligentes são surpreendentemente ignorantes a respeito do quanto exatamente precisaremos quando envelhecermos. Pode ser que acumulemos dinheiro em nossa previdência por causa do trabalho, mas a maioria nunca sentou e fez as contas metodicamente. Quem quer pensar em envelhecer e — hmmm — morrer? Então os anos vão passando, e, quando chegamos à aposentadoria, nos apavoramos. Olhamos para nossa previdência e vemos um número considerável — US\$1 milhão, US\$2 milhões, US\$3 milhões ou mais — e dizemos: "Nossa, tem uma boa grana aqui. Posso gastar comigo enquanto estou saudável, ficarei bem." Minha resposta: não necessariamente.

Digamos que contribuindo de maneira diligente para a previdência privada e obtendo a vantagem de sua empresa fazer uma boa contribuição, conseguirá US\$2 milhões para a aposentadoria. Para muitas pessoas, isso ainda parece muito dinheiro, sobretudo se comparado com o pouquíssimo que muitos norte-americanos economizam (de acordo com um relatório, com 50 e tantos anos, a família típica economizou cerca de US\$160 mil para a aposentadoria).[1] Vai aí um choque de realidade. Adivinhe quanto desses US\$2 milhões você pode sacar todo ano quando chegar à idade da aposentadoria? Apenas cerca de US\$60 mil a US\$65 mil, se quiser

Permitir-se Muito Luxo nos Primeiros Anos de Aposentadoria   137

que o dinheiro dure. Ah, e tem que pagar os impostos, porque está vindo de uma previdência privada, e o Tio Sam ainda não recebeu a parcela dele. Então esse pé-de-meia de US$2 milhões se traduz em uma renda anual de US$45 mil, se usado com responsabilidade.

Alguns consultores financeiros discordam, dizendo que as pessoas deveriam conectar os saques anuais ao rendimento de seus investimentos. Em minha experiência, isso não funciona, porque as pessoas precisam de consistência para se planejar. Diria que, estimando por cima, um plano responsável permite que você saque apenas de 3% a 3,5% anualmente de sua previdência. Então, digamos que precise de uma renda mensal de US$15 mil baseado em seus gastos. (Já parou para calcular? Registre seu dinheiro por seis meses e terá a resposta.) Pode ser que você e seu cônjuge esperem sacar, juntos, US$5 mil de aposentadoria. Para ter US$15 mil por mês para gastar, terão que economizar o suficiente para gerar U$10 mil por mês, ou US$120 mil por ano. Sem contar com a inflação, terão que ter economizado cerca de US$4 milhões até se aposentar. Loucura, né? Quando o assunto é aposentadoria, 1 milhão não é mais o que era. E, se calcular a inflação, fica ainda pior!

"Jill", pode ser que você diga, "qual é — pode ser que eu gaste US$120 mil por ano agora, mas na aposentadoria não vou precisar dessa quantia. Terei uma casa menor quando meus filhos se mudarem, não precisarei gastar tanto com a saúde das crianças e outros gastos grandes, e" — você pisca — "também não terei mais que contribuir com a previdência, né?".

Tudo isso é verdade e, há algumas décadas, pode ser que um consultor financeiro concordasse com você, aconselhando-o a orçar menos do que você gasta agora para a aposentadoria; se seus gastos anuais giram em torno de US$100 mil, talvez orçasse apenas US$80 mil para a aposentadoria. Mas, atualmente, a maioria dos consultores presume que seus gastos serão mais ou menos os mesmos. Ainda que não esteja gastando tanto com imóveis e não precise alocar dinheiro para a aposentadoria, os custos com planos de saúde estão aumentando, então você precisa levar isso em consideração. De acordo com uma estimativa, "um casal médio aposentado com 65 anos em 2018 pode precisar de aproximadamente US$280 mil em economias (já sem impostos) para custear plano de saúde na aposentadoria",[2] sem incluir o custo no longo prazo. Como pode ver, as necessidades para a aposentadoria não são brincadeira. É preciso muito planejamento — muito possivelmente, mais do que está planejando. Não presuma que terá o suficiente.

"Mas, Jill", você protesta, "estou falando sério, vou cortar gastos, e eles serão *bem* menores, mais do que o suficiente para compensar quaisquer custos novos que eu tiver". Veja, espero que seja verdade, mas, se eu ganhasse um dólar toda vez que alguém me dissesse que ia cortar os gastos e não conseguisse diminuí-los significativamente, seria rica. Ouça com atenção a Tia Jill: é muito difícil cortar gastos, a menos que esteja disposto a alterar radicalmente seu estilo de vida e se mudar para um local com um custo de vida bem menor. Se vender sua casa de US$1 milhão e comprar um apartamento por US$600 mil em uma comunidade sênior próxima, pode ser que pense que se deu bem. Mas e os impostos que talvez tenha que pagar? Quando se vende uma casa na qual morou por dois dos últimos cinco anos, a IRS permite que se exclua US$250 mil de ganho (US$500 mil se for casado). Muitas pessoas que compraram suas propriedades por um valor menor terão que pagar um imposto. E a taxa mensal do condomínio? E os custos de mobiliar uma nova casa? E as amenidades extras que você pode querer (e tem que pagar por elas)? E os custos de se mudar e pagar impostos imobiliários em seu novo local? Quando faz as contas, pode ser que não esteja economizando tanto quanto presume ao "cortar gastos".

Permitir-se Muito Luxo nos Primeiros Anos de Aposentadoria 139

Clientes tendem a parar de ouvir quando os consultores financeiros fazem essas perguntas difíceis. Preste atenção — parou de ouvir! Por quê? Depois de anos conversando sobre essas coisas com pessoas e de ler vários artigos e livros sobre pesquisas de neurociência e finanças comportamentais, suspeito que esse tipo de conversa desperte medo em nosso triste e velho cérebro reptiliano. Valores e necessidades financeiras futuras durante a aposentadoria parecem tão estarrecedores que nos desligamos com frequência.

Aliado a isso está a notícia deprimente, mas real, de que talvez você não consiga ter a aposentadoria que acha que pode (e merece!), aí — PUF: há um curto-circuito no seu cérebro racional e sua amígdala pré-histórica assume. Entra no modo "lutar ou fugir" e para de ouvir o que o consultor — ou a amigável Tia Jill — está dizendo. Em essência, você não consegue processar. Assim, pode ser que ignore o conselho e faça um safári de um mês no Quênia, um ou dois anos após se aposentar, mesmo que não possa pagar.

Muitas pessoas se desligam e fazem escolhas financeiras ruins quando se aposentam porque se sentem aturdidas, deprimidas ou sem perspectivas. Por toda a carreira, a aposentadoria sempre pareceu muito abstrata, algo que um dia poderia acontecer, mas não agora. Pensamos sobre como pode ser, mas não *pensamos* realmente sobre ela. De repente, chega — uma grande mudança de vida, como se casar ou ter filhos.

Por décadas, acordamos e fomos trabalhar. Agora não mais. Por décadas, tínhamos colegas nos dando apoio e irritando. Agora não mais. Por décadas, tivemos objetivos e uma sensação de seguir em frente em nossas vidas. Agora não mais. Por décadas, pode ser que tenhamos tido a ilusão da vida eterna. Agora não mais. Além disso, estamos rodeados de especialistas nos dizendo o que fazer ou não para aproveitar nossos "anos dourados". E nossos filhos nos aconselham. E pensamos no exemplo de nossos próprios pais. É tanta informação! Ah, mencionei a perspectiva de morte nos rodeando? Tudo isso é o suficiente para nos enlouquecer, desligar dos números reais, ignorar a voz da razão e tomar péssimas decisões sobre gastos. "Para o diabo com isso", dizemos, "vou viver o agora". Então vivemos — e nos arrependemos depois.

EVITANDO O ENLOUQUECIMENTO DA APOSENTADORIA

Este capítulo está deprimente o bastante? Vamos dar a volta por cima. É verdade que, se está aposentado e tem 60 e tantos ou 70 anos e já tomou decisões ruins de gastos, não há muito o que fazer. A menos que ganhe na Mega-Sena, o que é uma probabilidade ínfima, terá que ajustar dramaticamente seu estilo de vida ou arriscar ficar sem dinheiro. Por outro lado, se ainda tem 10 anos ou mais antes de se aposentar, há muitas coisas que pode fazer para se preparar financeira e mentalmente para que possa tomar decisões ótimas quando o dia chegar. Por "muitas coisas" refiro-me a cinco ações para reduzir suas chances de enlouquecer — e empobrecer — na aposentadoria.

Ação #1: Tenha Essa Conversa de Cinco Minutos

Sente e analise minuciosamente suas finanças. Recomendo ter uma conversa de cinco minutos consigo mesmo sobre seus planos. Sempre tenho essas conversas com meus ouvintes no rádio e no podcast. Provavelmente, metade das minhas ligações é sobre aposentadoria, e em muitos casos as pessoas têm apenas noção de quanto elas precisarão e quais decisões terão que tomar para acumular economias suficientes. Poderia falar para consultarem uma das zilhões de calculadoras de aposentadoria fornecidas por instituições financeiras, mas raramente o fazem — não querem perder tempo em seus computadores. Então, minha conversa de cinco minutos é um bom substituto. Está pronto? Finja que é um ouvinte de meu programa:

JILL: *Vamos calcular quanto pensa que precisará mensalmente. Que contas terá que pagar?* Adicione os gastos com necessidades básicas — casa, comida, gás, energia, internet, seguro, convênio médico etc. Quanto deu?

VOCÊ:

JILL: *Certo. Agora, quanto pensa que vai querer gastar para se divertir todo mês? Considere custos como jantar nos restaurantes fru-fru que colocam, sei lá, três ervilhas em seu prato; viajar por um ano; apostas equivocadas no cassino; idas ao spa com seus melhores amigos; ingressos para os shows do Bruce Springsteen; e o pagamento mensal para aquela nova Ducati ou aquele iate que planeja comprar (quando, é claro, deveria alugar) para se sentir jovem — esse tipo de coisa.*

VOCÊ:

JILL: *Agora adicione gastos mensais relativos a obrigações que você tem com outras pessoas. Você planeja pagar alguma coisa para ajudar seus pais? Você ajudará seu filho adulto com o financiamento do carro ou a pagar pelas férias de seus netos?*

VOCÊ:

JILL: *Certo, some todos os gastos que calculamos até agora. Quanto deu?*

VOCÊ:

JILL: *Bom trabalho — e fizemos isso em apenas, não sei, dois minutos e meio? Agora, vamos calcular sua renda esperada durante a aposentadoria. Você receberá pensão?*

VOCÊ:

JILL: *Se sim, é muito sortudo, porque a vasta maioria de nós recebe zero. E a previdência? Sabe qual será o benefício? E os benefícios de seu cônjuge?*

142   Idiotices que Pessoas Inteligentes Fazem com o Próprio Dinheiro

VOCÊ:

JILL: *O quê? Você não sabe? Então verifique. Presuma que trabalhará até se aposentar, provavelmente com 65 anos. (Pare de se lamuriar — posso ouvir daqui!)*

VOCÊ: *Não estou me lamuriando!*

JILL: *Desculpe, devem ter sido seus dois adoráveis Norwich Terriers pedindo um biscoito. Diga, terá alguma renda de imóveis durante a aposentadoria? Tem um fundo trust que distribuirá uma quantia bem gorda?*

VOCÊ:

JILL: *Certo, agora que já temos todas essas informações, chegamos à parte divertida. Pegue o total presumido de suas necessidades mensais, subtraia sua renda futura e — ta-dá! — este é o número mágico que precisa economizar. Então, quanto deu?*

VOCÊ:

JILL: *Agora que já sabe, calcule quanto terá que economizar para a previdência no total, considerando que só poderá sacar de 3% a 3,5% disso por ano para gastos mensais. E aí?*

VOCÊ:

JILL: *Viu? Não foi tão ruim.*

VOCÊ: *Tem razão, Jill, foi ótimo. Estou feliz de finalmente ter me forçado a isso! Sinto que sou uma pessoa totalmente nova. Mal posso esperar para ler o resto do livro e comprá-lo para todo mundo!*

Bem, não fiquemos tão felizes. Perceba que não foi *tão* difícil obter um cenário razoável e preciso de suas necessidades previdenciárias. Agora que fez isso, pode avaliar se contribuiu adequadamente e poderá manter o estilo de vida que deseja. Caso

Permitir-se Muito Luxo nos Primeiros Anos de Aposentadoria 143

contrário, ainda tem tempo para fazer escolhas que aumentarão sua renda durante a aposentadoria. Se tiver sorte de ter mais do que precisaria segundo esses cálculos, arregace as mangas! Economize esse dinheiro em uma conta de poupança e compre um portfólio diversificado de fundos mútuos. Pode ser que queira cortar gastos, como vender sua casa e morar de aluguel, ou abrir mão de um dos carros. O que você faz é problema seu, mas agora é hora de ajustar seu plano de economias para que possa ter os luxos desejados quando se aposentar.

Depois de trabalhar nesse exercício, alguns leitores — principalmente mais jovens — podem questionar se eu estava certa ao incluir a renda presumida da aposentadoria. A previdência não vai quebrar dentro de uma década ou duas? Afinal de contas, os céticos podem argumentar, a previdência para a qual todos contribuímos agora tem que dar conta de todos os baby boomers aposentados. Relativamente poucas pessoas nos melhores anos de suas carreiras contribuem. Com o tempo, o programa ficará insolvente. Na verdade, de acordo com os Trustees of the Social Security and Medicare Trusts, em 2034 haverá fundos suficientes para as pessoas receberem 77% dos benefícios prometidos, se nada for feito.[3] E, dados os problemas em Washington, nada será feito.

Na verdade, não acredito nisso. Originalmente, a previdência era para ser um "tripé" de renda de aposentadoria para as pessoas, junto com uma empresa de pensões e poupança. Com o tempo, as pensões desapareceram, e outros custos, como plano de saúde, aumentaram muito, fazendo com que milhões dependessem da previdência pública como sua única fonte de aposentadoria. Assim, o programa não simplesmente desaparecerá — as pessoas que dependem dele e seus familiares usarão o voto para punir políticos que se contentam em deixar a rede de segurança social colapsar. O que possivelmente acontecerá é a previdência ficar menos generosa. Pode ser que as pessoas tenham que trabalhar mais antes

144 Idiotices que Pessoas Inteligentes Fazem com o Próprio Dinheiro

de serem elegíveis aos benefícios. Ou pode ser que tenhamos que pagar um pouco mais para o sistema. Com uma combinação de medidas como essas, o sistema ficará bem. Tenho confiança de aconselhá-lo a levá-la em conta em seu plano de aposentadoria.

Ação #2: Repense Sua Idade de Aposentadoria

Se não estiver muito satisfeito com o que descobrir depois de fazer as contas, não se preocupe, há outra maneira de melhorar o cenário de sua aposentadoria além de economizar mais: trabalhar por mais tempo. Um erro de Nate e Leslie foi se aposentar com 60 e poucos anos. Se tivessem adiado por mais alguns anos, poderiam ter juntado mais "dinheiro para diversão" e pagar viagens extravagantes nos primeiros anos após pararem de trabalhar, e provavelmente ainda seriam jovens e saudáveis o bastante para curtir as viagens.

Pode ser que algumas pessoas não consigam trabalhar mais, e outras podem ficar nauseadas só de pensar em permanecer um minuto além do absolutamente necessário. Para o resto de nós, trabalhar mais é algo que deveríamos considerar, porque: a) é mais tempo para contribuir para o plano de previdência; b) evita que usemos dinheiro do nosso pé-de-meia; e c) pode aumentar o benefício mensal de nossa aposentadoria. De acordo com um estudo recente, "adiar a aposentadoria de três a seis meses tem o mesmo impacto no padrão de vida enquanto aposentado que economizar 1% de nossa renda por 30 anos".[4]

Muito desse impacto tem a ver com a seguridade social, que garante uma parcela significativa da renda de aposentadoria da maioria dos norte-americanos. Faça uma simulação para estimar quanto você receberá de aposentadoria. Como verá, o benefício aumenta muito se você demorar mais. Apesar de, nos EUA, poder ter acesso ao sistema aos 62 anos, se homem, ao fazer isso você reduzirá *permanentemente* seus benefícios em até 25%.

Todo mês que você trabalhar além da sua idade de aposentadoria significa mais dinheiro. Se adiar a aposentadoria até os 70 anos, seus benefícios aumentarão 8% por ano. É um aumento sem *nenhum risco*! Um amigo meu com 40 e tantos anos que ganhava cerca de US$250 mil ao ano descobriu que receberia apenas US$1.923 mensais caso se aposentasse com 62 anos, mas US$2.933 por mês se esperasse até os 67. Se conseguisse se manter em seu emprego até os 70 anos, receberia US$3.714.

Aposentar-se mais tarde também pode ajudar a se proteger da crise existencial de aposentar-se cedo, que pode resultar em gastos irracionais. Muitas pessoas ainda não sabem bem o que farão quando se aposentarem. Se for o seu caso, por que não continuar trabalhando até descobrir? Pense na aposentadoria como um outro "trabalho". Você não abandonaria um emprego antes de ter um novo em vista, abandonaria?

Um executivo rico de Wall Street que conheço entrou em profunda depressão depois de se aposentar com 63 anos porque não fazia ideia do que faria. Não tinha hobby, nenhuma causa social a que se dedicar, uma segunda carreira na qual embarcar — nada. A esposa dele estava extremamente irritada. Todos os dias, ele acordava e ficava pela casa, enlouquecendo-a. Finalmente, começou a trabalhar em um escritório de advocacia, não porque queria ser advogado, mas porque precisava fazer alguma coisa. Acredito que estava satisfeito, mas não feliz. Para mim, essa história é triste. Presumindo que era possível continuar no emprego antigo, ele teria ficado muito melhor se tivesse trabalhado por mais alguns anos, enquanto os planos para a aposentadoria tomavam forma. É claro, planos para a aposentadoria não apenas "criam forma". Você tem que trabalhar neles. O que me leva à próxima questão.

146 Idiotices que Pessoas Inteligentes Fazem com o Próprio Dinheiro

Ação #3: Sonhe Mais com a Aposentadoria

Muitas pessoas não sabem o que farão na aposentadoria porque nunca pensaram nisso antes. Podem até ter alguma vaga noção, querer jogar mais golfe, passar mais tempo com os netos ou viajar mais, mas não estabeleceram os detalhes, avaliando os prós e contras das várias opções. Isso é um erro. Se estiver com 50 e tantos anos, agora é a hora de imaginar o que fará e qual será seu estilo de vida quando se aposentar. Pergunte a si mesmo:

- Tem alguma ambição ou desejo ainda não satisfeitos? O quê? Como pode conquistá-los? Poderia matricular-se em cursos universitários? Seria possível começar uma segunda carreira, talvez como consultor para transmitir sua sabedoria aos jovens profissionais de sua área? Ou talvez queira tentar escrever o "próximo ótimo romance"?

- E atividades físicas? Há alguma que você queira levar mais a sério? Como você faria? Poderia matricular-se em uma academia? Mudaria para um lugar mais ensolarado? Viajaria para lugares distantes para retiros de yoga ou para praticar mountain bike?

- Você se imagina com um estilo de vida diferente, como morar na praia? Se sim, mudaria para outra cidade? Se sim, qual cidade? Venderia sua casa e moraria de aluguel? Pretende se mudar para perto de seus filhos? Se sim, como criaria um estilo de vida independente deles?

- A aposentadoria é um ótimo momento para retribuir. Que atividades sociais ou cívicas você praticaria? A que organizações pode se juntar? Quanto tempo por semana pretende dedicar ao voluntariado? Muitos aposentados adoram ensinar ou treinar jovens — tudo, desde ajudar com o time de basquete das meninas a ser professor adjunto em uma

Permitir-se Muito Luxo nos Primeiros Anos de Aposentadoria   147

faculdade comunitária local. Algumas dessas oportunidades lhe parecem boas?

- Gostaria de envolver-se mais com política? Se tornaria um patrocinador e ajudaria a arrecadar fundos? Se candidataria a algum cargo?

- Gostaria de passar mais tempo cuidando de seus pais idosos ou de seus netos jovens, ou de outros membros da família que precisem de cuidados? Quanto tempo na semana? Teria que se mudar? Mesmo que não precise ser o cuidador principal, faça questão de levar em conta o tempo semanal destinado a cuidar de seus pais (veja o Capítulo 10).

Quanto mais preciso for seu plano para a aposentadoria, mais pé no chão estará quando o momento chegar, e será menos provável que enlouqueça e gaste como doido. Sonhar com a aposentadoria também faz sentido porque permite que você tome as medidas necessárias para a transição para suas novas atividades. Uma amiga minha, "Casey", sabia que desejava dedicar o início de sua aposentadoria a questões sociais importantes para ela. Pensando melhor, decidiu contribuir para causas ambientais, principalmente as focadas em água potável (ela cresceu em uma cidadezinha perto de um rio). Também percebeu que queria fazer a diferença participando de um conselho filantrópico. Mas nunca havia feito parte de um conselho. Como faria isso?

Como ainda faltavam anos para se aposentar, Casey conseguiu pesquisar várias organizações com as quais se identificava e começou a cultivar relações. Passou a participar de ações de voluntariado e doações. Alguns anos depois, perguntou ao diretor de desenvolvimento de uma das organizações em que prestava serviços voluntários se poderia aprender mais sobre a missão da organização e os planos de desenvolvimento do conselho. "Quero que saiba que, se surgir alguma oportunidade, tenho interesse em participar." Graças a essa ousadia, Casey provavelmente conseguirá chegar direto ao conselho quando estiver aposentada, sem ter que passar meses ou anos nessa transição. Não sofrerá por longos dias sem saber o que fazer e estará sempre ocupada, focada e feliz desde o começo.

Ação #4: Aceite o Desconhecido

Procure soluções criativas para a aposentadoria. Um dos motivos para as pessoas ficarem deprimidas quando se aposentam e acabarem gastando muito logo de cara é pensar que as coisas são branco e preto. Tendemos a traçar uma linha bem clara entre "trabalho" e "aposentadoria", pensando nos dois como duas coisas completamente diferentes. Pensando assim, "trabalho" denota o período da vida em que temos uma renda; "aposentadoria", como aquele em que não temos mais um salário.

Observe melhor e perceberá que há nuances ou gradações de aposentadorias. Se é médico, advogado ou profissional de outro campo e não aguenta mais a ideia de trabalhar em tempo integral, conseguiria um sócio mais jovem e trabalharia meio período? Se for professor universitário, conseguiria lecionar uma ou duas disciplinas por período, como adjunto? Se trabalha para uma empresa ou ONG, conseguiria ser parte do conselho ou ser consultor? Muitas organizações querem considerar arranjos mais criativos — tiram proveito de sua experiência e não precisam pagar benefícios, como plano de saúde. Você consegue continuar engajado em seu trabalho e receber parcialmente, o que permite que tenha uma melhor qualidade de vida, seja agora ou no futuro. Terá o tempo que deseja para levar seus netos para jogar futebol, fazer uma viagem de vez em quando e assim por diante.

Uma amiga minha, produtora de televisão, optou por se aposentar quando estava com 60 e poucos anos, mas não se sentia pronta para abandonar a vida profissional. Então, começou a

Permitir-se Muito Luxo nos Primeiros Anos de Aposentadoria 149

procurar trabalhos de produção como freelancer. No primeiro ano, ganhou cerca de US$40 mil — muito menos do que os US$140 mil anteriores, mas ainda assim era muito bom. No segundo ano, ganhou US$60 mil, e no terceiro, US$80 mil. Ela e o marido não precisavam desse dinheiro durante a aposentadoria, mas aumentou e muito a qualidade de vida deles, permitindo gastos extras, como viagens e poupança para a faculdade dos netos. Quando não queria trabalhar, podia recusar as ofertas. Não tinha o benefício de plano de saúde, mas tudo bem — tinha o convênio oferecido pelo trabalho do marido (ele ainda não estava pronto para se aposentar). Uma maneira fantástica de entrar na aposentadoria e poder ter luxos.

Também é possível encontrar um meio-termo para o outro aspecto financeiro — os gastos. Entendo totalmente o porquê de Nate e Leslie quererem viajar para a Índia ou para a Austrália enquanto ainda eram jovens e saudáveis. Mas tinham que fazer tais viagens em um período de apenas dois anos? Talvez pudessem ter satisfeito esse desejo com uma grande viagem. Ou feito uma viagem cara e duas menores para lugares perto de casa. Ou viagens de baixo orçamento, alugando a própria casa no Airbnb (nada como um bom "truque de viagem").

Se é como Gloria e gosta de Mercedes, talvez possa comprar uma usada. Talvez conclua que não dirige muito e poderia ficar sem carro, caminhar mais e usar Uber. Sempre que estiver tentado a fazer uma compra, pergunte-se: *realmente* precisa ou apenas quer? Pode ser que Gloria tenha pensado que "precisava" de um apartamento de três quartos para que os filhos e netos pudessem ficar com ela, mas com que frequência a visitariam? Se planejassem somente visitas ocasionais, talvez fosse mais barato (e mais divertido para as crianças) se ela tivesse escolhido o imóvel de um quarto, mas se oferecesse a ajudá-los com os custos de hospedagem em um hotel quando visitassem. Realmente precisa ser sócio do clube de golfe que usa uma vez por mês? Não poderia pagar por vez que usasse? Agora que tem mais tempo para cozinhar, precisa sair para jantar várias vezes por semana? Agora que não está se arrumando para ir trabalhar todos os dias, precisa gastar tanto com roupas?

Ação #5: Contrate um Planejador Financeiro

No Capítulo 2, aconselhei-o a procurar (e pagar) por ajuda financeira quando se encontrar em uma situação financeira que não tenha experimentado antes e não consiga resolver sozinho. A aposentadoria é uma situação que se aplica à maioria das pessoas. Muitos ouvintes que cuidam da vida financeira sozinhos ligam para meu programa de rádio quando estão prestes a se aposentar. Embora saibam economizar para a aposentadoria, não têm uma estratégia para sacar o dinheiro. Quanto podem gastar? Estão bem, financeiramente falando, para fazer o que quiserem? Como deveriam gastar os ativos? Podem fazer doações ou dar dinheiro aos netos?

Se não sabe bem como lidar com questões como essa, pode ser que valha a pena gastar um pouco para obter orientação de um profissional. A aposentadoria é uma grande mudança na vida. Você está em um território desconhecido, tudo bem admitir que precisa de ajuda. Mas, por favor, lembre-se do outro conselho do Capítulo 2: faça questão de consultar um planejador financeiro! E, pelo amor de Deus, se vai contratar um, *ouça* o que ele diz. Não cometa o erro de Gloria, de sair gastando desmedidamente.

O PROBLEMA DE APOSENTADORIA QUE NÃO ACONTECEU

Um cara chamado Rory uma vez ligou no meu programa de rádio com uma questão sobre sua aposentadoria. Do grande estado da Carolina do Norte, Rory tinha 67 anos e havia se aposentado recentemente. A esposa dele, que também se aposentara há pouco, era um ano mais nova. Como Rory me disse, estava olhando seus ativos mais de perto para "entender melhor" o que ele e a esposa tinham. Ele se perguntava se realmente estavam bem e queria minha orientação. Conseguiria lidar com uma crise financeira, se ou quando acontecesse?

Minha primeira ação foi analisar os valores, guiando Rory em uma versão do "Cinco Minutos de Conversa" descrito aqui. Conforme me disse, sua renda total de aposentadoria, pensões e imóveis era cerca de US$100 mil, o suficiente para cobrir as necessidades dele e da esposa. Desse dinheiro, US$75 mil provinham da aposentadoria e das pensões, e ele tirava de sua previdência privada outros US$25 mil.

Então, perguntei quanto tinha em sua previdência privada. A resposta: US$2 milhões, mais US$1 milhão em outro fundo. Não estava tão mal assim. Além disso, Rory e sua esposa tinham quitado a casa — sem hipotecas.

Tinha uma notícia fantástica para Rory: sua situação era excelente. Não só estava gastando o que podia como ficaria bem no caso de uma crise financeira. De seus US$2 milhões em sua previdência privada, poderia sacar cerca de US$60 mil ao ano se quisesse. Mas, como tinha uma pensão e mais a aposentadoria, precisava de apenas US$25 mil anuais depois de pagos os impostos. Incrível! O US$1 milhão do fundo era um alívio maior se quisesse gastar mais em férias mais extravagantes; também permitia que tivesse mais segurança no caso de uma crise. Na velocidade de gastos atuais, Rory e a esposa teriam dinheiro suficiente para viver em seus 80, 90 anos, até mais. Rory só tinha que cuidar para não correr riscos desnecessários ao investir seu dinheiro (veja o Capítulo 6). Ele e a esposa tinham economizado e agora estavam vivendo dentro do que podiam gastar. Ótimo para eles!

Você pode embarcar na aposentadoria de uma maneira inteligente também. Ignore o diabinho que fica sussurrando: "Ah, consigo pagar" e "Só se vive uma vez". Claro, realmente só vivemos uma vida, mas essa vida pode ser mais longa do que pensa. Planeje. Saiba o que pode gastar. E pense no que realmente gostaria de gastar.

É claro, seria um erro limitar tal pensamento à aposentadoria. Como qualquer psicólogo ou guru espiritual dirá, quanto mais autorreflexão e autoconhecimento tiver ao longo da vida, melhor. Um guru financeiro — eu — também dirá isso. Um bom exemplo são seus filhos. Muitos de nós cometem o erro de permitir que o dinheiro tenha um papel maior do que deveria na relação entre pais e filhos. Coisas ruins acontecem com eles, o que dá conhecimento para aprenderem a lidar com essas situações. Se quiser evitar anos de terapia para os filhos, deve pensar com mais cuidado como você conversa com eles sobre dinheiro. Faça um favor a você e seus filhos e vire a página!

IDIOTICE #9

Sobrecarregar os Filhos com Seus Problemas Financeiros

Fernando, pai da minha amiga Maria, emigrou de Portugal nos anos 1940, estabelecendo-se em Fall River, Massachusetts. Apesar de não falar inglês, conseguiu um emprego de faxineiro em uma pequena empresa têxtil e completava sua renda com bicos nos finais de semana. Alguns anos depois, casou-se e começou uma família. Nos anos 1950, quando seus filhos ainda eram pequenos, foi promovido na empresa têxtil por causa de sua habilidade de consertar tudo. Logo tornou-se chefe de operações da planta de produção, levando sua família à classe média.

Embora ganhasse o equivalente a atuais US$100 mil por ano, Fernando nunca conseguiu se livrar do espírito de imigrante que tinha ajudado sua família a ganhar a vida. Continuou a trabalhar aos finais de semana nos anos 1950 e 1960, economizando cada centavo. Recusava-se a tirar férias, embora a família pudesse pagar, e a dar mesadas aos seus filhos. Maria e os irmãos recebiam o básico — um teto, comida, materiais escolares. Mas o pai sempre os lembrava de quão caras as coisas eram, colocava muita pressão para que cortassem gastos e os fazia se sentirem culpados por quererem o que não era essencial, mas que seus colegas ganhavam. "Tive que trabalhar por tudo o que tenho", dizia, "então vocês também terão. Sabem quanto custa para colocar comida na mesa? Sabem o quanto eu tive que trabalhar?".

154 Idiotices que Pessoas Inteligentes Fazem com o Próprio Dinheiro

O pai da Maria provavelmente achava que estava ajudando ao fornecer valores sólidos com relação ao dinheiro. Em vez disso, essa insistência estava criando neuroses. É como quando os pais focam muito o peso dos filhos — querem que desenvolvam hábitos saudáveis, mas como muita frequência eles acabam se ressentindo ou, pior ainda, desenvolvendo transtornos alimentares.

Quando conheci Maria, ela tinha 30 e poucos anos e uma relação nada sadia com o dinheiro. Havia sido tratada com tanta intransigência pelo pai — nunca ganhava o que queria, sempre se sentia culpada — que compensou com os filhos, recusando-se a dizer não para eles. Nos anos 1980, Maria e o marido, Abe, ganhavam, juntos, US$200 mil ao ano. Embora essa renda garantisse um estilo de vida de classe média alta, a família não tinha muito dinheiro disponível. O custo de vida de Chicago era alto, e o filho dela, Kenny, tinha dificuldades de aprendizado, então a família pagava uma escola particular. Ainda assim, Maria insista em dar todos os luxos a seus filhos — roupas novas, viagens caras, acampamentos. "Não queria que meus filhos vivessem o que vivi na minha infância", disse ela.

Quando os filhos começaram a faculdade, os cuidados de Maria continuaram. Insistiu em pagar universidades particulares caras — sem empréstimos nem emprego para os filhos *dela*. Depois, comprou carros para eles, pagou o seguro, ajudou a pagar o aluguel dos apartamentos e dava dinheiro para outras contas quando eles ficavam sem. Tudo o que queriam, ela dava — mesmo que ela e Abe não pudessem pagar. Então, como sustentava tudo isso? Depois de ler o Capítulo 4, você sabe: tiravam da previdência. Os dois tinham sorte de receber contribuições para a aposentadoria, um dinheiro que esperavam que durasse por boa parte da vida de aposentados. Para o restante, eles "se virariam".

Maria e Abe "se viravam" bem, mas a tendência de mimar os filhos gerou um problema emocional. Enquanto o comportamento de seu pai fez com que ela se tornasse excessivamente independente, com medo de pedir qualquer coisa porque o pai diria não e a faria se sentir culpada, hoje seus filhos, todos na casa dos 40 anos, têm o problema oposto: são muito dependentes dela. Um deles, por exemplo, não conseguiu comprar uma casa com seu salário de US$300 mil sem a ajuda dos pais. Outro esperava que Maria e Abe pagassem pelo acampamento dos filhos. Não me entenda mal: os filhos são pessoas maravilhosas que ganham a vida sozinhos. Mas, sempre que têm problemas, voltam correndo para a mamãe. Nunca aprenderam a se disciplinar, então não sabem o que fazer nem têm autoconfiança.

Maria continua mimando seus filhos, pagando por luxos que não podem ter. Ao fazer isso, deixou sua aposentadoria menos confortável. Embora ela e Abe tenham 70 anos e possuam o suficiente para se aposentar, Maria se sente pressionada a continuar trabalhando meio período. Abe sente-se traído. "Trabalhamos até morrer para que pudéssemos curtir essas últimas décadas", disse ele, "e agora ela está consumida por essa necessidade de trabalhar, roubando o que deveria ser um grande momento em nossa vida". O comportamento dela impediu que os filhos se tornassem adultos — tudo porque ela nunca se resolveu com suas questões financeiras, e porque o pai dela não conseguiu lidar com as dele.

A maneira como você lida com o dinheiro é importante para seus filhos. Não tenho filhos (o que me torna especialista!), mas frequentemente conheço pessoas inteligentes que enfatizam muito os problemas financeiros para os filhos, sobrecarregando-os com problemas que não são deles. Algumas pessoas, como o pai de Maria, fazem isso contando centavos, de forma que o dinheiro seja parte até mesmo das menores decisões. Discursam sobre poupança, criticam os filhos constantemente e os manipulam. Outras, como Maria, o fazem mimando e não estabelecendo limites razoáveis com relação ao dinheiro. Há aqueles que ficam pensando no que

156 Idiotices que Pessoas Inteligentes Fazem com o Próprio Dinheiro

as pessoas ao redor têm e acabam pautando a vida pelos outros, ressentindo-se quando não conseguem e pressionando seus filhos a serem financeiramente independentes. Os pais podem fazer com que o dinheiro tenha uma proeminência doentia em casa. Acham que estão sendo bons pais, mas na verdade estão criando ansiedade, insegurança e outras emoções negativas em seus filhos.

Tendo filhos, tente manter um equilíbrio. É necessário instruir os filhos a respeito do dinheiro para que entendam como funciona e tenham responsabilidade, mas não o faça de modo tão intenso a ponto de seus filhos tratarem o dinheiro de maneira desequilibrada. Mantenha o tempo todo uma relação saudável com o dinheiro (Capítulo 3), para que possa transmitir atitudes, comportamentos e valores positivos aos seus filhos. O dinheiro é uma questão controversa, e, quando tratado de formas ruins, os efeitos podem ser vistos sutilmente nas gerações seguintes, para não falar em relações danosas e pandemônios emocionais. Reflita sobre como fala acerca de dinheiro em casa e como você o gasta. Faça com que as mensagens que passa com seus comportamentos e palavras sejam as corretas.

"EMOÇÕES MONETÁRIAS"

Quando digo que muitas pessoas inteligentes sobrecarregam seus filhos com os problemas monetários, quero dizer que, na interação com os filhos, os pais tratam o dinheiro com muita *emoção*. Em sua entrevista comigo, Dr. Jim Grubman, que conhecemos no Capítulo 3, descreveu a tomada de decisões emotiva como um dos maiores erros cometidos pelas pessoas com relação ao dinheiro — visão esta que foi provada ao longo deste livro.

Porém mesmo quando estamos tomando decisões específicas, como investir, comprar ou alugar uma casa, nossas emoções influenciam a forma como falamos sobre o dinheiro e como o tratamos. Se nos sentimos permanentemente ansiosos, como o pai da Maria, pode ser que o tratemos como algo precioso, a ser economizado, não curtido dia a dia, de maneiras importantes ou não. Se nos ressentimos com relação a como nossa renda é ínfima se comparada à de outras pessoas, pode ser que reclamemos acerca de nossa vida financeira, que fiquemos nos atendo às posses de outras pessoas, obcecados com o próximo aumento ou com o próximo negócio a ser fechado. De uma forma ou de outra, nossas emoções estão sempre envolvidas, afetando profundamente nossas crianças, que nos observam o tempo todo. Se não saírem traumatizadas, aprendem a cultivar emoções com relação ao dinheiro, em vez de lidar com ele fria e racionalmente. Não é nenhuma surpresa quando tomam as próprias decisões baseadas em emoções depois de adultos — e pagam o preço.

Dois clientes meus, Alex e Andrea, eram advogados e moravam na Bay Area no início dos anos 1990. Andrea trabalhava em um grande escritório que atendia grandes empresas de tecnologia, enquanto Alex trabalhava no conselho interno do escritório de uma família rica. Juntos, ganhavam US$700 mil anualmente — uma renda fantástica se comparada ao padrão da maioria das pessoas. Mas não estavam satisfeitos. Eles se matavam por US$700 mil, enquanto os clientes "imbecis" eram megamilionários, tudo porque começaram a trabalhar em grandes empresas de tecnologia desde o começo e tiveram sorte de enriquecer quando as empresas foram para a bolsa. Onde estava a justiça?

Noite após noite, Andrea e Alex vinham para casa e reclamavam sobre o quanto trabalhavam e quão pouco ganhavam quando comparados aos outros. O filho deles, Steven, ouvia tudo e entendeu que: a) o dinheiro era a única coisa que importava; b) se você não ganhasse muito, não era "bem-sucedido"; c) se não era bem-sucedido, não valia muito enquanto pessoa. Antes mesmo de Steven terminar o ensino médio, ele e os pais haviam traçado uma estratégia para que ele ficasse multimilionário. Es-

158 Idiotices que Pessoas Inteligentes Fazem com o Próprio Dinheiro

tudaria finanças na faculdade, conseguiria um emprego em um banco de investimentos ou em um escritório de consultoria, seria promovido, faria um MBA, voltaria para o emprego em finanças e então sairia do trabalho para fundar uma startup, na qual ganharia muito dinheiro com o IPO. Seguindo esse caminho, faria "dinheiro de verdade".

No início, a vida de Steven se desenrolou conforme o plano. Matriculou-se em uma faculdade de elite e se deu bem lá. Depois da formatura, conseguiu um emprego em um banco de investimento de prestígio. Começou no emprego louco para trabalhar bastante e ter sucesso, mas logo se tornou muito infeliz. Odiava os colegas supercompetitivos. Odiava os chefes. Odiava o fato de trabalhar cem horas por semana para chegar aos milhões. Odiava não contribuir para a sociedade de alguma forma. Os amigos diziam que ele só teria que trabalhar lá por alguns anos antes de sair para o MBA, mas isso não ajudava. Não via futuro em um banco de investimentos e não suportava a ideia de continuar só para ficar rico. Sonhava em, de alguma forma, usar seus conhecimentos financeiros para ajudar outras pessoas, mas não sabia como. Também morria de medo de desapontar os pais. Eles faziam questão que Steven estabelecesse uma carreira na área de finanças e ganhasse muito dinheiro. Qualquer outra coisa não valeria a pena aos olhos deles.

Por alguns anos, Steven aguentou firme, detestando seu emprego, mas esperando que melhorasse. Por fim, não aguentou mais. Sem conversar com os pais, pediu demissão e se matriculou em um curso para se tornar um Certified Financial Planner. Sabia que não era a opção mais glamorosa ou que pagasse mais no mundo das finanças. Na verdade, quando os amigos souberam que ele abandonaria o ambiente de elite do banco financeiro para se tornar um planejador, disseram que as pessoas o veriam como "um nível acima de um vendedor de carros usados". Mas Steven estava bem

Sobrecarregar os Filhos com Seus Problemas Financeiros   159

com isso. Tentou a rota de mais prestígio e descobriu que não era o que desejava. Não precisava "se pautar pelos outros" como seus pais. Via o planejamento financeiro como uma maneira de ajudar as pessoas e fazer diferença na vida delas. Ainda trabalharia com o dinheiro, mas poderia sentir-se apaixonado com o que estava fazendo, curtir um estilo de vida mais relaxado e ter uma vida respeitável, mas não extravagante.

Anos mais tarde, Steven ainda trabalha como planejador financeiro. Quando ouve falar de antigos colegas que ganharam grandes quantias em suas carreiras, sente algum arrependimento — afinal de contas, ele é humano. Mas, no geral, ama sua carreira e é feliz. A inveja e o ressentimento que seus pais tinham dos clientes e amigos mais ricos o levaram a fazer uma escolha de carreira ruim, o que o fez infeliz por muitos anos, até que deu um jeito em sua vida.

Como Steven imaginou, os pais não ficaram felizes com a decisão de deixar o banco de investimentos. Pensaram que ele estava desperdiçando a vida e que não ficaria feliz até ficar milionário. Steven se ressentia por colocarem muita pressão nele e sentiu-se afastado dos pais por ter atitudes e objetivos tão diferentes. Por que não podiam deixar que ele buscasse a felicidade sozinho? Demorou muitos anos até que Andrea e Alex conseguissem construir uma relação saudável e feliz com o filho adulto — tudo porque não resolveram as próprias emoções com relação ao dinheiro.

No caso de Andrea e Alex, as "emoções monetárias" em questão eram inveja, ressentimento e, talvez, um pouco de raiva, mas muitas outras emoções podem causar danos, sendo a ansiedade a pior. Quando meu amigo Chester era criança, nos anos 1980, a mãe dele ficava em casa com as crianças, e o pai tinha um emprego de muita pressão como advogado em um escritório. Como seu pai se especializou em certa forma de litígio, pegava alguns casos grandes por ano. Se ganhasse os casos, recebia cerca de

US$500 mil ou mais (em torno de US$1,2 milhão nos dias de hoje). Se perdesse, recebia uma fração ou perdia o dinheiro todo.

Dadas as circunstâncias e o fato de que só ele ganhava dinheiro na família, o pai se preocupava obsessivamente com dinheiro. Criticava a mãe de Chester por gastar muito e "Não" era sua resposta padrão até para os pedidos mais simples de seus filhos. Em várias ocasiões, quando perdia casos importantes, a família tinha que cortar gastos por meses para continuar no azul. "Eram momentos assustadores", Chester relembra. "No geral, tínhamos um estilo de vida de classe média alta, mas sempre havia a incerteza. A ansiedade do meu pai estava sempre presente, e isso passou para o resto de nós. Tornamo-nos preocupados, também — provavelmente muito mais do que era saudável ou produtivo. Nunca sabíamos quando ficaríamos sem dinheiro."

Depois de adulto, Chester lutou contra a ansiedade generalizada e se preocupava muito com o dinheiro, assim como seu pai. Chester começou em uma carreira que seu pai considerava "segura", fazendo faculdade para se tornar professor universitário. Ele odiava, mas foi em frente para conseguir o doutorado. Com seus 30 e poucos anos, após muita angústia, reuniu a coragem para mudar para a carreira de designer gráfico. Ainda assim, sua ansiedade continuou a assombrá-lo. Sendo freelancer, tendia a tomar decisões baseadas no medo, a respeito de quais clientes aceitar, como negociar com eles e como lidar com dificuldades ou desentendimentos ocasionais que apareciam. Assim, aceitava valores reduzidos, clientes menos atraentes e lucrativos, e outros comprometimentos desnecessários — se odiando depois por ter feito isso.

Apesar de ter uma boa vida e estar construindo uma boa reputação, o medo da escassez o assombrava — a fantasia de que seus clientes o abandonariam se ele cometesse algum erro, e de que, como seu pai, estivesse muito exposto à insegurança financeira.

Somente depois de anos de luta (e de terapia) conseguiu superar esses sentimentos, sentir-se mais confiante e maximizar seu potencial enquanto profissional.

Ao expor os filhos à sua própria ansiedade financeira, o pai de Chester cometeu um grande erro enquanto pai. "Dependendo da idade dos filhos, os pais devem tomar cuidado", Dr. Jim Grubman me disse, para não "ser muito ansiosos e injetar muita ansiedade nos filhos de forma que não consigam entender ou lidar." As crianças ficam assustadas quando veem que você está chateado ou ansioso por causa de dinheiro — mais do que você percebe. Essa memória fica gravada no cérebro delas, provavelmente traumatizando-as. É muito melhor", disse Dr. Grubman, "manter o foco no aprendizado" quando o assunto é finanças e sustentar uma "maneira não emotiva de entender o dinheiro".

Os pais também devem entender como a ansiedade generalizada afeta o comportamento deles perto dos filhos. Lembra a história que o Dr. Grubman contou no Capítulo 3, sobre uma mulher que se recusava a dar dinheiro aos filhos por causa de preocupações que tinha? Os filhos dela não entendiam os motivos por trás da falta de generosidade e sentiam que era uma manipulação. Outro cenário, principalmente em famílias mais ricas, envolve pais que concedem muito dinheiro aos filhos porque se sentem ansiosos com o bem-estar deles e não conseguem vê-los passar por dificuldades. Esses pais jogam dinheiro nos problemas para evitar que seus filhos sofram grandes (ou pequenos) contratempos. Dr. Grubman chama isso de paternidade "tira-neve": em vez de ficar em cima dos filhos para protegê-los como fazem os pais protetores, esses ficam à frente, limpando o caminho para que tudo fique bem. Faça tudo isso e, é claro, seus filhos nunca aprenderão a resolver os problemas sozinhos. Eles se tornarão vítimas de sua necessidade de "medicar" sua ansiedade gastando dinheiro.

162 Idiotices que Pessoas Inteligentes Fazem com o Próprio Dinheiro

Fui uma criança de sorte: embora meu pai tivesse altos e baixos enquanto negociante (incluindo uma grande baixa, como já contei), não era uma pessoa muito ansiosa nem expressava ansiedade com relação ao dinheiro perto de mim e da minha irmã. Durante anos, voltava para casa no fim do dia e falava normalmente se tinha perdido ou ganhado dinheiro. Apresentava seu desempenho financeiro como uma pontuação do esporte — mais ou menos, ganhar ou perder. Não havia muita emoção conectada. Além disso, meu pai sempre foi claro sobre o que podíamos pagar ou não, novamente sem demonstrar emoções como medo, raiva, ressentimento ou inveja. O que aprendi foi saudável: algumas vezes você é bem-sucedido com o dinheiro, outras vezes não. Quando não é, pode ser que tenha que trabalhar mais para lidar com as consequências, mas é possível. Meu pai não acertou em tudo — nem como pai, nem como administrador do próprio dinheiro. Mas apresentou calma e equilíbrio quanto a questões financeiras, o que fez com que eu e minha irmã lidássemos com dinheiro mais racionalmente depois de adultas. Por isso, sempre serei grata.

SEIS DICAS PARA OS PAIS

Se acha que pode estar fazendo muito barulho por dinheiro perto de seus filhos, não se preocupe: não é possível mudar o passado, mas nunca é tarde para ajustar o comportamento. A chave, como enfatizo neste livro, é o autoconhecimento. Analise seus problemas com relação ao dinheiro e considere como essas questões são expressas em seu comportamento. Que ditados ou expressões geralmente usa ao tratar de dinheiro? Quais são seus rituais (por exemplo, pagar contas mensalmente ou fazer compras)? Você e seu cônjuge brigam com muita frequência por causa de dinheiro? Pense, também, nas lições que aprendeu de seus pais. Está replicando o comportamento deles? Está reagindo ao que eles faziam ao fazer o oposto?

Quanto mais autoconhecimento, mais consegue modular seu comportamento perto de seus filhos para passar mensagens positivas. Não dá para lutar contra sua tendência de economizar cada centavo desnecessariamente, se você não sabe que tem essa tendência.

Além do conselho "conheça a si mesmo", também precisa saber algumas coisas básicas de comunicação. Como aprendi com meus clientes e ouvintes de meu programa de rádio, o fomento de atitudes saudáveis ocorre tanto com relação ao que você faz quanto ao que *não* faz. Veja algumas dicas para ter em mente ao interagir com seus filhos com relação ao dinheiro:

1. Comunique com Transparência

Muitos pais que conheço não falam muito sobre dinheiro com seus filhos. Deixam as finanças familiares envoltas em mistério. Se fizer isso com muita frequência, os filhos não entenderão o raciocínio por trás de suas decisões monetárias ("Não, você não pode comprar esse moletom" ou "Não, você só pode ter uma semanada de US$10, não US$20"). Começarão a vê-lo como um ditador caprichoso, não como racional e sábio. Também não entenderão muito o mundo do dinheiro — porque você não usou oportunidades valiosas para instruir e informá-los. Meu pai era completamente transparente quanto às finanças da família, algumas vezes deixando minha mãe consternada. Não tinha nenhum problema em contar o quanto ganhava. Embora não seja legal entrar em detalhes (pode ser que seus filhos não saibam o que contar aos outros e o que manter em segredo), deve-se tentar dar aos filhos um senso geral de suas circunstâncias familiares, em uma linguagem apropriada para a idade para que possam entender. E lembre-se de enfatizar, como meu pai, que o dinheiro não é tão importante — outros aspectos da vida são mais importantes.

Também deve se sentir livre para discutir os erros financeiros que cometeu na vida, inclusive os mencionados neste livro. Aprendi muito ao conversar com meu pai sobre os erros com a assunção de riscos. Quando admite seus erros na frente dos filhos, você se torna mais humano e permite que eles o entendam melhor. Ao explicar os erros e as consequências, pode inspirar seus filhos a se comportar de forma diferente na vida deles. É claro, trate-se com compaixão ao ter essas conversas. Não diga "Fui o maior idiota do mundo ao assumir muita dívida na faculdade". Quanto mais evitar emoções negativas e mais oferecer uma avaliação calma e equilibrada dos erros que cometeu, melhor.

2. Mantenha os Problemas Financeiros para Si

Não pense que ter transparência é uma licença para descarregar os problemas financeiros nos filhos. Você fica rolando na cama porque seu pequeno negócio não está indo tão bem quanto esperava este ano e você não consegue pagar as contas? Está preocupado com como vai conseguir pagar a faculdade dos filhos mesmo tendo que cuidar dos pais idosos? Provavelmente, não há problema algum conversar com os filhos sobre esses problemas, e precisa deixá-los conscientes de quaisquer grandes mudanças que afetarão a vida deles, mas não fique reclamando constantemente desses problemas. Guarde as emoções para si e, caso deixe escapar, conserte rapidamente. Seus filhos não são seu psicólogo, muito menos seu consultor financeiro. Se você se encontrar cheio de problemas financeiros, peça ajuda. E faça logo, *antes* de comprometer seus filhos. Por mais difícil que seja, é preciso deixar os problemas de lado e estar presente para seus filhos. Caso contrário, arrisca fomentar ansiedade e insegurança, que, como vimos, voltarão para o atormentar.

Sobrecarregar os Filhos com Seus Problemas Financeiros 165

3. Consiga Empregos para Eles

Uma das melhores maneiras de ensinar atitudes e hábitos saudáveis aos filhos é encorajá-los a trabalhar. Quando era mais nova, estava sempre trabalhando em empregos ruins que pagavam o salário mínimo, apesar de minha família ser privilegiada. Juntava folhas, tirava neve, desempenhava tarefas de secretária em uma imobiliária e trabalhava como juíza em ligas atléticas, em que lidava com pais superagressivos e verbalmente abusivos no ginásio. Quando queria alguma coisa que meus pais consideravam um luxo, tinha que pagar pelo menos parte. Todo esse trabalho me ensinou muitas coisas, desde como lidar com os pais raivosos até como pode ser difícil ser mulher em trabalhos pouco valorizados. Meus trabalhos na infância também formaram meu pensamento com relação ao dinheiro. Sabia que não deveria gastar à toa, porque entendia o que tive que fazer para conseguir. E apreciava o quanto meus pais tinham que trabalhar para manter a segurança financeira de nossa família.

4. Tenha Cuidado ao Ajudar Seus Filhos

Só porque seus filhos estão trabalhando não quer dizer que eles têm que pagar por tudo. Use a história da Maria como um conto sobre os riscos de ser muito rígido com relação ao dinheiro. Ao mesmo tempo, saiba que qualquer ajuda que der aos filhos permite que se responsabilizem pelo próprio bem-estar financeiro. Isso é muito importante à medida que saem de casa. Se estiver pagando pelas despesas da faculdade, pague mensalmente. Assim adquirem o hábito de administrar a conta sozinhos, como farão depois de se formar e ao morarem por conta própria. Se quiser ajudá-los com o empréstimo estudantil, considere se pode pagar todo ou parte do empréstimo, e faça com que continuem a pagá-lo por um tempo. Se algum de seus filhos voltar para casa depois de se formar, não permita que dependa de você. Exija que continue contribuindo para as finanças da família, pagando o aluguel, ajudando com as compras ou contas ou limpando e fazendo outras atividades. Se seu filho estiver desempregado, faça com que procurar emprego seja uma condição para morar com você. Para que todos entendam o acordo, é uma boa ideia anotar em um papel.[1]

5. Cultive o Aprendizado Financeiro

À medida que seus filhos crescem, explique os fundamentos do dinheiro para eles. Segundo pesquisas, as crianças começam a criar hábitos financeiros aos sete anos, então é preciso começar cedo.[2] Quando estiverem entre os três e os cinco anos, comece a identificar moedas e seus valores. Discuta como algo que é grátis, como brincar com um amigo, é diferente de um item que custa dinheiro, como um picolé. Também introduza o conceito de que às vezes é necessário esperar um pouco para conseguir algo que se quer.

Nunca recebi uma mesada, e há muita controvérsia se isso importa ou não. Se decidir que dará mesadas aos seus filhos, comece quando tiverem seis anos. A maioria dos especialistas concorda que não se deve basear a mesada no desempenho das tarefas de casa, mas no que você já gasta em itens pequenos que seus filhos querem, mas não precisam (brinquedos, doces e assim por diante). Deixe claro que o que está dando substitui o que gastaria em tais itens. Encoraje-os a guardar 10% de sua mesada ao abrir uma poupança para eles e explicar o conceito de juros compostos. Para reforçar o hábito de economizar, pode oferecer um "plano de equivalência" para a poupança deles: a cada dólar que eles economizam, você coloca 25 centavos. Quando seus filhos entrarem na adolescência, comece a explicar o conceito de dívida. No ensino médio, fale sobre o custo da faculdade e se, e com quanto, a família planeja contribuir.[3]

Quando seus filhos estiverem na faculdade e começarem a passar para a vida adulta, ensine-os a como administrar o dinheiro, inclusive a criar orçamentos realistas. Obtenha cartões de crédito assegurados (um cartão que você assegure com garantias, que, ao contrário do cartão de débito, permite construir um histórico de crédito). Além disso, encoraje-os a olhar o extrato periodicamente — de preferência no início de cada ano acadêmico. Procure montar uma carteira de investimento com eles, ensinando-os a equilibrá-la e enfatizando a importância de verificá-la com frequência. Incentive-os a guardar uma pequena parte do rendimento de trabalhos de meio período e ensine o básico sobre proteção de roubo de identidades, descrito no Capítulo 7.[4]

6. Nutra Sentimentos de Valorização

Uma de minhas amigas que trabalha em Wall Street chegou em casa um dia abatida e com raiva por causa de seu bônus anual. Prepare-se para odiá-la, porque o bônus foi de — está preparado? — US$1 milhão! Estava chateada porque descobriu que os colegas homens igualmente qualificados ganharam bônus de US$2 milhões. (Todos devíamos ter tais problemas, né?) Eu também ficaria furiosa se estivesse sendo tratada de forma desigual. Igualdade é importante. Mas, ao mesmo tempo, pense na mensagem que envia aos seus filhos quando está reclamando de um bônus de US$1 milhão. Se não parecer agradecida depois de recebê-lo, não espere que eles se sintam agradecidos se a generosidade que demonstra para eles não é o que acreditam merecer.

Enquanto seres humanos, todos sentimos inveja e ressentimento por vezes. E tudo bem. Para criar filhos com atitudes saudáveis com relação ao dinheiro, tente focar ao máximo o que a família tem, não o que falta em comparação com os outros. Se sua família atender às necessidades de todos, celebre. E não se esqueça

168 Idiotices que Pessoas Inteligentes Fazem com o Próprio Dinheiro

de discutir o significado mais profundo de seu trabalho, além de seu pagamento.

DINHEIRO – OUTRA CONVERSA DIFÍCIL

De certa maneira, falar sobre dinheiro é igual a falar sobre sexo. São assuntos difíceis, então muitos pais evitam. Sabem que deveriam falar ao menos um pouco a respeito — caso contrário, como os filhos ficarão sãos e salvos? Mas não sabem o que dizer para ajudar os filhos nem como não ficar ansiosos com a possibilidade de falarem muito, ou pouco, ou do jeito errado.

A melhor estratégia quando o assunto é dinheiro (não deixe que eu comece a falar de sexo) é discutir de maneira *pensada*, equilibrada. Ajude seus filhos a entenderem o básico, mas não detalhe muito; não permita que suas emoções ditem o que dirá; e não dê ao dinheiro uma presença muito forte em casa a ponto de aparecer em todas as conversas e influenciar todas as decisões da família. Controle seu discurso e seu comportamento, compreendendo e corrigindo suas tendências que podem não ser sadias. Novamente, faça questão de comunicar sempre que o dinheiro não é tudo — que é o meio para um fim, não um fim em si mesmo.

Cuidar dos filhos ao redor de muito dinheiro não é difícil (diz a mãe de dois Norwich Terriers mimados), mas requer um pouco de cuidado e atenção extras. Minha amiga Bonnie não veio de uma família rica, mas o marido teve a sorte de se tornar bilionário — é, "bilhão", com b. Os filhos deles não são esnobes, não gastam dinheiro à toa e não são ignorantes quanto ao dinheiro. Isso porque Bonnie sempre levou em consideração como lidar de forma saudável com questões financeiras perto de seus filhos. Não dava muitos detalhes de quanto o pai ganhava. Não dava tudo o que queriam. Fez com que eles limpassem a casa e desde cedo conversava com eles a respeito do propósito do dinheiro e o que era importante na vida. Acima de tudo, demonstrou o conceito de gratidão em conversas sobre o dinheiro. E foi assim que os filhos cresceram — gratos pelo que tinham, sem julgar os outros pelo que não tinham.

Como digo às pessoas, meus clientes mais felizes não são os mais ricos. São aqueles que trabalham não para acumular riqueza, mas para viver uma vida cheia de significado, bem equilibrada. Ao deixar os problemas de lado e se comportar racionalmente quando se trata de dinheiro, você ajuda seus filhos a serem mais felizes. Comece o mais cedo possível — tipo, que tal *agora*?

IDIOTICE #10

Não Planejar o Cuidado de Seus Pais Idosos

Neste ponto do livro, alguns de vocês podem estar pensando: "É, já evitei a maioria desses erros idiotas. Aluguei em vez de comprar, gasto minhas economias com inteligência, ignoro produtos financeiros que não entendo, tenho um consultor financeiro responsável e todo o resto. Estou muito bem!"

Aham, mas já pensou em como vai cuidar da mamãe e do papai quando ficarem velhos?

Não gostamos de pensar na velhice dos nossos pais, assim como não gostamos de pensar que morreremos ou que nossas casas serão destruídas por um furacão. E não sabemos como falar sobre isso com nossos pais. Como podemos ter uma conversa honesta com eles quando consideramos dizer algo assim: *"Mãe, pai, precisamos conversar... Vocês definitivamente estão ficando velhos. Mãe, você me contou exatamente a mesma coisa três vezes em cinco minutos. Pai, você entrou com o carro naquele hidrante e quase morreu, então acho melhor você não dirigir mais à noite, principalmente depois de beber seu gim-tônica. A ideia de estarem envelhecendo como a vovó e o vovô está me enlouquecendo. Não suporto a ideia de vocês virem morar comigo porque sei que será uma pancadaria. Então, o que devemos fazer?"*

172   Idiotices que Pessoas Inteligentes Fazem com o Próprio Dinheiro

Falar do envelhecimento é muito difícil, então não discutimos as necessidades e os desejos de nossos pais, não pesquisamos quanto isso tudo custa e, sobretudo, *não planejamos o futuro*. Quando nos damos conta, o futuro já chegou e sofremos um baque financeiro desnecessário — para não mencionar o sofrimento emocional de toda a família — porque estamos procurando soluções em cima da hora.

Uma mulher que conheço, "Gina", nunca conversou com os pais sobre as necessidades deles à medida que envelheciam. Quando estavam com 70 e tantos anos e começaram a desacelerar, ela pediu para que mudassem para a casa dela para que pudesse cuidar deles. (Sim, ela vai para o "Céu das Filhas", mas acho que estará muito sozinha, porque a maioria de nós não consegue suportar a ideia de morar com os pais.) Se todos os irmãos tivessem se sentado para conversar anos antes e traçado um plano, talvez os pais tivessem aceitado a oferta dela. Mas recusaram, dizendo que já estavam construindo uma nova casa térrea para eles.

Sem ter consultado um profissional de finanças nem alguém da família, deram entrada em um terreno, e desde então a ideia estava em andamento. A compra havia sido impulsiva: os pais passaram por um terreno vazio, se apaixonaram por ele e decidiram, naquele momento, que o comprariam. Quando a casa ficou pronta, estavam presos a ela — o mercado imobiliário na área era fraco, não conseguiam vender a casa em que moravam. Não podiam pagar pela manutenção das duas casas, então tiveram que vender a casa nova e envelhecer na antiga como podiam. Um gasto imenso de tempo e dinheiro.

Alguns anos se passaram, e o pai da Gina teve um derrame e se mudou para uma casa de repouso. Depois disso, os pais tinham gasto toda a economia, e Gina e os irmãos tiveram que interferir para ajudar a mãe. Se a família tivesse se planejado para o futuro e chegado a um acordo razoável que incluísse corte de gastos ou os pais irem morar com algum de seus filhos, teriam evitado essa situação.

Um planejamento ruim pode custar dezenas ou até centenas de milhares de dólares em custos não previstos com os pais idosos. Se ainda não se preocupou em saber quanto custam os cuidados atualmente, pode ser que fique chocado. De acordo com a Genworth 2017 Cost of Care Survey, residências assistidas custam em média US$3.750 por mês, enquanto uma casa de repouso particular custa US$8.121 mensais. Se precisar de um cuidador, pense em US$21,50 a hora, ou dezenas de milhares ao ano, não cobertos pelo plano de saúde. E isso são valores médios, pode ser que seus custos reais sejam mais altos.

A Genworth 2017 também descobriu que esses custos estão subindo. Entre 2016 e 2017, aumentaram 4,5% na média, muito além da inflação.[1] Para não mencionar os gastos adicionais com viagens se seus pais morarem longe, ou os custos de saúde não reembolsados pelo plano de saúde. Precisa contratar alguém para cuidar das atividades de seus pais? Pague mais ainda!

Planejando com antecedência, pode ser que você consiga arcar com os custos. Caso contrário, ainda assim se sentirá pressionado a pagar as contas. Afinal, você ama seus pais. Mas isso pode significar o sacrifício de suas próprias necessidades e as de seus filhos. É muito melhor criar expectativas realistas logo e se preparar para esses gastos futuros.

Planejar é especialmente importante para os membros da "geração sanduíche", os 47% de adultos que têm pais idosos e filhos pequenos.[2] Quando se tem filhos, a última coisa que você quer é estar financeira e emocionalmente abalado quando o vovô e a vovó tiverem um problema de saúde e precisarem de ajuda. Quem os levará às consultas médicas se você tem que pegar seus filhos no treino de futebol toda tarde? É preciso pensar nisso! Mesmo que esse não seja o seu caso, planejar é o mais inteligente. Você se planeja para a aposentadoria décadas antes (espero). Economiza dinheiro para a faculdade quando seus filhos ainda são pequenos (por favor, me diga que você o faz). Por que não superar o desconforto, sentar com os membros de sua família e criar um plano para seus pais também?

PLANEJAR É MARAVILHOSO!

Os céticos — aqueles esnobes que acham que evitaram todas as idiotices — podem achar que planejar para a velhice não faz muita diferença, visto que os custos do cuidado são astronômicos. Não importa o quão cuidadosamente planeje, ainda acabará pagando mais do que gostaria e também terá mais preocupações do que gostaria — fato. Então, em vez de passar por tantas conversas dolorosas com a família, por que não evitar?

Concordo que não há planejamento suficiente para nos libertar do fardo de cuidar de nossos pais idosos. Quando estudamos e analisamos nossas opções, podemos achar que são insuficientes e nada atraentes. Mas planejar ainda assim ajuda, porque permite que tenhamos pelo menos um pouco de controle em uma situação caótica e imprevisível. Pode ser que não goste das opções, mas se você planejar, buscar entendê-las a fundo e preparar-se emocionalmente, poderá atacá-las de forma proativa.

Um casal de ouvintes do meu programa de rádio, Barb e Dennis, saíram dos empregos, venderam a casa e se mudaram para a casa dos pais da Barb para cuidar deles. Alguns anos depois, os pais dela morreram, com meses de diferença entre um e outro. Barb e Dennis dividiram a herança, inclusive os ganhos da venda da casa dos pais, com os dois irmãos da Barb. Isso os deixou com cerca de US$550 mil em ativos totais, mas sem ter onde morar. Tiveram que comprar uma casa à vista (sem empregos, não podiam pedir uma hipoteca, e Barb não queria alugar). Assim, tinham apenas

Não Planejar o Cuidado de Seus Pais Idosos   175

cerca de US$300 mil em ativos líquidos, o que não era o suficiente para uma aposentadoria tranquila.

Se Barb e Dennis tivessem sentado com os irmãos dela e os pais para planejar, pode ser que não tivessem escolhido mudar para a casa deles. Pode ser que tivessem feito os pais se mudarem para a casa dela. Barb ou Dennis poderiam continuar trabalhando, contratando, caso precisassem, uma enfermeira ou cuidadora para ajudar. Agora, porque não planejaram, teriam que passar por uma aposentadoria difícil ou um deles teria que voltar a trabalhar por mais quatro ou cinco anos — ambas as opções eram ruins aos olhos deles. Mesmo que o planejamento não tivesse evitado esse resultado, ainda assim saberiam o que os esperava e evitariam essa surpresa desagradável. Lembra-se da pesquisa do Capítulo 3, de como as pessoas sofriam com a incerteza? Barb e Dennis teriam evitado esse sofrimento.

Considerando a situação da Gina mais de perto, podemos perceber que o planejamento fez uma diferença significativa. Se ela tivesse tomado a iniciativa e conversado sobre o envelhecimento com a família, poderiam ter influenciado os pais a pensarem com mais cuidado sobre vender a casa deles e construir uma nova. Para os pais da Gina, construir uma casa nova tinha parecido uma estratégia prudente. Essa nova casa, pensaram, seria menor e pensada para a velhice, e, quando vendessem a casa antiga e a nova estivesse pronta, teriam algum lucro — cerca de US$150 mil. Com esse dinheiro, ajudariam a pagar pelos cuidados. Não queriam ser um fardo financeiro ou emocional para os filhos por conta das necessidades de saúde e sentiam que haviam encontrado uma maneira que atendia aos interesses da família.

Nas conversas sobre planejamento, Gina e os irmãos poderiam ter chacoalhado os pais, questionando se não ficariam melhor caso se mudassem para perto de um deles. Se quisessem continuar no Arizona, Gina e os irmãos poderiam ter proposto uma adaptação na casa, pois seria uma opção mais econômica. Se os pais realmente quisessem vender, Gina e os irmãos poderiam tê-los convencido a alugar uma nova em vez de comprar. Ou poderiam ter levado os pais a um consultor financeiro, que teria alertado para essas e outras opções.

É claro, o fracasso com a nova casa não foi a razão pela qual Gina e os irmãos acabaram ajudando a mãe na velhice. Isso devido ao exorbitante custo dos cuidados. Novamente, o planejamento poderia ter ajudado. Os pais da Gina poderiam ter pesquisado se conseguiriam pagar por um plano de saúde de longo prazo, que custearia boa parte dos cuidados domiciliares. Essas apólices são bastante caras, e cada vez menos empresas de boa reputação as oferecem, então talvez essa não fosse uma opção atraente. Neste caso, Gina e os irmãos poderiam ter decidido fazer o que fizeram: deixar os pais gastarem os ativos em uma casa de repouso e depois pagar pelos custos do pai que não fossem cobertos pelo plano de saúde, dividindo-os entre eles. Mas, se tivessem pensado nessa opção, cada um dos irmãos teria tido anos de planejamento e economias, e teriam tomado outras decisões financeiras em suas vidas. Como ficou, os irmãos tiveram que fazer escolhas difíceis quando confrontados de repente com as necessidades da mãe, em alguns casos sacrificando seu pé-de-meia de emergência ou as economias para a faculdade de seus filhos. Com planejamento, estariam mais pé no chão, financeiramente falando.

O planejamento também pode ajudar com os custos emocionais e de relacionamento envolvidos nos cuidados com os pais idosos. Ajudei nos cuidados com meus pais idosos, posso dizer que é extremamente difícil. Na maior parte do tempo, a tarefa de cuidar deles fica nas costas de um dos irmãos — com frequência, a filha que mora mais perto dos pais fica com a pior parte. Na ausência de um planejamento e de um plano de cuidados com o qual todos concordem, as desigualdades na divisão de responsabilidades podem gerar tensões e ressentimentos.

Em uma família que conheço, com sete filhos adultos (sim, sete!), as duas filhas que moravam mais perto dos pais ficavam com a maior parte do cuidado. Conforme o tempo passou, acharam que os irmãos e as irmãs que moravam em outra cidade estavam se aproveitando delas. É claro que elas não reclamaram quando os pais cuidaram de seus filhos de graça — um benefício que os irmãos que moravam longe não tiveram. "Olha", um dos irmãos me disse, "minhas irmãs *escolheram* morar no bairro onde crescemos. Ninguém as forçou. Estou cansado de se fazerem de mártires, quando foram elas que se colocaram nessa situação".

É difícil conversar com os irmãos sobre o futuro dos pais, principalmente se vocês não se dão bem. A melhor estratégia, se conseguir, é deixar de ser melindroso e atacar o problema de frente. "Irmão, sei que não somos próximos, mas somos uma família e amamos nossos pais. Como acha que podemos cuidar deles, mesmo a distância? Você pode se comprometer em visitá-los algumas vezes ao ano ou prefere fazer de outra maneira?" Não falar e não deixar seus irmãos falarem impede o progresso nesse assunto, e talvez não encontrem uma solução. Ressentimentos podem continuar surgindo, mas provavelmente não serão tão impactantes.

O planejamento pode inclusive unir ainda mais os pais e os filhos, permitindo que todos curtam os últimos anos dos pais. Minha amiga Stacey cresceu na Virginia e se mudou para Providence, Rhode Island, depois da faculdade. O irmão dela se mudou para Utah, os pais ficaram na Virginia. Quando estavam com 70 e poucos anos e a saúde ainda razoavelmente boa, Stacey pediu que se mudassem para mais perto dela; seria menos cansativo para eles do que se mudarem para Utah, e ela não queria sair de Rhode Island para morar perto dos pais. Eles relutaram: "Querida", disse sua mãe, "só vou sair daqui morta... *não* vou me mudar". Seu pai interrompeu: "Mudar para New England? É frio, e eles falam de um jeito estranho."

178 Idiotices que Pessoas Inteligentes Fazem com o Próprio Dinheiro

Já morei em New England — ele tinha razão. Apesar desse contratempo, Stacey continuava determinada. Um dia, não muito depois de o pai levar um tombo na escada, ela jogou um verde, dizendo: "Pai, é difícil andar por essa casa com meus joelhos de 50 anos. Não sei como você e a mamãe vão conseguir." No mês seguinte, quando seus pais foram visitá-la, Stacey perguntou se podia levá-los a Cape Cod para conhecerem uma nova comunidade para pessoas com mais de 55 anos que estava sendo construída. Os pais concordaram e acabaram amando — o lugar parecia um resort, com tudo o que eles podiam pensar, inclusive uma academia supermoderna, um belo teatro e um salão de jogos, tudo isso com uma cena social muito vibrante. Nos dois anos seguintes, Stacey, o marido e os pais dela continuaram a conversar sobre isso, e, depois que o pai caiu mais algumas vezes pela casa, acabaram planejando a mudança.

Primeiro, os pais dela alugaram um apartamento nessa comunidade para passar o verão e ver se gostavam, e para ficar um pouco com Stacey e o marido. Depois visitaram no inverno mais rigoroso para ver se suportariam. Stacey soube que o plano estava funcionando quando o pai disse: "Não dá para jogar golfe em janeiro aqui. Mas também não dá para jogar lá em casa, e não vou para a Flórida de jeito nenhum!" E a mãe complementou: "Acho que a neve é bem bonita." Mais ou menos nessa época, alguns dos amigos mais próximos deles adoeceram, o que os fez perceber que deveriam ser realistas com relação a essa nova fase da vida. Viram que essa comunidade permitiria que fizessem novos amigos e continuassem engajados com o mundo, mantendo-os em contato com a família, caso ficassem doentes.

Os pais compraram um apartamento, e dentro de alguns meses estavam felizes e acomodados. Amavam estar perto da filha deles e não sentiam tanta falta da comunidade onde moravam quanto pensavam que sentiriam. Também estavam financeiramente melhor.

Como haviam planejado a mudança com antecedência, puderam escolher estrategicamente quando colocar a casa à venda, então não tiveram que vender por um preço menor por se sentirem pressionados. Venderam a casa por US$750 mil e compraram o novo apartamento por US$600 mil. Os US$150 mil que sobraram foram usados para a mudança e a decoração, além de economizarem para a "conta Virginia" — dinheiro para ir visitar os amigos.

A mudança também foi emocionalmente mais fácil por ter sido lenta, feita com sabedoria. Como a maioria das transições da vida, um passo a passo mais metódico pode fazer com que um ajuste seja menos doloroso. "Nunca teria previsto que me mudar da casa onde morei por 40 anos seria possível", disse a mãe da Stacey. "Mas, no fim, encaramos a mudança para o norte como um novo capítulo emocionante em nossas vidas." Quanto a Stacey, ela ficou menos ansiosa com os pais por perto, pois podia verificar e monitorar pessoalmente como estavam. Não tinha mais que viajar para a Virginia sempre que os pais tinham algum problema de saúde. Se não tivesse persuadido os pais a pensarem mais seriamente sobre o planejamento para o envelhecimento e a mudança para perto dela, eles nunca teriam feito isso.

Quando era pequeno, seus pais expandiram seus horizontes, ajudando você a crescer. Agora, é hora de retribuir o favor. Ajude-os a entender a situação por completo, incluindo opções para o envelhecimento que talvez não tenham cogitado. Fazer isso evitará problemas para todo mundo, e pode ser que permita estreitar sua relação com seus pais.

OS QUATRO ERROS NO ENVELHECIMENTO

Caso ainda não o tenha convencido a tirar a bunda da cadeira e planejar, vou ser mais clara. Há alguns erros financeiros que já vi pais idosos cometendo. Poderíamos culpá-los por não planejar de acordo, mas boa parte da culpa é dos filhos adultos que não

180 Idiotices que Pessoas Inteligentes Fazem com o Próprio Dinheiro

assumem sua responsabilidade. Se não conseguiu convencer seus pais a se planejarem para a velhice, não fique irritado por fazerem besteira — eles precisam da sua ajuda! Os erros a seguir, facílimos de evitar, têm um impacto emocional e custam muito para as famílias. Se não assustam o suficiente para o fazerem agir, então nada assustará!

Erro no Envelhecimento #1: Seus Pais Colocam a Casa Deles no Seu Nome

Quando seus pais se mudam para um asilo pago pelo Medicaid, o governo permite que mantenham a casa até determinado valor (US$500 mil em alguns estados, mais em outros). Se o preço passar disso, seus pais têm que vender a casa ou pagar ao Medicaid a diferença. Muitos idosos não entendem essa regra — pensam que o Medicaid vai automaticamente tirar a casa deles se ela valer mais do que o limite. Então, o que fazem? Transferem a casa para um dos filhos. Muito espertos, só que não.

O que os pais idosos não percebem, além do fato de que pode ser que consigam manter sua casa, é que transferir o imóvel sobrecarrega os filhos com a possibilidade de ter que pagar impostos. Se o pai comprou uma casa há décadas por US$100 mil e agora ela vale US$650 mil, o filho que recebe esse presente também herda a base original dos US$100 mil. Isso significa que, quando venderem a propriedade, terão que pagar impostos sobre os ganhos de longo prazo na diferença entre o preço atual e o custo que representa o que os pais pagaram. Em outras palavras, os filhos têm que pagar impostos sobre US$550 mil. Em uma taxa de 20% (ou 23,8 se pagar a alíquota máxima), isso dá uma conta de US$110 mil!

Para piorar, alguns pais transferem a propriedade sem nem falar para os filhos antes. Ótima surpresa fiscal, né? Se os pais morreram e o filho herdou a propriedade, ele teria que pagar o custo base, o que significa que precisaria arcar com o imposto como se

Não Planejar o Cuidado de Seus Pais Idosos   181

tivesse comprado a propriedade pelo valor atual de US$650 mil e então vendido pelo mesmo valor. Se seus pais estão pensando em passar a casa para o seu nome, interceder e evitar a transferência seria uma ótima oportunidade para falar sobre planejamento.

Erro no Envelhecimento #2: Seus Pais Não Têm Ativos Líquidos Suficientes

Um casal que conheço, Tom e Chrissy, tinha US$5 milhões em ativos, consistindo em uma casa de US$1 milhão, uma propriedade de férias de US$3 milhões e US$1 milhão em espécie e investimentos. Chrissy não deu muita atenção ao planejamento financeiro, pois Tom sempre garantiu que estava tomando conta disso. "Não se preocupe", dizia ele, "está tudo bem." Os três filhos do casal nunca questionaram essa assertiva. Durante anos em sua aposentadoria, tudo parecia bem — até que Tom morreu. Nesse momento, Chrissy e os filhos adultos se viram na berlinda. Chrissy só tinha 69 anos, estava no começo de sua aposentadoria. Com a possibilidade de sacar US$1 milhão em ativos líquidos além da previdência, teria o suficiente para viver, mas não o bastante para manter as duas propriedades. Para que seu futuro ficasse garantido, precisaria vender a propriedade de férias.

Os filhos ficaram de coração partido: essa propriedade estava na família há décadas; contavam com a criação de seus próprios filhos nessa casa. Mas Chrissy não tinha escolha. "Não posso arriscar meu bem-estar dos próximos 20 anos", disse aos filhos. "Se quiserem fazer uma vaquinha e comprá-la de mim, podemos fazer isso; caso contrário, vou vendê-la." Chrissy vendeu a propriedade, ficando com US$2,3 milhões depois de impostos e taxas.

Se os filhos tivessem ajudado os pais a planejarem o envelhecimento, poderiam ter percebido esse problema anos antes e encontrado uma solução para que a família mantivesse a casa. Se isso fosse impossível, teriam tido tempo de digerir a perda da casa — não teria sido um choque. Tom e Chrissy tinham acumulado US$5 milhões em ativos para a aposentadoria — um feito fantástico. Mas ele não tinha prestado atenção o suficiente à necessidade de liquidez à medida que envelheciam.

Erro no Envelhecimento #3: Seus Pais Lhe Dão Muito Dinheiro

Este erro tem relação com o anterior. Digamos que os pais tenham seis filhos e se aposentaram com US$5 milhões em ativos, US$3 milhões dos quais estão em imóveis e US$2 milhões em ativos líquidos — poupanças, previdência privada e assim por diante. Os pais decidem dar US$15 mil para cada filho todo ano, ou o total de US$90 mil anuais. Isso parece não ser muito se pensamos em US$5 milhões. Mas os pais na verdade estão tirando esse dinheiro dos US$2 milhões em ativos líquidos. Não podem levar a sala de estar ou a piscina para pagar pelas compras no mercado, certo? Então, todo ano, estão dando 4,5% de seus ativos líquidos — consideravelmente mais do que os 3% que as pessoas podem sacar com segurança durante a aposentadoria. Alie isso ao fato de que provavelmente estão sacando desses ativos líquidos para pagar ao menos uma parcela de seus gastos de vida.

O risco — que com frequência se concretiza — é os pais ficarem sem dinheiro na aposentadoria. Quando isso acontece, os idosos são forçados a vender as casas e pedir ajuda financeira aos filhos (veja o Capítulo 8). Que situação difícil — completamente evitável com um planejamento apropriado. Pode ser que seus pais não tenham nem de perto o tanto de dinheiro que pensam que têm para gastar na aposentadoria. Por ser um filho adulto, você precisa explorar essa questão como faz com outras relacionadas aos cuidados deles.

Não Planejar o Cuidado de Seus Pais Idosos   183

Erro no Envelhecimento #4: Seus Pais Se Aposentam Muito Cedo

Muitos pais não entendem direito quão mais confortável a aposentadoria seria se esperassem mais alguns anos. De acordo com um relatório da National Bureau of Economic Research, as pessoas podem melhorar em 1/3 o padrão de vida delas se trabalharem mais quatro anos. Se trabalharem por mais oito anos, o padrão de vida aumenta 74%.[3] Isso é muita coisa! Ao conversar sobre o planejamento com seus pais, pode questionar se já fizeram as contas da aposentadoria (novamente, por favor, veja o Capítulo 8). Eles têm a renda mensal de que precisam? Também se certifique de que seus pais não gastem o dinheiro muito rapidamente no início da aposentadoria, o que os deixaria com um saque menor nos anos seguintes.

Se não conversar com seus pais a respeito dos planos para o envelhecimento, nunca saberá se estão tomando decisões sábias. Você terá que conversar de qualquer jeito, se algum erro for cometido e sua família precisar lidar com as consequências. Por que então não conversar agora, quando pode prevenir quaisquer arrependimentos financeiros? Não vale a pena um pouco de desconforto para evitar que a família perca a casa de férias? Eu acho que vale!

AJUSTANDO O PLANO DE CUIDADOS

Agora que já o convenci a marcar uma reunião cara a cara com seus pais e irmãos, veja algumas sugestões para conduzir essa conversa:

- *Comece logo:* Acredito que a aposentadoria é composta de três fases. Na primeira, quando seus pais têm entre 65 e 67 anos, tendem a ser ativos e talvez ainda estejam trabalhando. Entre os 75 e 85, talvez estejam desacelerando, embora ainda sejam ativos. Depois dos 85 anos, precisarão de mais cuidados porque a saúde já não está tão boa. Aconselho as pessoas a começarem essas conversas quando eles têm cerca de 70 anos. Assim você tem tempo suficiente para planejar para os estágios II e III e pode fazê-lo enquanto seus pais ainda são lúcidos.

- *Vá devagar:* Se você ou seus pais acham difícil pensar na dura realidade do envelhecimento, vá devagar. Não tem que resolver tudo de uma vez, e seus pais também não precisam destruir a vida que têm para se preparar do dia para a noite para isso. Minha amiga Stacey deu um empurrãozinho para os pais pensarem mais sobre o envelhecimento e a envolverem nas deliberações. Quando começaram a explorar as opções, o fizeram em um ritmo razoável e com risco mínimo, alugando em vez de comprar. É claro, só é possível ir devagar se tiver a conversa *cedo.*

- *Não ordene nada:* Como sugeri, é possível ajudar muito seus pais e seus irmãos simplesmente apresentando questões ou opções que podem não ter sido sequer consideradas. Se seus pais têm o gênio forte, ouça-os atentamente e faça o melhor para atender aos seus desejos. Quando meus avós estavam envelhecendo, meu pai sentou-se com eles para ajudar no planejamento. Minha avó insistiu em continuar na casa de três quartos na Flórida em vez de se mudar para uma casa menor e, eventualmente, para um asilo. Meu pai sugeriu outras opções, como mudarem para Nova York para morar perto da nossa família, mas minha avó foi inflexível: queria continuar na casa dela. Fazendo as contas, meu pai concluiu que o plano da minha avó era financeiramente factível. A casa deles também era boa para o envelhecimento, com apenas alguns ajustes necessários. Como o plano fazia sentido no geral, meu pai não via motivos para forçar meus avós a deixar a casa deles. Então continuaram morando lá.

Não Planejar o Cuidado de Seus Pais Idosos 185

- *Converse sobre o que é financeiramente fundamental:* Planejamento apropriado inclui um plano financeiro para a aposentadoria dos seus pais, falar acerca de assuntos como o que acontecerá com a casa deles ou outros imóveis que talvez possuam, se farão um testamento (veja o Capítulo 12) e que contribuições você e seus irmãos darão para cuidar deles. Algum de vocês vai se mudar para a casa de seus pais? Vão reformar alguma parte da casa para que os pais possam morar? Deveriam considerar se seus pais precisam de um plano de saúde de longo prazo? Se tiverem menos do que US$500 mil em ativos, não têm que se preocupar com isso porque provavelmente receberão assistência governamental (Medicaid) quando gastarem todos os ativos. Se tiverem mais de US$2 milhões em ativos, também não precisam do plano de saúde de longo prazo, pois provavelmente terão o suficiente para pagar sozinhos pelo cuidado de que precisam, mas sobrará menos para transferir para você e seus irmãos quando morrerem. Quem possui entre US$500 mil e US$2 milhões em ativos corre risco, principalmente se for casado. Deveriam considerar ao menos um convênio médico básico quando estiverem com 50 anos — o suficiente para cobrir metade do custo anual de uma casa de repouso.

- *Elabore com seus irmãos um cronograma de cuidados:* Quem cuidará dos seus pais em caso de doença? Discuta com seus irmãos, levando em conta o que cada pessoa pode contribuir, dadas as circunstâncias financeiras ou familiares. Lembre-se de considerar as emoções também. Uma amiga minha é rica, mas não suporta a mãe. Ela e os irmãos entraram em acordo de que ela pagaria uma parte maior das contas, mas não teria que cuidar dela no dia a dia. Em outra família, quatro filhos adultos moram perto de seus pais idosos e todos cuidam dos pais. Cada filho comprometeu-se a passar um dia da semana com os pais.

O que quer que decida, tenha igualdade de tratamento para cada membro da família. Se um dos irmãos ficar com um fardo maior, deixando o emprego ou fazendo algum outro sacrifício financeiro, uma sugestão é dar a ele uma parte maior dos imóveis em compensação.

- *Organize-se:* Depois de montar um cronograma de cuidados, certifique-se de que todos concordem com ele. Se você e seus irmãos cuidarão de seus pais, todos deverão ter acesso ao cronograma, e alguém terá que continuamente gerenciar o processo. Se você não consegue lidar com os requisitos de cuidados, contrate enfermeiras ou cuidadoras para o trabalho.

- *Seja criativo:* Em alguns casos, pode ser claro qual dos irmãos deve cuidar dos pais, onde eles devem morar e assim por diante. Em outros, talvez seja necessário encontrar uma solução criativa para os problemas. Uma amiga minha, que trabalha em um banco de investimentos em Nova York, não tinha certeza de onde os pais morariam na velhice. Ela não tinha tempo para cuidar deles, o irmão morava na Georgia, e os pais em Ohio. O irmão encontrou uma solução engenhosa: os pais poderiam vender a casa e morar com a família dele. Ele cuidaria do processo da venda da casa e então encontraria um lugar para os pais morarem, guardando todo o dinheiro que sobrasse para ele quando os pais morressem. Minha amiga concordou. Ela adorou saber que os pais estariam bem cuidados e que ela não teria que lidar com esse fardo diário. Não se importava com o fato de que não ficaria com nada da venda da casa. Os pais dela amaram o fato de que morariam perto da família do filho e poderiam curtir o neto. Como o irmão recebeu uma recompensa financeira, ele não sentiu como se estivesse carregando um fardo injusto.

- *Caso necessário, contrate um mediador:* Nada trará à tona antigas tensões e ressentimentos como a criação de um plano de cuidados. Se já passou por dificuldade com seus pais ou irmãos, chegou a um beco sem saída nas negociações ou não conseguem concordar, contrate um profissional, um planejador financeiro, um advogado, um conselheiro familiar, um padre ou até um amigo da família. Quem quer que você escolha, essa pessoa tem que ser vista por todos como imparcial. Não dá para enfatizar o suficiente a importância de encontrar uma solução com a qual todos concordem. Já vi irmãos processarem uns aos outros depois da morte de um pai, com acusações de gastar a aposentadoria dos pais sob o pretexto de obter cuidados para eles. Adivinhe que ganha em uma situação dessas. Os advogados! Não permita que isso aconteça na sua família. Tenha as conversas difíceis agora e consiga a ajuda de que precisa para chegar a um acordo.

Por mais difícil que seja envelhecer, há inúmeros arranjos que possibilitarão cuidado apropriado para os pais, sem que os irmãos fiquem sobrecarregados. Alguns clientes meus se mudaram para a casa dos pais com a condição de que herdassem a casa. Meu avô se casou com uma mulher 35 anos mais jovem que recebeu uma parte dos imóveis, mas também cuidou dele no final da vida. Estranho? Talvez. Mas funcionou. Minha mãe recebeu menos de herança, mas não teve grande parte do trabalho de cuidar do meu avô. (Para que não pensem que nós, Schlesingers, somos santos, lamentamos até hoje o fato de que o vovô deixou para a terceira esposa um belo apartamento em Nova York com — prepare-se — uma vaga na garagem do prédio!)

Pense muito bem sobre seus pais e as necessidades deles, assim como na capacidade de você e seus irmãos cuidarem deles. Então comece um diálogo, reconhecendo que o processo pode levar meses ou até mesmo anos. Sei que é difícil. Sei que você na verdade não quer. Mas alguém tem que tomar as rédeas. Por que não você? Faça um esforço real para ver o que acontece. Se a conversa não levar a lugar nenhum, e pode ser que aconteça, não se culpe. Sinta-se orgulhoso por ter tentado. Ao fazer isso, estava pensando no seu bem-estar e no de sua família.

APROVEITANDO AO MÁXIMO

Stacey, aquela minha amiga que convenceu os pais a se mudarem para uma comunidade para pessoas com mais de 55 anos perto da casa dela, achava que curtiria a presença dos pais por vários anos. Mas, infelizmente, não era para ser. Alguns meses depois da mudança, o pai dela contraiu uma infecção. Foi hospitalizado e recebeu alta, mas nunca mais foi o mesmo. Ficava entrando e saindo do hospital. Cerca de oito meses após a mudança, morreu de parada cardíaca aos 79 anos.

Por mais traumático que tenha sido para Stacey e a mãe, poderia ter sido pior. Imagine como seria difícil para Stacey cuidar da saúde do pai a uma distância de quilômetros, ou cuidar da mãe nessa distância depois da morte dele. Refletindo sobre a morte do pai, Stacey fica de coração partido por ele não ter conseguido aproveitar a nova casa e o novo estilo de vida por muito tempo, mas fica aliviada ao pensar que a mãe está bem cuidada. Como os pais tinham planejado os estágios II e III da aposentadoria, a mãe de Stacey estava em ótimas condições de seguir a vida sem o marido ao lado. A filha estava por perto, e havia novos amigos para ajudar no luto.

A vida não é um mar de rosas. Se conseguir providenciar um envelhecimento um pouco melhor para seus pais e você com um planejamento, já está ótimo. Pode ser que tenha que tolerar algumas conversas desagradáveis, mas lembre-se de que é adulto! Você consegue.

Aproveitando o assunto, podemos falar também a respeito de outras tarefas desagradáveis que teremos que desempenhar para garantir o bem-estar emocional e financeiro de nossa família. Não é legal pensar nos muitos horrores que podem nos acontecer em vida, incluindo danos à propriedade, deficiência e morte. Ainda assim, devemos considerar essas possibilidades para tomar as providências para nos proteger delas. Muitas pessoas inteligentes não se forçam a pensar nos "e se" desagradáveis, assim não contratam um seguro com a cobertura de que precisam. Quando desastres acontecem, e às vezes acontecem, elas ou os membros da família ficam de mãos abanando. Você já levantou a bunda do sofá neste capítulo e se responsabilizou por seus familiares. No próximo, pedirei que levante a bunda novamente, dessa vez para responsabilizar-se por *si mesmo*.

IDIOTICE #11

Comprar os Seguros Errados ou Nem Comprar

magine como seria colar um grande cartaz de "Fechado" na porta de seu escritório, comprar uma cabana pitoresca em uma praia deserta e passar os dias relaxando e curtindo um sol. Maravilhoso, não? Foi isso que meu amigo Danny, professor universitário com estabilidade acadêmica, decidiu fazer aos 60 e tantos anos, depois que sua amada esposa, com quem foi casado por muitas décadas, faleceu. Ele se aposentou, vendeu a casa da família e pagou US$300 mil à vista por uma casa na praia na Flórida. Não era na rua da praia. Nem no quarteirão seguinte. Era bem na praia. Acordando todos os dias com o barulho das ondas, acabou curando suas feridas e construindo uma nova vida.

A nova casa tinha um quê de Hemingway, mas, verdade seja dita, era simples até demais. Sabe aqueles lugares pelos quais você passa e se pergunta: "Será que alguém mora aqui?" Essa era a casa de Danny. Mas ele não queria impressionar os vizinhos. Queria era viver seu novo estilo de vida. Todos os dias na Flórida ele aproveitava sua vista milionária. Gostava de correr na praia, pescar com os amigos, visitar os filhos regularmente e jantar em seu deque vendo o pôr do sol. Mas Danny gostava mesmo era de não ter que pensar em dinheiro. Não tinha muito dinheiro no banco depois dessa compra — apenas algumas centenas de milhares de dólares —, mas, com os gastos domésticos e seu estilo de vida relativamente barato (sua extravagância era uma nova vara de pescar de vez em quando), sua aposentadoria cobria o resto das despesas mensais. Depois de décadas tendo que publicar estudos para se manter na vida acadêmica, Danny finalmente conseguiu relaxar. Estava pronto para a vida — e criaria suas regras.

Ou era o que ele pensava. Em 2017, vários anos após ter adquirido o imóvel, em seus 70 e poucos anos, veio o furacão Irma. Ao contrário de seus vizinhos, Danny deu ouvidos aos avisos oficiais e saiu da cidade antes da tempestade. Mas, quando voltou, ficou desolado ao ver a casa de praia em ruínas. A estrutura ainda estava inteira, mas a água havia invadido a casa e arruinado do teto ao chão. Para que a casa voltasse a ser habitável, teria que gastar ao menos algumas centenas de milhares de dólares.

Se tivesse contratado um seguro contra enchentes, esse gasto não teria sido um problema. Mas não tinha. Muitas pessoas que têm casas em áreas designadas pela federação como de risco têm obrigatoriamente uma cobertura especial e participam do National Flood Insurance Program [Programa Nacional de Seguro contra Enchentes, em tradução livre] porque as empresas de hipoteca assim requerem. Embora haja opções de seguro particulares contra enchente, em geral, são caras. Como Danny havia comprado a casa à vista, ninguém o aconselhou — muito menos forçou — a adquirir o seguro. Ele erroneamente pensara que seu seguro cobriria quaisquer danos. Não é bem assim. Na verdade, não tinha nem pensado muito sobre o seguro. Agora, enquanto via todo aquele bolor crescendo na parede de sua sala, queria ter prestado mais atenção nisso.

Antes que diga "Que idiota!", saiba que muitos norte-americanos que moram na costa cometeram esse erro. Não são idiotas — Danny é doutor, pelo amor de Deus! Mas, nesse caso, eles cometeram um erro. Por quê? Diversos motivos. Enquanto bem de consumo, o seguro é extremamente tedioso, caro e ingrato. Você

Comprar os Seguros Errados ou Nem Comprar   193

paga muito agora, mas não recebe nenhum benefício no futuro. Isso só acontece se alguma coisa terrível lhe acontecer. Quão convincente é? Não muito — nós, humanos, não gostamos de pensar sobre infortúnios que podem nos ocorrer. Preferimos pensar nas coisas boas que a vida nos reserva. Também acreditamos que é *mais provável* que essas coisas boas aconteçam. Então, por que gastar nosso tempo precioso nos preocupando com seguro e se estamos protegidos no caso de todas as potenciais calamidades?

Outro motivo pelo qual tendemos a negligenciar o seguro é que, por mais que seja fácil contratar apólices, é difícil compreendê-las. Os contratos e prospectos são notoriamente densos — carregados de jargões impressos em letrinhas miúdas. Como a pesquisa YouGov de 2017 descobriu, quase três quartos (72%) dos entrevistados concordaram que "as seguradoras usam uma linguagem confusa e de difícil compreensão".[1] O preço também é muito difícil de calcular ou entender. Ao comprar um carro, é possível pesquisar quanto a concessionária pagou por ele e usar essa informação para barganhar.

Os produtos de seguros possuem diversas camadas de taxas em seus preços. Não é possível barganhar e é difícil saber se está contratando o menor preço. Se a política do produto que está pensando em contratar custa menos, será que tem uma cobertura inferior? Você terá problemas para acionar o seguro em caso de sinistro? Há inúmeras histórias de consumidores que brigam com as seguradoras depois de acioná-las em função de um sinistro legítimo. Por essas razões, contratar um seguro é estressante, causa muita ansiedade e, francamente, é um saco. Pode ser que compremos alguns seguros porque sabemos que devemos, mas quem entre nós acorda pensando "Hoje o dia vai ser ótimo porque garantirei estar devidamente assegurado!"?

Se estiver pensando em deixar o seguro de lado, lembre-se da história do Danny. Sem o seguro, ele não poderia consertar a casa, pois gastaria cada centavo de sua poupança. Sem poder voltar para o antigo emprego, foi forçado a vender a propriedade pelo preço do terreno e dar algumas aulas por semestre em uma faculdade comunitária. Mesmo com o dinheiro extra e o que ganhou com a venda da casa, não tinha o suficiente para dar entrada em uma nova sem torrar muito de suas economias. Não tinha escolha a não ser encontrar um aluguel barato a quilômetros da praia. Ele não ficaria na rua ou passaria fome, mas seus anos dourados não seriam tão maravilhosos quanto esperava.

Pode até ser que você insista que *nunca* cometerá o erro de Danny — na era de aquecimento global, com catástrofes naturais sendo noticiadas o tempo todo, um seguro contra enchentes não é um bicho de sete cabeças! Talvez, mas este é apenas um dos erros que pessoas inteligentes cometem quando falamos de seguros. Já conhecemos um cliente meu que ficou sem seguro contra invalidez — e se arrependeu. Conhecemos outros que contrataram um seguro de vida caro quando não precisavam. E vimos o que acontece quando as pessoas não têm seguro de saúde. Tudo isso para não falar dos problemas de ter seguros que não apresentam cobertura suficiente. Sabe qual o nível de cobertura de seguro de vida, residencial e de automóveis você precisa agora? *Mesmo?*

Mãos à obra! Prometo — toque aqui — que este capítulo não será um tédio. Está bem, não será um capítulo *longo* e tedioso. Depois de elaborar alguns pensamentos acerca do assunto, falarei sobre os principais "perigos" dos seguros com os quais já me deparei lidando com clientes e recebendo ligações e e-mails de ouvintes. Depois disso, podemos todos fazer bungee jumping, nadar em águas lotadas de tubarões na Flórida, dirigir a 150 quilômetros por hora em uma tempestade, fazer uma festa com uma cama elástica em nossa casa para uma turma de crianças hiperativas ou qualquer outro comportamento de risco. Combinado?

MEU AMOR CENSURADO PELO SEGURO

Começarei este capítulo nada tedioso com uma confissão. Eu *amo* seguros. De verdade. Isso pode ser um choque para quem me ouve no rádio ou lê meu blog e me ouve ou lê criticando as seguradoras por seu marketing e técnicas de venda. Há não muito tempo, uma grande seguradora me ofereceu um cargo de representante com um alto salário. Perto do fim de um longo ano de processo de contratação, depois que sobrevivi a várias entrevistas, finalmente leram o que eu havia escrito durante anos. E foi isso: *retiraram* a proposta

Eu realmente amo seguros — não os pacotes de muitos produtos específicos que são empurrados para consumidores mal-informados e desavisados, mas o conceito de seguro. Por quê? Porque a vida é uma empreitada arriscada. Pode ser que esteja se sentido muito bem agora, mas amanhã talvez contraia Ebola e morra. Ou quem sabe não morra, mas perca toda a sensibilidade das mãos e dos pés, o que o impedirá de continuar operando seus pacientes. Ou uma árvore pode cair em seu apartamento, causando um dano de US\$250 mil. Ou uma árvore pode errar por pouco o seu imóvel, mas o vizinho de cima ter um problema no banheiro que inundará seu apartamento e fará com que você perca toda a sua valiosa coleção de arte. Ou ficará tudo bem com sua gravura original do Andy Warhol, mas, quando o encanador lhe fizer uma pergunta, talvez note seu Warhol, dê a dica para um primo, um ladrão de arte profissional, e no próximo final de semana, quando voltar da casa de sua tia mais velha, a obra não esteja mais lá. E assim por diante.

Para os infinitos riscos, cabe a você se proteger. Sabe que pode ser perigoso atravessar uma rua movimentada perto de sua casa à noite (moro na Upper West Side em Nova York, morro de medo de ser atropelada por um ônibus), então você mitiga o risco olhando para os dois lados 20 vezes ou o evita fazendo um caminho diferente à noite. Sabe que pode ser arriscado investir em ações em crescimento, então aloca parte do seu portfólio em bonds menos arriscados. Mas, quanto a alguns dos maiores riscos, não dá para mitigá-los ou evitá-los sozinho. É possível viver sua vida e pagar para que *outra pessoa* assuma o risco por você.

Sim, pode ser que a privada do seu vizinho entupa, mas tudo bem. Se pagar baratinho hoje para um grupo de pessoas chamado seguradora, esses estranhos assumirão o risco e *pagarão* os custos caso seu apartamento seja danificado. Sim, é possível que você contraia Ebola em um safári, mas tudo bem. Se pagar baratinho hoje para um grupo de pessoas chamado seguradora, esses estranhos assumirão o risco e *pagarão para seus herdeiros* caso você sucumba.

Essa é a melhor coisa de que já ouvi falar! A seguradora pode assumir o risco e ainda assim lucrar porque faz um *pool* de seu risco com os de muitas outras pessoas. A grande maioria dos assegurados não passará por um desastre exatamente ao mesmo tempo, e talvez sequer passem por um (a menos que seja seguro de vida, porque — *SURPRESA* — todos vamos morrer!). Se cada pessoa paga um pouco para a seguradora, a entidade pode garantir que os poucos azarados que sofram uma catástrofe estejam cobertos. A *comunidade* de consumidores, por meio da seguradora, se une para assumir o risco junto, protegendo você se ele se materializar. É incrível!

Sabe qual a melhor coisa do seguro? Na maioria das vezes, pagamos bem pouco por ele. Seguro-saúde de longo prazo é caro — pode custar US$10 mil por ano ou mais. A vasta maioria não precisa disso, mas o risco é enorme. Por outro lado, assegurar o que tem de valor em sua casa contra roubo ou incêndio é barato — apenas algumas centenas de dólares ao ano, talvez mil. Seguro por prazo fixado? Barato — uma pessoa saudável de 35 anos que precise de uma cobertura de US$1 milhão provavelmente pagará cerca de US$1 mil por ano. Seguro contra enchentes? A média da apólice governamental, de acordo com a Kiplinger, custa mais ou menos US$700.[2]

Se tiver um salário de classe média ou melhor, é provável que não pense duas vezes em pagar alguém para lidar com tarefas difíceis ou desagradáveis, como limpar sua casa ou cuidar de seus filhos mal-humorados. Em um ano, pode ser que pague centenas ou milhares de dólares por esses serviços. Então por que pensar antes de pagar alguém para lidar com riscos significativos em sua vida? O seguro lhe dá a chance de controlar ao menos um pouco o caos da vida. Não vale a pena pagar um pouco por isso?

EVITE AS ZONAS DE PERIGO

Depois de minha ode ao seguro, agora é hora de falar sobre alguns erros específicos cometidos por pessoas inteligentes. Faça questão de evitar as cinco zonas de perigo a seguir:

Zona de Perigo #1: Subestimar as Necessidades de Seu Seguro de Vida

Muitas pessoas inteligentes subestimam as necessidades do seguro de vida porque não sabem quanto gastam por mês. Calculadoras de seguro disponíveis online podem ajudar a entender o tipo de seguro que você precisa, mas não pode utilizá-las se não analisar seus gastos primeiro. Afinal de contas, para a maioria das pessoas, o objetivo do seguro de vida é precisamente ajudar sua família a pagar pelas despesas existentes caso você morra. Assim como com a aposentadoria, deve-se planejar um saque de 3% ao ano por seus herdeiros — dessa forma, um seguro de US$1 milhão dará cerca de US$30 mil anuais para quem você ama —, ou menos se for necessário por um longo período de tempo, devido à inflação. Adicione todos os ativos que seus herdeiros têm à disposição, assim como mudanças antecipadas nos gastos. A família se mudaria para uma casa mais barata no caso de sua morte ou ficaria na mesma? Seu cônjuge gostaria de ficar em casa e não trabalhar? Quer deixar dinheiro para a faculdade dos filhos e a aposentadoria de seu cônjuge?

Muitas pessoas também subestimam a necessidade de garantir a vida de seus cônjuges que não trabalham. Com 35 anos, Jason ganhava US$150 mil anuais como produtor executivo de uma emissora local, e sua esposa ficava em casa para cuidar dos três filhos. Ele achava que não precisava de um seguro de vida, pois seu trabalho oferecia uma apólice que valia seu salário anual. Errado! Como expliquei a ele, US$150 mil não seriam nem de perto suficientes para ajudar a esposa a pagar as contas se ele falecesse. Fizemos as contas — Jason precisaria de benefícios por morte no valor de US$1 milhão para fornecer a cobertura necessária para sua esposa e filhos. Pode parecer muito, mas, como Jason era saudável, custava apenas cerca de US$900 ao ano.

Da mesma forma, Jason ficou chocado quando disse que Melinda, sua esposa, precisava de um seguro de vida também. Por quê? Bem, se ela morresse, quem cuidaria das crianças? Jason teria que contratar alguém, e custaria também. (Alguém acha que a Mary Poppins cuida dos filhos dos outros de graça? Aquele guarda-chuva é caro!) Não considerar essas possibilidades leva ao subseguro, que pode gerar um sofrimento desnecessário se o improvável acontecer (e, infelizmente, às vezes acontece).

Concordamos em assegurar US$800 mil para Melinda, o que deixaria Jason com uma conta de seguro abaixo de US$1.500 anuais. Não é um preço tão alto a pagar para mitigar riscos e ter uma merecida paz de espírito.

Descobri que alguns clientes contratam seguros insuficientes porque não conseguem pensar na ideia de catástrofes acontecerem com eles. Um cliente, diretor artístico de uma companhia de teatro, era um motoqueiro superdescolado — cabelo grisalho comprido, cavanhaque, luzes. Nas belas tardes de domingo, quando os filhos estavam se divertindo, ele e sua esposa, que cuidava da casa, amavam *dar uma volta* em sua Harley. Quando disse que ele precisava de uma cobertura de US$1 milhão, concordou, mas reclamou quando sugeri um seguro para a esposa, com um custo adicional de cerca de US$500 por ano. Expliquei a história da Mary Poppins. "É, Jill, entendo", disse ele, "mas qual é, você trabalha com números. Qual é a chance de ela morrer nos próximos 20 anos? Baixa, não é? Então por que tenho que pagar pelo seguro dela?".

Estávamos em meu escritório, que tinha vista para o estacionamento. Olhando pela janela, vi a moto deles parada. "Deixe-me perguntar", disse, "Vocês vieram pilotando por 20 minutos de sua casa?"

"Sim", respondeu. "Foi uma bela viagem."

"Uh-huh", eu disse. "Vocês usaram capacete?"

Ele sorriu com satisfação. "Não."

"Então", falei, "qual a taxa de sobrevivência de pessoas que sofrem acidentes de moto e não usam capacete? Os médicos socorristas não os chamam de 'motodoadores'?".

A mulher virou-se para mim. "Jill, vamos comprar o seguro!"

A maioria das pessoas sabe que deveria adquirir um seguro de vida, mas não refletem sobre outros riscos. Não pensam que as esposas podem falecer antes. Ou que o cara que está arrumando o telhado pode cair da escada e processá-los. Ou que ficarão deficientes e incapazes de trabalhar. A verdade é que muitos tipos de calamidades podem acontecer conosco, e, se podemos pagar uma quantia modesta para nos assegurarmos, deveríamos fazê-lo.

Zona de Perigo #2: Comprar Seguro Permanente

Quando as pessoas determinam o nível de seguro de vida de que precisam, algumas vezes cometem um erro clássico: contratar o *tipo* errado de seguro. Como indiquei no Capítulo 2, você pode comprar seguro com "prazo fixado" ou "permanente". Por prazo fixado é simples: compra-se por um determinado período, depois disso você está sem seguro. É possível comprar por até 30 anos, pagando ou um prêmio crescente por ano com base na sua idade, ou fixando um prêmio por toda a duração da apólice. Quando morrer, o valor da apólice é pago para o beneficiário designado.

O seguro de vida permanente não expira, contanto que você continue pagando. Outra característica importante é que combina o seguro com um componente de poupança. Você paga um prêmio anual e parte dele paga o seguro, enquanto outra fica em uma conta poupança, com os juros acumulando em um esquema de impostos diferidos. (Psiu: estou vendo você cochilando. Acorda! Só mais alguns parágrafos neste assunto.) As seguradoras vendem três tipos básicos de apólices de seguro de vida permanente: vida inteira tradicional, universal e universal variável ou ajustável. As apólices de vida inteira tendem a ser mais caras, porque cobrem sua "vida toda", oferecendo taxas de retorno garantidas no componente de poupanças. A seguradora assume o risco do investimento e garante que a apólice valerá desde que você faça o pagamento do prêmio.

Apólices universais ou variáveis não são garantidas, estão sujeitas a risco com base no retorno. Os consumidores assumem esse risco de investimento via subcontas, que são como veículos de instrumentos do tipo fundos mútuos inclusos na apólice. Oferecem mais flexibilidade do que as de vida inteira em termos de opções de investimentos, prêmios pagos pelo consumidor e, portanto, benefícios herdados quando o assegurado morre.

Corretores de seguro amam vender os benefícios fiscais das apólices permanentes, mas frequentemente "se esquecem" de falar que elas em geral custam muito caro, com altas taxas e comissões em cima dos 3% do retorno anual do investimento. Além disso, as comissões antecipadas (mas escondidas) podem custar até 100% do prêmio do primeiro ano. Alguns analistas estimam que muitas apólices para a vida inteira demoram anos para entregar os retornos que você obteria se tivesse simplesmente comprado um seguro de prazo menor e investido a diferença em ETF.[3] Dito isso, se fizer esta opção, é obrigatório realmente investir a diferença. Não compre uma de prazo menor e use o dinheiro extra para fazer uma viagem fabulosa todo ano!

A indústria de seguros quer que você pense que precisa de seguro permanente, mas a maioria das pessoas não precisa. Escolha a por prazo determinado se precisar de seguro durante um período de tempo específico (por exemplo, você e seu cônjuge estão com 30 e poucos anos, têm uma filha de três anos e outra a caminho, e não têm muitas economias que sua família pode sacar se você morrer). Se falecer durante o prazo da apólice, seu beneficiário receberá um belo cheque da seguradora pela quantia da apólice. Se for saudável, os prêmios não serão muito caros — quer dizer, até que faça 50 anos. Depois disso, você é considerado um risco, porque é *velho* (olha quem está falando, né?) e o preço dos prêmios aumenta muito ano após ano. A boa notícia é que sua necessidade de seguros diminui depois dos 50, por dois motivos: seus filhos estão adultos e autossuficientes, e você tem uma riqueza acumulada na poupança e na previdência privada.[4]

Se adquirir seguro para a vida inteira quando só precisa de seguro por tempo determinado, pode estar desperdiçando milhares de dólares. É um erro difícil de consertar, e sair de uma apólice é custoso (falarei mais sobre isso). Por outro lado, se está comprando seguro aos 60 anos, a cobertura por prazo estipulado custa tanto que um seguro permanente pode ser melhor. Também deveria considerar o seguro permanente em situações nas quais você precisa de uma redução fiscal, ou quando necessita de uma cobertura não disponível em uma apólice de menor prazo — por exemplo, se vai comprar um seguro para ajudar seus herdeiros a pagar os impostos estatais por sua morte, para investir em um acordo de compra e venda de um pequeno negócio ou cuidar das necessidades especiais de um filho permanentemente.

Zona de Perigo #3: Suas Necessidades Mudaram, Seu Seguro Não

Suas necessidades não se mantêm as mesmas — elas mudam, como todo mundo. Você se casou? Teve outro filho? Então pode ser que tenha que pensar em aumentar a cobertura do seu seguro. (Outro benefício do seguro por prazo fixado é que, se perceber que precisa de cobertura permanente, pode converter a apólice sem passar por todo o processo de novo.) Fez melhorias na sua casa? Pode ser que precise de mais cobertura residencial. Fez alguma compra grande, como joias e arte? Talvez devesse incluí-las em sua apólice residencial. Você se divorciou? Se seu ex é beneficiário em alguma apólice, talvez você queira mudar. Ganhou um aumento e seu cônjuge diminuiu o ritmo na carreira para passar mais tempo com seus filhos? Faça questão de que cada um de vocês tenha a cobertura de seguro apropriada para substituir a renda perdida se um de vocês falecer.

Muitas pessoas compram seguros — ou não — e depois se esquecem. É um erro. Não precisa ficar obcecado com o seguro o ano inteiro, mas dê uma olhadinha na situação dele uma vez por ano para ver se a cobertura ainda corresponde às suas necessidades. Faça isso logo depois de declarar o imposto de renda, como parte de sua revisão financeira anual (veja o Apêndice). Faz um tempo que contratou seguro para seu carro, casa ou outras posses? O ramo de seguros é competitivo, então vale a pena pesquisar de vez em quando se há uma opção melhor. São necessários apenas alguns poucos cliques.

Zona de Perigo #4: Você Não Está Aproveitando Totalmente Seus Benefícios de Empregado

Muitas pessoas têm acesso a coberturas maravilhosas por meio de seus empregos, mas não as usam. Os empregados podem incluir em seu pacote de benefícios uma apólice de seguro de vida no valor de alguns múltiplos de seu salário anual, e pode ser que ofereçam a oportunidade de comprar cobertura adicional para você ou seu cônjuge, se desejar. Se seu empregador permitir que você compre mais cobertura, faça isso, pois custará consideravelmente menos do que se estivesse comprando no mercado particular. Além disso, se tiver algum distúrbio preexistente, tome nota: alguns planos de saúde oferecidos por empregadores não requerem um exame físico. Pode ser seu ingresso a coberturas incríveis a que talvez você não fosse elegível.

Como os trabalhadores mudam de emprego com uma frequência cada vez maior, cuidado para não contar com sua empresa para todos os seguros de que precisa. Sua nova empresa pode não oferecer a mesma cobertura, e, se você se tornar autônomo, pode não ter nenhuma cobertura.

Se for autônomo, deve considerar comprar um seguro contra invalidez, apesar do alto custo (o mesmo se você tiver emprego e a empresa não fornecer). É membro de alguma associação profissional ou um grupo de networking — por exemplo, uma associação de ex-alunos de uma faculdade? Em caso positivo, pode ser que consiga acesso a taxas de grupo mais baratas. Ou, se for como eu, pague pela cobertura individual particular e reze para nunca precisar abrir um sinistro!

204 Idiotices que Pessoas Inteligentes Fazem com o Próprio Dinheiro

Zona de Perigo #5: Você Renuncia à Sua Apólice Muito Cedo

Minha mãe contratou um seguro-saúde de longo prazo aos 60 anos. Durante 15 anos, esteve muito bem de saúde e não fez nenhum uso. Então, aos 75, começou a me perturbar (como só as mães sabem) sobre a possibilidade de cancelar o seguro. Pagara tanto por tantos anos, por nada! Por que continuar?

"Vou lhe explicar", falei. "Você está entrando em um período da vida em que pode sofrer alguns contratempos na saúde. Por pior que seja, mantenha o seguro." Felizmente, ela o fez.

Como um estudo do Boston College's Center for Retirement Research relatou, "mais de um quarto daqueles que contratam seguros-saúde de longo prazo aos 65 anos abandonam a apólice em algum momento, perdendo todos os benefícios".[5] Se você é autônomo e paga seguro contra invalidez, pode desejar, depois de alguns anos, se livrar dessa cobertura. Considere essa decisão cuidadosamente. Aos 60 anos, o risco de sofrer um problema que o impeça de trabalhar é maior do que aos 50 anos. Você já tem economias, mas tem certeza de que terá o suficiente para ajudá-lo a sobreviver a crises imprevistas de saúde? Lembre-se da história do começo do livro. Você não quer passar por aquilo!

Também não deve desistir de uma apólice de seguro permanente muito cedo. A maioria das seguradoras desencoraja as pessoas a abandonarem as apólices, cobrando uma multa de rescisão. É isso mesmo — essas apólices não só cobram uma grande comissão no momento da contratação, além de os custos de manutenção serem mais caros, como você ainda tem que pagar para desistir. Ou, como a banda de rock clássico The Eagles diz: "You can check out anytime you like, but you can never leave!" [Você pode fazer o check-out quando quiser, mas não pode ir embora, em tradução livre.] Se tem a apólice há menos de cinco anos, a taxa de rescisão será tão monumental que não fará nenhum sentido financeiro cancelar o seguro. Essas cobranças em geral diminuem com o tempo, então, depois de cinco anos, cancelar e comprar um seguro mais barato pode fazer mais sentido.

Rápido Check-list de Seguros da Jill

Você (ou seu consultor ou corretor de seguros) já calculou suas necessidades de seguro? Se já o fez, o seguro por prazo fixo é melhor ou precisa de um permanente?

Se for casado, acima de 55 anos e tiver uma renda líquida entre US$500 mil e US$2 milhões, já considerou um seguro-saúde de longo prazo?

Seu empregador fornece seguros de vida, invalidez ou de saúde? Caso forneça, é possível contratar cobertura adicional para você e seu cônjuge?

Se tem um seguro permanente e quer cancelá-lo, já o tem há pelo menos cinco anos?

Está reexaminando suas necessidades de seguro em sua revisão financeira anual?

Permita-me falar um pouco sobre como contratar um seguro. Atualmente, é possível pesquisar online e obter cotações competitivas para muitos tipos de seguro em minutos. Se conseguir um bom corretor para ajudá-lo, um ótimo consultor financeiro, ainda melhor. Estou muito mais protegida hoje porque meu consultor financeiro me disse que suspeitava que eu não tinha uma cobertura residencial suficiente. Indicou um ótimo profissional que vive de seguros mais comuns, como residenciais e de automóveis, que me alertou do fato de que minha cobertura não seria suficiente no caso de um desastre. Para encontrar um agente maravilhoso, peça uma referência ao seu consultor ou advogado. Se tiver amigos ricos, peça indicação. Quando encontrar um agente com boa

206 | Idiotices que Pessoas Inteligentes Fazem com o Próprio Dinheiro

reputação, ouça o conselho e não economize! Há outras áreas na vida para fazer isso, e US$500 a mais por ano em uma apólice não é uma delas.

O PRESENTE QUE CONTINUA SENDO DADO

Kelly, uma cliente de 50 anos, veio ao meu escritório um dia e disse que tinha sido diagnosticada com câncer de mama em estágio avançado. Viveria por mais alguns meses e estava organizando sua vida, inclusive as necessidades de seguro de sua família. O marido e o filho teriam o suficiente quando ela não estivesse mais aqui? Ela queria saber.

Foi uma tarefa horrível, mas nunca havia me sentido tão honrada em ajudar um cliente em minha careira. "Vamos ver", falei. A família estava muito bem: por ser funcionária pública há bastante tempo, ela tinha uma previdência e uma pensão decente que o marido herdaria. Também possuía uma apólice de seguro oferecida por seu emprego — mas, como descobrimos, a apólice havia expirado; era uma apólice por prazo determinado que precisava ser renovada todo ano se quisesse a cobertura, e ela não pagava o prêmio havia alguns anos. A apólice era barata — cerca de US$250.

Perguntamo-nos se haveria a possibilidade de renovar essa cobertura. No fim, era possível: a seguradora não requeria um exame físico nem informações sobre quaisquer doenças que Kelly já teve. (A propósito, nunca, sob nenhum pretexto, minta ao entrar para um seguro. Também não fale meias verdades.) Kelly só tinha que pagar o prêmio devido. Ela o fez, e assim o marido dela receberia US$250 mil por sua morte.

Oito meses depois, Kelly faleceu, e o marido recebeu o dinheiro do seguro. Fez toda a diferença. Com a pensão da Kelly e as economias da família, o marido e o filho podiam viver como se ela estivesse viva e cuidasse das contas. E como o marido tinha os US$250 mil extras, pôde tirar um ano de folga para passar um tempo com o filho enlutado. "Sem esse dinheiro", me falou depois, "não poderia ter feito isso. Foi um ótimo presente". Naquele ano, o marido de Kelly não se preocupou com questões financeiras. Pôde se concentrar na saúde emocional dele e do filho. Ninguém podia dar a mãe de volta ao filho, mas ao menos ele tinha o apoio de seu pai.

Quando nós, pessoas inteligentes, falamos sobre seguro, tendemos a pensar nisso como uma tarefa ou chateação — uma oportunidade para alguns vendedores muito veementes tirarem nosso rim. Mas o seguro é muito mais do que isso. Se tirarmos toda a bobagem, percebemos que o seguro é, como disse o marido da Kelly, um "presente" que damos a nós mesmos e às nossas famílias. É um presente para o futuro, para que, no pior momento, tenhamos uma rede de segurança. Por que não se certificar de que está devidamente assegurado? Por que não passar um pouquinho mais de tempo entendendo nossas apólices e entrando em contato com nossos consultores ou advogados para obter conselhos ou referências?

Há outro presente que pode dar àqueles que você ama, que provavelmente requer apenas um pequeno investimento de sua parte. É um presente no qual possivelmente você raras vezes pensa, mas que poupará muita dor, sofrimento e perdas financeiras à sua querida família. Tem alguma ideia do que seja? Muita gente inteligente não sabe. Vire a página para descobrir!

IDIOTICE #12

Não Ter um Testamento

Quando eu estava no primeiro ano do ensino médio, era viciada nos romances de Agatha Christie. Li todos os mistérios da Miss Marple, e, quando o filme original *Assassinato no Expresso Oriente* estreou em 1974 minha família toda foi ao cinema para assistir a nosso belga favorito, Hercule Poirot, resolver o mistério. O cara era *incrível*!

Há alguns anos, minha amiga Eileen embarcou em uma investigação tão árdua, demorada e, a seus olhos, perigosa quanto as de Miss Marple e Hercule Poirot. Dia após dia, fez ligações, seguiu dicas, contornou becos sem saída, tudo na esperança de entender uma situação misteriosa. Não, Eileen não estava tentando prender um assassino. Ela não é policial ou detetive particular. Era uma esposa cujo marido morreu sem um testamento e que teve que resolver os problemas dele para seguir com a vida.

Jim, marido da Eileen, havia falecido aos 40 anos. Por ao menos uma década, esteve doente, fez inclusive um transplante de rim. Eileen era assistente social, e o casal tinha um filho de 12 anos. Quando Jim ficou doente, ela perguntou se ele tinha resolvido todas as pendências para o caso de algo grave acontecer. "Claro", respondeu ele. À medida que sua condição piorava com os anos, Eileen perguntou mais algumas vezes se Jim tinha um testamento e sempre ouviu que não deveria se preocupar com isso, pois já estava tudo resolvido.

Depois da morte dele, Eileen procurou pelo testamento, mas não o encontrou. Porque não havia testamento. Ligou para o advogado de Jim, que informou que tinha enviado um rascunho de um testamento para o Jim, mas nunca recebeu de volta. Essa omissão representava uma tragédia para Eileen, que acompanhei com meus próprios olhos. Pode imaginar o quanto é difícil para um cônjuge enlutado ter que: a) digerir o fato de que seu marido mentiu; b) se preocupar com dinheiro? Mas foi o que ela teve que fazer. Precisou contratar um advogado e passar por um processo tortuoso que se alongou por meses antes que a herança finalmente fosse resolvida pela Vara de Sucessões. Nesse período, não teve acesso a muitas das contas de Jim para pagar dívidas relacionadas ao funeral e outros gastos. No fim, Eileen gastou dezenas de milhares de dólares em taxas judiciais que poderiam ser evitadas se Jim tivesse escrito um testamento. E o processo demorou duas vezes mais, fazendo com que o luto fosse ainda mais difícil.

De todas as *idiotices* que você pode fazer com seu dinheiro, não ter um testamento é de longe a pior. Isso não só resulta em perdas financeiras gigantescas para quem você ama, como causa diversas outras dificuldades. Quer deixar aberta a possibilidade de quem você ama *não* receber nenhuma parte de seu imóvel, enquanto uma pessoa de quem você não gosta tanto recebe tudo? Quer deixar aberta a possibilidade de que seus filhos menores de idade não sejam bem cuidados na sua ausência? Ou que quem você ama tenha que vender a propriedade herdada para pagar impostos imobiliários ou resolver outras dívidas? Ou que, como Eileen, tenham que passar por muito estresse e ansiedade? Então, não escreva um testamento. Ah, e já aproveite para não ter nenhum planejamento para o fim da vida também.

Muitas pessoas não planejam seu próprio falecimento. Uma pesquisa feita em 2017 pelo Caring.com descobriu que menos da metade dos adultos nos Estados Unidos — 42% — "tem documentos de planejamento imobiliário como um testamento ou trust".[1] Quase dois terços dos entrevistados da geração X não os tinham, apesar de essa população estar chegando à meia-idade e muitos terem filhos pequenos. Na verdade, a pesquisa descobriu que apenas 36% dos entrevistados com filhos menores de idade possuíam planos para o caso de falecerem. Isso é uma loucura!

Se percebeu certa raiva em meu tom, não é por acaso. Não ter um testamento é provavelmente o único erro que me tira do sério, por algumas razões. Primeiro, não há nenhuma desculpa. Não é muito caro pagar para um advogado conseguir todos os documentos necessários — de US$500 a US$1 mil por um simples testamento e talvez mais alguns milhares se sua situação for mais complexa. Se você for mão de vaca, pode fazer um testamento sozinho usando formulários legais disponíveis online (contudo, não aconselho; fala sério, contrate um advogado — que seja um advogado especializado em planejamento sucessório, não o cara que cuidou da venda da sua casa ou lida com suas multas). Segundo, porque não ter um testamento e um planejamento sucessório apropriado é extremamente egoísta de sua parte — na verdade, é o cúmulo da irresponsabilidade. Se não tiver os documentos corretos e a estratégia de planejamento, pode sofrer algumas das consequências, mas seus familiares pagarão o preço. Você odiaria se seus pais ou cônjuge morressem sem colocar a vida em ordem e então tivesse que correr atrás de tudo, como Miss Marple e Hercule Poirot, tentando entender o que fazer. Que saco! Então por que está deixando essa droga para quem *você* ama?

Aviso: o resto deste capítulo tem a intenção de fazer com que se sinta tão culpado que vá preparar um testamento agora. Se gosta de um pouco de amor exigente, dê ouvidos ao que direi e ouça muito bem. Faça. Um. Testamento. Faça! Tipo, agora. Antes de levantar para ir ao banheiro ou pegar algo para beber. Antes de olhar o Snapchat ou outra foto linda de gato no Facebook. E, se ainda não tem um advogado especialista em sucessão maravilhoso em sua vida, pergunte aos amigos e familiares e encontre um. Não quero ouvir nenhuma desculpa. Agora não. Fazer um testamento e planejamento imobiliário é extremamente importante. Você não é uma boa pessoa se não tem um testamento. E digo isso com muito amor e respeito.

QUALQUER DIA É UM BOM DIA PARA PENSAR SOBRE A MORTE

Muitos de nós sabem que devemos ter um testamento, mas não sentam a bunda na cadeira com um advogado para trabalhar nele. Na pesquisa do Caring.com já mencionada, quase metade dos entrevistados que não tinham testamentos explicou essa falha dizendo que "simplesmente nunca pararam para resolver isso". Ah, está bem. Você "não parou para resolver". Porque está *muito* ocupado. Precisa planejar suas próximas férias e *tem* que ajudar seu caçula com os trabalhos da faculdade. Qual é, acha que vai viver para sempre? Tem *tanto* medo assim da própria morte? Já tive muitos clientes que pediram para os pais idosos escreverem um testamento e ouviram: "O que, quer que eu morra?" ou "Só está pedindo isso porque quer meu dinheiro!". (Vou te ajudar a lidar com os pais intransigentes em breve, mas vamos focar você agora.) Assim como não queremos pensar sobre as piores possibilidades, não queremos enfrentar a realidade de que, um dia, não estaremos mais na Terra. Mas essa é a realidade. Aceite e se planeje para quando esse dia chegar.

Outro motivo pelo qual pessoas inteligentes não resolvem essas questões é que não entendem a necessidade. Se ganhasse um dólar por cada cliente ou ouvinte (principalmente os mais jovens) que já me falou que não precisa de um testamento porque "não tem ativos", seria rica. Sabe o que digo a elas? Sim, é verdade que apenas alguns adultos responsáveis precisam de testamento, mas não tem nada a ver com a sua idade ou quanto dinheiro tem. Há uma regra simples para seguir. Se você a) tem um cérebro e b) está respirando, então precisa de um testamento. Todos os outros estão dispensados deste capítulo.

Fiz meu primeiro testamento aos 25 anos. Não foi uma grande decisão — ia me casar, parecia o certo a fazer. O casamento era uma imensa responsabilidade concedida à outra pessoa, então pensei que deveria ter um pedaço de papel que dava a ela todas as minhas posses se eu falecesse antes, assim como a autoridade para tomar decisões médicas por mim. Atualmente, muitos jovens estão abrindo mão do casamento e morando com o parceiro durante anos. Nessa situação, um testamento é ainda melhor. Se você vive com um namorado, namorada ou pessoa que não se identifica com estereótipo de gênero, eles não têm nenhum apoio jurídico no caso de sua morte. Não gostaria que essa pessoa herdasse todas as suas posses, para que estivesse bem cuidada na medida do possível?

Mesmo que não seja casado, pode ser que você e seus pais não concordem com a forma como você gostaria que as coisas fossem nas suas últimas horas. Pode ser que queira doar os órgãos ou que os médicos desliguem os aparelhos se não tiver nenhuma chance de recuperação, e seus pais podem pensar diferente. Se você tiver a documentação certa, os médicos honrarão o *seu* desejo.

Conheço algumas pessoas com muitos ativos que não fizeram testamentos porque assumiram que o cônjuge receberia tudo automaticamente. E daí se as leis ditarem todo o processo, dizem. Não é um problema... estarei morto mesmo.

Pergunte à minha amiga Eileen se não é um problema. Falando nisso, vamos nos aprofundar nessa história. Sempre que uma pessoa morre, os imóveis dela têm que passar pela Vara de Sucessões. Alguns ativos passam para os herdeiros sem transitar por essa vara: ativos em trust, benefícios de seguro de vida com beneficiários nomeados ou imóveis comprados em conjunto. A maioria dos outros ativos, incluindo a maioria das contas-correntes e poupança, a maior parte das contas de investimentos, a maioria dos imóveis e posses pessoais devem passar pela Vara de Sucessões antes que possam ser repassados aos herdeiros. Se tiver um testamento que especifique quem fica com o que, o processo de sucessão não é um problema (ainda que demore algumas semanas ou meses para que seja concluído). Se não tiver, será um saco.

Eileen teve que abrir pilhas de cartas que seu marido havia acumulado — ela não fazia ideia de quais ativos eles tinham, e sua busca gerou algumas surpresas muito boas: o marido tinha duas contas de banco "secretas" que nunca havia compartilhado com ela, contendo um total de US$10 mil. Foi legal, mas não suficiente para fazer valer o esforço dolorido. É claro, também encontrou alguns cartões de crédito secretos, com dívidas de US$3 mil. Acho que ela já deveria esperar por surpresas: afinal, o marido mentiu sobre ter um testamento. A chamada infidelidade financeira não é tão incomum assim. De acordo com uma pesquisa da Creditcards.com, "23% dos entrevistados que estavam em um relacionamento — morando juntos ou não — disseram manter contas escondidas do parceiro".[2] Isso não é nada bom.

O processo legal da coitada da Eileen se complicou ainda mais quando ficou claro que o marido não tinha um testamento — mais documentos para o tribunal, mais visitas ao tribunal e, como disse, mais taxas jurídicas: cerca de US$20 mil. Mesmo assim, ela se safou com relativa facilidade. Em alguns casos, a ausência de clareza em um testamento dá início a disputas terríveis entre os herdeiros — falo de um litígio que parece nunca ter fim e taxas para advogados com seis dígitos. Esses conflitos também podem resultar em injustiças.

Considere a seguinte situação fictícia, baseada em uma compilação de experiências que presenciei. Digamos que Charles tem 46 anos e ficou viúvo há 17, quando sua esposa teve um aneurisma e morreu. No passado, ele e a esposa não tinham dinheiro nem um testamento. Ocupado com a criação dos filhos e a carreira, Charles fez um testamento simples, deixando o pouco de suas economias para os três filhos e nomeando sua irmã guardiã.

Hoje em dia, os filhos estão todos com 20 e poucos anos e autossuficientes. Charles construiu uma carreira de sucesso no mercado publicitário, o que permitiu que ele formasse um ótimo pé-de-meia. Pelos últimos três anos, ele vem dividindo seu apartamento de frente para o lago no valor de US$500 mil com sua namorada, uma mulher muito querida chamada Diana. Os filhos a odeiam — uma mulher divorciada dez anos mais nova do que Charles — porque ainda não superaram completamente a morte da mãe e suspeitam que Diana está interessada no dinheiro do pai. Mas Charles ama Diana, e ela a ele. Ela até aprendeu a amar os filhos dele e espera que eles se abrirão para ela. Os dois planejam casar no papel, mas, como ela sofreu com o divórcio e os filhos dele estão tão incomodados com o relacionamento, não estão com pressa.

Um dia, Charles vai ao médico para verificar alguns sintomas e descobre que tem câncer de bexiga. E não está nada bom — estágio III. Então Diana pede demissão e se devota a cuidar dele em período integral pelos próximos dois anos. Ela é um anjo, administrando todas as necessidades dele. Com Diana ao lado, Charles passa por múltiplas sessões de quimio e radioterapia e aprende a viver com uma urostomia. Por um período de um ano, ele melhora — parece que vai vencer a doença.

Diana não pensa em perguntar a Charles se ele tem um testamento atualizado. Como tem que pensar nos filhos e um patrimônio considerável (cerca de US$2 milhões em ativos), ela presume que sim. Na verdade, Charles nunca parou para revisar aquele simples testamento que havia feito logo após a morte de sua esposa. Até agora, sempre fora saudável e nunca pensou muito em morrer.

Mesmo nesse momento, não liga para o advogado para atualizar o testamento. Seu médico falou de novos tratamentos, e Charles não quer pensar em perder a batalha. Está determinado a pensar positivo. Se sua condição piorar, então pensará nisso.

Charles nunca tem a chance. Viaja para o Japão. Quando volta, seu corpo está diferente. Vai ao médico e descobre que o câncer não só voltou como está fora de controle. Cinco semanas depois, ele está morto.

Diana fica devastada. Após o funeral, vai para casa e chora sem parar por uma semana. Uma manhã, recebe uma surpresa desagradável. O filho mais velho de Charles telefona e diz que ela terá que sair do apartamento onde mora até o final do mês. Como Charles só tinha aquele testamento, a propriedade automaticamente vai para os filhos. "Mas você não pode fazer isso comigo", ela implora. O filho dele murmura um pedido de desculpas e desliga.

Diana não consegue entender. Cuidou de Charles durante anos. Sabia que ele nunca ia querer que ela saísse do apartamento. Mas seus filhos, seja por maldade, seja porque são muito passionais, estão expulsando-a de lá. Como isso pôde acontecer?

Diana encontra um advogado que está disposto a abrir um processo em nome dela para retomar o controle da propriedade. Ao longo de quatro anos, Diana e os filhos de Charles brigam no tribunal. Embora os filhos tenham herdado US$1 milhão em ativos de previdência privada (são os beneficiários nomeados, então Diana não pode contestar isso), eles gastam US$250 mil brigando com ela no tribunal — metade dos US$500 mil em poupança deixados pelo pai. No fim, os filhos ganham. Diana, que devotou tanto carinho a Charles, não recebe nada. E os filhos perdem US$250 mil que poderiam ter herdado. Tudo porque Charles não levantou a bunda da cadeira para refazer o testamento.

Não Ter um Testamento   217

Casos assim acontecem todos os dias. Gostamos de pensar que somos imortais, mas qualquer um de nós pode comer um guacamole estragado (*muito* estragado) ou ser atropelado por um carro a 120km/h. Se não tem um testamento e documentos relacionados atualizados, está deixando vulneráveis as pessoas que você ama. E não estou nem mencionando o que poderia acontecer com seus filhos menores de idade. Se tiver um testamento, pode especificar um guardião de sua escolha, alguém que você sabe que seus filhos amam e que cuidaria deles de acordo com os seus valores e crenças. Sem isso, o tribunal decide quem ficará com eles, aplicando regras que mudam de um estado para outro. Seus filhos podem ficar com avós amáveis que cuidarão bem deles ou com um tio ou tia que não prestam. Quer que seus filhos dependam dos caprichos de um juiz? Não? Então faça um testamento! E, se você e sua esposa estão presos no processo porque não conseguem decidir quem será o guardião, escolha um provisório. É possível mudar o guardião designado quando decidir quem será.

QUALQUER DIA É UM BOM DIA PARA PLANEJAMENTO SUCESSÓRIO

Também não negligencie o processo de planejamento sucessório. No Capítulo 10, contei a história de Chrissy, que, com a morte do marido, Tom, teve que vender a casa de veraneio da família porque ele não deixou ativos líquidos para pagar pela residência onde moravam e a de veraneio. Esse planejamento, se é que houve, foi bem ruim. E essa história nem se compara a algumas com as quais já me deparei.

Uma parente minha estudou na faculdade com a herdeira de uma fortuna imobiliária. O pai dessa mulher construiu o negócio familiar antes de morrer no final dos anos 1960, quando a mãe dela então assumiu. Após a mãe falecer, nos anos 1990, os imóveis valiam centenas de milhões de dólares e incluíam propriedades em vários estados. Como a grande maioria desse dinheiro estava no mercado imobiliário, havia problemas de liquidez: os herdeiros não podiam pagar as dezenas de milhões de dólares de taxas imobiliárias que deviam ao Tio Sam. Não tinham escolha a não ser vender algumas propriedades — e rápido. Poderia não ser um grande problema se o mercado estivesse em alta, mas não estava. As propriedades que venderam renderam pouco, custando cerca de US$100 milhões para a família. Com um planejamento apropriado, a família poderia ter passado algumas propriedades para os nomes dos filhos. Poderiam ter comprado apólices de seguro de vida para criar liquidez quando a mãe falecesse. Infelizmente, a família não conseguiu a ajuda jurídica competente de que precisavam para fazer valer essas contingências.

Sei que você está se sentindo *muito* mal por essa família ter perdido US$100 milhões — não adoraríamos ter tais problemas? Mas você não entendeu o que quero dizer. Seus herdeiros também podem ter problemas com algumas questões tributárias bastante significativas devido à sua morte se você não se planejar bem. Lembre-se de outro erro comum que discutimos no Capítulo 10: dar muito dinheiro aos filhos enquanto você está vivo. Quanto mais der a eles agora, menos receberão quando você morrer. Se seus filhos usam os presentes que você dá agora para outros propósitos, podem não ter dinheiro suficiente para pagar as taxas imobiliárias ou para manter os imóveis que deixar para eles. Pode ser que sejam obrigados a vender as propriedades que herdarem e que todos pensaram que continuariam com a família. E, dependendo das condições de mercado, podem ser vendidas a preço de banana.

Lembra que aconselhei a economizar primeiro para a aposentadoria, *antes* de pagar pela faculdade dos filhos? Novamente, colocar-se em primeiro lugar é o menos egoísta. Se der dinheiro, não prometa que dará várias vezes ou todo ano. Diga aos filhos que está dando dinheiro agora e que verá o que pode fazer depois.

Mas não vamos perder o assunto principal de vista: planejar, planejar, planejar, faça questão de envolver advogados e consultores financeiros qualificados sempre que necessário.

SAIBA AO MENOS O MÍNIMO DE SEU PLANEJAMENTO SUCESSÓRIO

Não é tão difícil assim fazer um planejamento sucessório — só precisa fazê-lo. Vamos dar uma olhadinha no processo. Primeiro, precisará de alguns documentos, não só um testamento. Alguns dos documentos dos quais seu advogado precisará são:[3]

- **Carta de intenção:** Especifica o que você gostaria que fosse feito de seu corpo. Quer uma marcha fúnebre ou um velório em uma sinagoga? Talvez queira um enterro simples com sua família. Uma carta de intenção ajuda a entender essas questões. E, se quiser ser cremado, dê essa dica também.

- **Procuração:** Permite que um indivíduo administre questões jurídicas ou financeiras em seu nome — ótimo se você está doente e seus herdeiros precisam fazer um pagamento de hipoteca, por exemplo, de sua conta bancária. Seus parentes não podem simplesmente sacar o dinheiro — o banco não permite. Precisam de uma procuração.

- **Procuração de cuidados de saúde:** Neste documento, você autoriza formalmente alguma pessoa a agir em seu nome caso você fique incapacitado de tomar decisões de saúde por si mesmo. Gosto de chamar de documento "Desligue os Aparelhos", o que significa que é melhor escolher alguém que não terá problema em desligar os aparelhos, parar o tratamento ou chamar o pessoal do hospício.

- **Trusts:** Na maioria das vezes, as pessoas cujos bens excedem US$11,2 milhões (ou US$22,4 milhões para casais) deixarão os bens para seus herdeiros via trust para minimizar os impostos imobiliários federais (os primeiros US$11,2 milhões para um indivíduo, ou US$22,4 milhões para casais — o que advogados chamam de "montante de exclusão" — não são taxados em nível federal). Trusts também podem ser importantes para pessoas com crianças menores de idade ou sujeitas a potencial litígio. Mas pessoas com menos bens deveriam saber que alguns estados cobram impostos menores sobre heranças. Por exemplo, em Massachusetts, heranças no valor de mais de US$1 milhão pagarão uma taxa e "mudanças futuras nos impostos sucessórios federais não impactarão os do estado".[4] Além disso, um trust pode permitir que os herdeiros tenham acesso à herança mais rápido, pois os ativos do trust não são incluídos no inventário.

- **Ordem de não reanimação:** Não é, estritamente falando, parte de seus documentos sucessórios, mas deve ser pensado. Sempre que entrar em um hospital ou casa de repouso, precisará assinar, dizendo que não quer ser ligado a máquinas caso não consiga mais respirar ou bombear o sangue sozinho. Pense com cuidado se você gostaria de passar por intervenção médica extrema para ser mantido vivo. Como se sente agora a respeito disso pode *não* ser o que desejará quando se encontrar extremamente doente.

Quando estiver preparando seus documentos sucessórios, um advogado qualificado fará várias perguntas sobre seus ativos e como você deseja cuidar deles depois de sua morte, assim como a respeito de quaisquer outras preferências. Para que seu planejamento ocorra o mais tranquilo e barato possível, pense nessas questões *antes* de se encontrar com o advogado:

Para onde, genericamente falando, quer que seu dinheiro vá? Quer doar um pouco ou todos os seus ativos?* Quer deixá-lo para seus filhos ou netos? Se desejar deixar seus ativos para familiares, precisa protegê-los usando um trust? (Por exemplo, tem a preocupação de que um de seus herdeiros gaste o dinheiro ou se divorcie em breve e seu cônjuge receba parte da herança?) Caso queira deixar seus ativos para seus familiares, quer tratá-los igualmente? Está preocupado com a possibilidade de ofender um herdeiro ou outro? E quem você quer que seja o executor de seu testamento? Onde está essa pessoa? (Aprendi que é muito mais fácil ter um executor que more no mesmo estado do falecido.) Essa pessoa consegue realizar tarefas administrativas? É organizada? Finalmente, quem você quer que seja o guardião de seus filhos menores de idade? Já conversou com essa pessoa sobre seus planos?

Também deveria aproveitar a oportunidade para pensar mais na sua morte. Quer uma ordem de não reanimação? Tem alguma preferência para a maneira como os sobreviventes lidarão com seu corpo? Deseja que seu funeral seja como? Cynthia, a esposa de um amigo meu, planejou seu funeral antes de morrer de câncer. O obituário dela, lido no velório, foi um dos mais bonitos que já ouvi. Pediu que os enlutados fizessem doações para instituições ligadas ao tratamento do câncer ou, em vez disso, comprassem algo bonito para eles mesmos — porque Cynthia sempre gostou de coisas bonitas (toda vez que uso os brincos que comprei logo depois que ela faleceu digo a mim mesma: "É para você, Cyn!"). Depois do funeral, todos participamos de um almoço que Cynthia havia organizado em um lugar lindo com vista para o rio. Assim que entrava, os garçons ofereciam vodca e gin martíni em bandejas de prata. Cynthia se preocupava com as pessoas que amava e não queria que sua morte fosse um peso para elas. Desejava que

---

* N. E.: No Brasil, a pessoa pode dispor apenas da metade de seus bens via testamento; a outra parte sempre será dividida de acordo com o ditame legal.

sentissem alegria também, e não apenas tristeza. Foi um último gesto maravilhoso da parte dela!

Após elaborar seu planejamento sucessório, reexamine-o periodicamente para analisar se seus sentimentos mudaram e se precisa fazer alguns ajustes. Faça questão de compilar todas as informações e documentos que seu descendente precisará para lidar com sua herança. Já listei esses documentos e informações em meu blog, porém, para que seja mais fácil, aqui vão de novo. Pegue uma pasta bem grande e coloque o seguinte dentro:

- Uma lista de todas as contas bancárias.

- Uma lista com todos os nomes de usuário e senhas para suas contas financeiras, mídias sociais e assim por diante.

- Uma lista de todas as suas contas em débito automático, com nome e informações de contato.

- Uma lista de todos os cofres que você tem.

- Informações pertinentes às suas contas poupança, de previdência privada e corrente.

- Informações de pensões (se for um dos sortudos).

- Quaisquer contratos de anuidade, assim como contratos de seguros que tiver (vida, automóvel, residência, saúde etc.).

- Uma lista detalhada de bonds (e cópias desses bonds, se ainda existirem fisicamente).

- Informações de contato para quaisquer contas de investimento que você tiver.

- Escrituras de suas propriedades e lotes em cemitérios.

- Documentos do carro.

- Certidão de casamento (ou averbação de divórcio).

Não Ter um Testamento 223

- Certificado de dispensa militar.

- Documentos pertencentes a quaisquer negócios que possua ou opere.

- Imposto de renda dos últimos três anos.

- Informações de contato (incluindo nomes, endereços, CPF) de quem quer que esteja listado em seus documentos legais, bem como os advogados e consultores financeiros que lidam com seus bens.

Sei que é um saco compilar tudo isso, mas, confie em mim, facilitará *muito* a vida de seus descendentes. Quando meu pai morreu, sabia um pouco sobre o processo de inventário e ainda assim foi muito exaustivo, tanto devido às emoções quanto porque tive dificuldade para ter acesso a todas as informações. Seus parentes também podem estar sofrendo e emocionalmente abalados. Se tiverem que fazer tudo isso, o processo de inventariar seus bens pode se alongar muito mais.

Sente com quem você ama para conversar a respeito de seu planejamento sucessório, diga onde estão todos os documentos e informações, e dê alguns conselhos básicos sobre como inventariar os bens sem muito estresse ou esforço. Precisarão de pelo menos dez originais de sua certidão de óbito, pois muitas instituições financeiras e órgãos governamentais insistem em receber as originais, não cópias. Também oriente que acompanhem todos os gastos relativos a velório e enterro, pois sua herança provavelmente os reembolsará por esses gastos. Por fim, aconselhe-os a entrar em contato com o seu advogado, seu consultor financeiro ou seu contador assim que possível, para dar início ao inventário de seus bens. Um desses três profissionais — em geral, o consultor financeiro — provavelmente liderará o processo.

E se não for você quem precisa fazer o planejamento sucessório para seus pais idosos, mas eles? Como dar início a essa conversa? Há alguns anos, quando a advogada especializada em planejamento sucessório Virginia Hammerle participou de meu programa de rádio,[5] perguntei o que fazer quando se tenta começar uma conversa, mas os pais desconversam. Ela me disse que se deve respeitar, e não forçar a barra caso haja resistência. Dê algum tempo — alguns dias, uma semana — e então tente de novo. Pode ser difícil fazer isso, eu sei, mas é importantíssimo ficar tranquilo e manter o foco. Se seus pais não atualizaram o planejamento sucessório, pode lembrá-los de que as leis tributárias mudaram e pode ser que valha a pena revisitar os antigos documentos com um advogado. Se o profissional que trabalhou no documento original ainda estiver disponível, ótimo; caso contrário, se ofereça para entrar em contato com outro do mesmo escritório.

Se não conseguir convencer seus pais a fazer o planejamento, tente usar alguma situação que aconteceu com um parente ou amigo de exemplo: "Vocês se lembram da Sally, que estudou comigo? Está ocupadíssima cuidando dos documentos da mãe. Acho que os pais dela não atualizavam os testamentos há, sei lá, 40 anos!" Hammerle também sugere começar "com uma tarefa isolada, como nomear as contas bancárias ou designar um beneficiário", usando isso como um início para uma discussão mais ampla sobre as finanças familiares e planejamento sucessório. Se já tentou diversas vezes e seus pais ainda se recusam a agir, deixe quieto. Afinal de contas, ainda passará muitos feriados com eles.

O ÚLTIMO PRESENTE PARA MEU PAI

Meu pai morreu por causa de uma infecção, depois de passar vários meses entrando e saindo do hospital. Em sua última internação, os médicos tentaram salvá-lo com uma megadose de antibióticos, mas a condição dele só piorava. Quando ficou claro que o fim estava

Não Ter um Testamento 225

próximo, minha mãe, minha irmã e eu tomamos a decisão de não prosseguir com o tratamento. Os médicos responsáveis tiveram mais dificuldade do que nós em aceitar a situação. Mas isso mudou quando perguntamos: "Vocês realmente veem um futuro em que o quadro dele vá melhorar de maneira significativa?" Olharam uns para os outros e admitiram que não viam. Assim, tomamos a triste decisão: era o fim.

Embora a experiência de ver um homem vibrante sucumbir à doença fosse desoladora, não foi difícil tomar a decisão. Isso porque sabíamos muito bem o que meu pai queria. Ele havia elaborado seu planejamento sucessório e conversado sobre seus desejos conosco — não uma vez, mas muitas — nos anos que antecederam sua morte. Quando era mais jovem, passara por um problema médico que o alertara acerca da possibilidade de morrer a qualquer momento. Então, queria garantir que seus desejos fossem respeitados e que seus herdeiros não tivessem que carregar o fardo de toda a questão administrativa. Havia uma ordem de não reanimação quando entrou no hospital, mas também falara muitas vezes que não queria viver se estivesse com a saúde muito comprometida. Ele gostava de ser fisicamente ativo. Se não pudesse realizar suas atividades diárias, não queria viver.

Para mim, saber os desejos dele tão intimamente fez toda a diferença. Pude fazer o que era necessário com a consciência limpa. Se não soubéssemos seu desejo, poderíamos ter adiado a morte por algumas semanas, fazendo com que sofresse sem necessidade. Dependeríamos dos médicos, que em muitos casos não são bem treinados para lidar com situações de pacientes terminais. Também teríamos sofrido mais, nos atormentando com os prós e contras e tentando decifrar "o que papai iria querer". Estávamos exaustas e emocionalmente abaladas, mas nossa clareza deixou a situação um pouco mais tolerável. Era o último presente para meu pai, e não foi insignificante.

Por favor, resolva suas pendências, deixe de lado essa ideia de que viverá para sempre. Quando os amigos e familiares perguntavam "Você se pergunta por que você?", minha maravilhosa amiga Mary, que faleceu há alguns anos de leucemia, sempre respondia: "Não. Eu me pergunto por que *não* eu." Ela está certa: coisas ruins acontecem conosco o tempo todo, temos que aceitar. Não somos especiais. Somos como qualquer outra pessoa. Não temos que viver nos lados obscuros da vida, mas, em minha experiência, fazer seu planejamento sucessório sempre o liberta de um monte de preocupações que recairiam sobre você. Pergunte a uma das produtoras da CBS News. Ela finalmente fez um testamento depois de eu passar dois *longos* anos perturbando-a. Na foto que ela tirou e me enviou, escreveu: "PRONTO, PRONTO, PRONTO. ALIVIADA. OBRIGADA!"

A observação de que não somos especiais me leva à última "idiotice" que pessoas inteligentes fazem. Muitos de nós pensam que somos muito especiais — extremamente inteligentes — e que podemos prever quando nossos investimentos ganharão ou perderão valor. Não podemos. Como veremos no próximo capítulo, temos uma escolha enquanto investidores: fazer as pazes com essa realidade agora ou aprender da pior maneira, com uma grande perda financeira.

IDIOTICE #13

Tentar Prever o Mercado

Nos anos 1990 e começo dos 2000, trabalhei como consultora financeira e de investimentos em Rhode Island. Embora fosse jovem, já era veterana nas finanças, pois trabalhei como negociante de opções em Wall Street no final dos anos 1980. Com um programa na rádio local e freelas para o jornal, me tornei uma subcelebridade lá. Apesar de Rhode Island ser conhecida como o "maior pequeno estado da união", com ênfase em "pequeno", ainda achei essa atenção toda bastante emocionante, principalmente porque isso era inconcebível em Nova York, minha cidade natal e centro do universo financeiro. Em Providence, capital de Rhode Island, estranhos me abordavam no mercado, enquanto eu apalpava abacates, para pedir conselhos sobre como gerenciar seus portfólios. Quando esbarrei com o notório prefeito da cidade, Buddy Cianci, ele perguntou quais ações deveria comprar e quais evitar. "Ei, senhorita do dinheiro, o que você acha?"

No começo dos anos 2000, em Providence, amava minha aparente "inteligência". Pense bem, tinha acabado de lucrar muito com meus investimentos, em parte porque vendi ações de tecnologia que estavam crescendo com muita rapidez enquanto a bolha estava em alta, logo depois estourou, ainda em 2000. Para mim, era como se fosse o troco, porque no final dos anos 1990 fui chamada de consultora fracote e avessa a riscos que havia perdido o boom da tecnologia (minha plataforma de mídia local fazia com que toda

228 Idiotices que Pessoas Inteligentes Fazem com o Próprio Dinheiro

opinião que saísse de minha boca fosse publicamente gravada).
Agora vingada, alguns moradores de Rhode Island me viam como
uma "gênia" financeira que tinha dominado o mercado e as com-
plexidades do mundo dos investimentos.

Com o mercado em baixa, agora tinha certeza de que poderia
calcular quando voltar às ações em crescimento. Mas não era
para ser. Em 2002, o mercado de ações começou a se recuperar,
como acontece com os mercados. Se fosse realmente uma "gênia",
teria mudado os investimentos que estava administrando para as
ações em crescimento na época. Em vez disso, disse a mim mesma que encontraria o *momento exato* para voltar ao mercado.
Assim, poderia dominar o mercado no próximo ciclo ascendente.
Aguardei, reunindo toneladas de dados e análises de terceiros que
confirmavam minha tese, convencendo-me de que o mercado ainda
não havia chegado ao fundo do poço. Ao longo de 2003, minha
alocação geral era apenas 40% em ações, mais 40% em bonds e
20% em espécie. Muito ruim: naquele ano, o mercado de ações
cresceu 26%, enquanto meu portfólio cresceu só 12%. Minha
crença de que poderia discernir o momento exato de voltar ao
mercado fez com que eu não desse tanto valor às ações. Por isso,
perdi o começo de um mercado em alta.

As pessoas sentiam vergonha alheia de mim — com razão.
E por se tratar de Rhode Island, os moradores não hesitaram
em me culpar. Um cara escreveu uma carta para o jornal local
acabando comigo.

Meu erro tem um nome: achar que é possível prever o mercado.
Algumas pessoas acreditam tanto em sua perspicácia financeira
(ou na de outra pessoa) que pensam poder antecipar o momento
exato em que um mercado cairá ou quando poderão maximizar os
lucros com a venda de uma ação individual ou fundos mútuos. Às
vezes, seus instintos estão corretos, mas o que geralmente ocorre é
que elas vendem antes ou depois de o mercado ter atingido o pico.

E, mesmo que consigam prever a queda do mercado, também têm que saber quando entrar em um mercado em crescimento — uma proposição igualmente complicada. Já é difícil tomar uma decisão perfeita. Imagine duas.

Especialistas sempre alertam para os perigos de tentar antecipar o mercado. Como a jornalista financeira Jane Bryant Quinn observou: "O *Hall da Fama* do vidente de mercado é um quarto vazio."[1] No livro *The Devil's Financial Dictionary* [O Dicionário Financeiro do Diabo, em tradução livre], Jason Zweig, colunista do *Wall Street Journal*, define a previsão do mercado como "a tentativa de evitar perder dinheiro em mercados livres. O resultado mais comum, no entanto, é evitar ganhar em mercados em alta".[2] Sim, Jason, sei disso — e como sei! O problema é que muitas pessoas inteligentes ainda *não* sabem. Quando comecei a escrever este livro, um editor me perguntou: "Você realmente precisa de um capítulo inteiro sobre previsão do mercado? As pessoas não sabem que isso não funciona?" Não, não sabem. Se soubéssemos, não o faríamos mais.

Vimos exemplos de muitas pessoas tentando prever movimentos do mercado em curto prazo neste livro — sem sucesso. Compraram imóveis pensando que venderiam em determinado momento, mas o mercado caiu. Seguraram uma ação achando que continuaria a crescer, mas perderam tudo quando caiu. Meu próprio pai, com anos de experiência, apostou que o mercado continuaria estável por determinado período e perdeu tudo quando ele se provou volátil.

Ninguém é mais esperto do que o mercado. *Ninguém.* Ao tentar antecipar o mercado, você provavelmente está tomando decisões de investimento baseadas em emoções, que estão carregadas de vieses e pontos cegos. Como argumentei ao longo do livro, nossas decisões com relação ao dinheiro não são racionais como pensamos. Deixamos nossa mente-macaco nos dominar, cometemos erros e perdemos — de novo e de novo. O mesmo vale para os investimentos. Castigada pelos riscos assumidos por meu pai e pelas perdas que o vi sofrer, sou uma investidora conservadora. E esse conservadorismo impediu que eu apertasse o gatilho e comprasse as ações no momento certo.

Para investir com prudência, pare de tentar fazer a compra ou a venda genial. Em vez disso, escolha a abordagem disciplinada e "passiva" que expliquei no Capítulo 6. Mantenha um portfólio diversificado, dividindo-o entre ações, bonds, commodities, espécie e assim por diante, de acordo com seu horizonte de tempo (quando precisará do dinheiro) e com uma avaliação realista de seus objetivos financeiros e tolerância ao risco. Ao menos uma vez por ano, lembre-se de reequilibrar seu portfólio para que a divisão reflita o nível de risco decidido previamente. Maximizará seus lucros em cada mudança de mercado no curto prazo? Provavelmente não. Mas, no longo prazo, atingirá o crescimento estável de que precisa para alcançar seus objetivos, com um nível de risco confortável para você.

O ERRO CLÁSSICO DA PESSOA INTELIGENTE

Tenho uma teoria: insistimos na previsão do mercado *porque* somos muito inteligentes. Pense nisso: se tem alguém que é passível de acreditar no poder da inteligência humana de controlar e manipular a realidade e obter o melhor do mercado, esse alguém será uma pessoa inteligente. Fomos condicionados a vida inteira a valorizar a inteligência, e a acreditar em *nossa* inteligência. Muitos de nós ocupam cargos de poder ou autoridade; estamos acostumados a ser vistos como "inteligentes", na medicina, direito, política, administração, vendas, educação ou qualquer que seja nossa especialidade. Então, por que não poderíamos prever movimentos do mercado em curto prazo com mais astúcia do que os outros?

Também temos dificuldades de parar de tentar antecipar o mercado, em parte porque nem sabemos que estamos fazendo isso. Em fevereiro de 2018, o mercado de ações passou pela pior semana em dois anos, com cada índice caindo mais de 5%. Recebi dezenas de e-mails de colegas da CBS que estavam apavorados com relação às previdências privadas, incluindo um que tinha cerca de US$1,5 milhão em ações da CBS. Quatro anos antes, quando a ação valia US$70, ele havia prometido que reequilibraria o portfólio. Mas, é claro, não o fez. Agora a ação valia US$55, e ele ainda não queria vender. "Não quero encerrar com uma perda", falou. Mas isso não fazia sentido: havia comprado as ações anos antes por apenas US$6. Não perderia — encerraria com um grande ganho, ainda que menor do que ele teria obtido semanas antes. "Você tem que vender agora mesmo", disse a ele. "Não demore." Prometeu que venderia.

Uma semana depois, as ações da CBS caíram para cerca de US$50. Querendo saber se ele havia vendido, mandei uma mensagem: "Presumo que você se livrou de ao menos parte."

A resposta dele: um emoji com uma carinha triste e emburrada.

Quando as ações estavam entre US$40 e US$50, esse colega ficaria feliz pensando que poderia vender a US$55. Agora não. Se mudasse a pergunta, querendo saber se gostaria de comprar ações a esse preço, ele negaria, dizendo que estava muito caro — afinal de contas, tinha comprado quando custava US$6. Se está cara, então por que não vender por uns US$50 e poucos?

Quando digo para as pessoas que elas estão tentando prever o mercado, com frequência elas percebem que é uma abordagem idiota, mas dão várias desculpas de por que isso faz sentido na situação *delas*. Se estão pensando em investir no mercado imobiliário, podem dizer "Ainda não encontrei a propriedade certa" ou, se precisam vender uma ação, "Sei quando vender, e ainda não é a hora". Amo quando se enganam pensando que estão agindo com inteligência ao prever uma compra ou venda. Um cientista que conheço se formou em uma faculdade de elite com as notas mais altas da turma (não posso revelar qual faculdade, mas digamos que rima com Bartmouth). Esse cara se convenceu de que entendia de blockchain, a tecnologia por trás do Bitcoin. Investiu US$1 mil em Bitcoin no início e manteve a moeda até que seu investimento valesse US$50 mil. Implorei para ele vender ao menos uma parte disso para pagar pelo empréstimo estudantil. Recusou-se, dizendo que tinha *certeza* de que a tecnologia blockchain mudaria o mundo, e que o Bitcoin aumentaria ainda mais. "Meus US$50 mil valerão US$300 mil!" Talvez ele tenha razão, mas no verão de 2018 o preço do Bitcoin caiu, e seu investimento agora vale US$10 mil.

Se está esperando para comprar ou vender no futuro, está prevendo o mercado. Assuma! E, melhor ainda, pare de fazer isso.

Não importa quantas histórias como essas eu conte, pessoas inteligentes que conheço sempre dão de ombros. "Mas, Jill", dizem, "sei o que estou fazendo". Então narram algum sucesso em seus investimentos para provar, como se fosse um argumento superconvincente. Não é. Como a campeã de pôquer Annie Duke me falou em meu podcast, as pessoas costumam atribuir seu sucesso como evidência de seu talento, e suas falhas são sempre má sorte. Jogadores de pôquer têm um nome para essa lógica: "resultante", ou combinação da qualidade de decisões com seus resultados. Para demonstrar essa lógica, Duke me perguntou quantas vezes passei pelo farol vermelho. "Algumas vezes", respondi. Perguntou se já havia me envolvido em um acidente ou tomado uma multa por isso. "Não, nunca", falei. Perguntou se achei que a decisão de passar no farol vermelho era boa porque o resultado foi bom. "Não", respondi.

"Exatamente", ela disse. Então, se eu continuar furando os faróis vermelhos presumindo que não sofrerei nenhuma consequência negativa, estarei praticando a resultante.[3]

Pessoas inteligentes agem assim o tempo todo quando investem. Pode ser que pegue o dinheiro que estava guardando para dar entrada em uma casa e invista em um fundo em crescimento. Quando for comprar a casa, o mercado estará em alta e você obterá um ótimo preço ao vender seus fundos. É um gênio — tomou a decisão correta. Não, não tomou. Foi uma decisão horrorosa, baseada em absolutamente nada. Simplesmente aconteceu de funcionar. Além disso, sua vontade de continuar curtindo o sucesso fará com que continue prevendo o mercado, expondo-se a momentos futuros em que a sorte lhe virará as costas. Em seu livro *Thinking in Bets* [Pensando em Apostas, em tradução livre], Annie Duke observa que pessoas inteligentes geralmente ficam mais vulneráveis aos seus vieses do que o resto da população. Presumiríamos que é o oposto — que a inteligência permite que analisemos de forma crítica as informações e decisões. Na verdade, escreve Duke, a inteligência nos deixa mais hipócritas e menos autoconscientes: "Quanto mais inteligente, melhor você consegue criar uma narrativa para suas crenças, racionalizando e fazendo com que os dados se encaixem em seu ponto de vista. Afinal de contas, profissionais que estão sob os holofotes costumam ser muito inteligentes mesmo."[4] Duke cita uma pesquisa que descobriu que as pessoas são melhores em perceber os vieses nos outros do que no próprio pensamento. "O que surpreende é que, quanto mais inteligente, maior será o viés de ponto cego."

Se está prevendo suas decisões financeiras na esperança de ganhos maiores, reconsidere seu comportamento. Essa habilidade que o ajudou a ter sucesso na vida — sua inteligência — pode agora estar levando-o ao caminho errado, convencendo-o de que está agindo racionalmente quando na verdade não está. Que inimiga ardilosa essa inteligência!

INVESTIMENTO PASSIVO É INVESTIMENTO *SÁBIO*

Muitas pessoas, dando-se conta de que não podem prever o mercado, e talvez cansadas de gastar tanta energia pensando no maldito dinheiro, têm uma solução pronta que acham muito sábia: contratar um especialista. Em alguns casos, é um indivíduo que conhecemos e no qual confiamos. Alguém falará sobre um amigo ou parente que se especializou em biotecnologia, por exemplo, e está ganhando rios de dinheiro investindo em ações da área. "Tenho que conseguir entrar nessa", dizemos a nós mesmos, e damos um pouco de dinheiro para nosso especialista residente. Grande erro. Ninguém pode prever os mercados — nem você nem outros especialistas que conhecemos.

Uma amiga minha, Tracy, ganhava US$125 mil por ano em seu emprego como vendedora. O irmão era um *geek* que ganhou uma fortuna investindo em ações de empresas como Netflix e Facebook. Havia acabado de terminar um projeto para a General Electric e tinha certeza de que a empresa daria a volta por cima. No começo de 2017, quando a GE valia pouco menos de US$30, Tracy me disse que queria dar os US$200 mil de seu pé-de-meia para o irmão investir. "Cuidado", alertei. "Tem muito em jogo."

"Mas, Jill", disse ela, "ele é inteligente, sabe o que faz. Ganhou US$3 milhões em ações nos últimos cinco anos".

Ignorando meu alerta, comprou as ações, pensando que subiriam muito. Em vez disso, caíram 45% até o final de 2017, sendo considerada a pior do ano da Dow Jones. No começo de 2018, encontrei um amigo de um amigo e perguntei como estavam Tracy e seu investimento. "Ah, meu Deus", a pessoa falou. "Ela está pirando! Acho que vai vender." Não sei se vendeu, mas fazer isso implicaria perda de US$100 mil. Graças ao irmão especialista. Ele estava apenas fazendo previsões sobre o mercado, como qualquer pessoa.

Não aceitar conselhos de investimentos de amigos, parentes ou colegas é uma boa regra, por mais bem-intencionados que sejam. A menos que possuam um treinamento especial ou sejam especialistas, é provável que não sabiam o que estão falando. Tente não confiar cegamente nas pessoas que conhece em *quaisquer situações* nas quais quantias significativas estejam em jogo. Já cometi erros muito caros por confiar demais nos outros, seja quanto a conselhos financeiros pessoais, seja de negócios. Há alguns anos, um desses erros fez com que eu tivesse problemas regulatórios em minha empresa, e demorei anos para resolvê-los. Isso me ensinou a confiar, mas checar as informações. É necessário fazer perguntas desconfortáveis, mesmo para pessoas de quem você é bem próximo. Fazer isso pode colocar seu relacionamento em cheque, mas poupará muito dinheiro e dor de cabeça no longo prazo.

Se seus contatos não são os investidores épicos que parecem, os gerentes de fundos mútuos profissionais também não. No final de 2017, norte-americanos possuíam US$11,4 trilhões em fundos ativamente administrados e colocavam apenas US$6,7 trilhões em fundos passivos, de acordo com a Morningstar.[5] (O que são fundos ativos e passivos? Na administração ativa, uma empresa de investimento ou fundo mútuo contrata um monte de analistas que tentam encontrar os melhores ativos que podem ultrapassar um índice, como o S&P 500. Para isso, pode comprar e vender os ativos diariamente. Em uma abordagem passiva, a empresa imita um índice específico comprando as ações que constituem o índice. Uma vez decidido, compras e vendas ocorrem só se o índice mudar.)

Os investidores ativos continuam acreditando que alguns administradores financeiros sabem escolher ativos melhor e que podem "vencer o mercado". O que acha que esses administradores estão fazendo com seu dinheiro suado? Claro, pode ser que escolham uma boa empresa que é subvalorizada, mas com muita frequência

236 Idiotices que Pessoas Inteligentes Fazem com o Próprio Dinheiro

estão simplesmente prevendo o comportamento do mercado. Eles são bons nisso? Quase sempre, não. Ou, para ser mais precisa, não são melhores do que o investimento passivo via fundos mútuos.

De acordo com dados de 2017 da empresa de pesquisa de investimentos Dalbar, o S&P 500 teve um retorno de 7,68% em 20 anos, significativamente melhor do que os 4,79% atingidos, em média, por investidores de fundos. Essa diferença se refletiu, em parte, nas taxas mais altas que administradores ativos tipicamente cobram.[6] Lembre-se do desafio, que contei no Capítulo 1, que Warren Buffett lançou aos administradores de fundos hedge, duvidando que obtivessem um desempenho melhor do que o S&P 500 em dez anos e cujo único administrador que aceitou a aposta perdeu-a. Como Buffett alerta, grandes e pequenos investidores deveriam escolher fundos mútuos em vez de fundos com taxas de administração caras. "Quando trilhões de dólares são administrados por trabalhadores de Wall Street que cobram taxas altíssimas", disse ele em 2017, "em geral serão os administradores que ganharão lucros gigantes, não os clientes".[7] Some taxas e impostos, e os fundos ativos ficam ainda menos atraentes.

É óbvio que tal conselho não é uma novidade. Em setembro de 2016, entrevistei Charley Ellis, que durante cinco anos foi o principal porta-voz no debate da administração ativa versus passiva do investimento. Em seu livro *The Index Revolution: Why Investors Should Join It Now* [A Revolução dos Indicadores: Por que os Investidores Deveriam Se Aliar a Eles Agora, em tradução livre], Ellis vai direto ao ponto: "A realidade é que a maioria dos fundos mútuos que são administrados ativamente não consegue manter o mesmo padrão dos indicadores."

As opiniões de Ellis sobre o assunto são de 1960, quando ele analisava empresas e recomendava ações para os clientes. Ellis começou a perceber que os mercados incluíam cada vez com mais rapidez nos preços das ações as informações corporativas que ele descobria sobre as empresas e que, portanto, a profissão dele mudaria muito. Em um artigo de 1975 intitulado "The Loser's Game", publicado no *Financial Analysts Journal*, relatou: "O negócio de administração de investimentos (deveria ser uma profissão, mas não é) é construído com base em uma crença: o profissional do dinheiro pode vencer o mercado. Acontece que essa premissa é falsa."[8] Naquele mesmo ano, a Vanguard criou o primeiro indicador de fundos mútuos do mundo, fazendo com que o investimento passivo ficasse mais fácil e acessível a consumidores comuns.

Hoje em dia, é claro, informações financeiras percorrem o mundo em segundos. Qualquer percepção que um administrador profissional tenha sobre o balancete de uma empresa, uma reorganização administrativa ou um executivo mulherengo reflete quase que imediatamente nos preços do mercado. E essa informação não fica escondida em um terminal da Bloomberg, mas disponibilizada online em arquivos públicos da Securities and Exchange Commission, em conversas e murais e até no Twitter.

Por menos inspirador que possa soar o termo "investimento passivo", é de fato a abordagem mais sábia. Decida seus objetivos e tolerância ao risco, elabore um plano para distribuir os investimentos pelos diferentes tipos e classes de investimento, usando os índices apropriados, e não mude. Regularmente (a cada três meses, duas vezes ao ano ou anualmente), reequilibre suas contas, ou ative o "autoequilíbrio" se seu plano de previdência ou instituição financeira oferecer. Se precisar reequilibrar por conta própria, faça o rodízio entre os que tiveram melhor desempenho e os que ficaram para trás, a fim de manter sua alocação predeterminada.

O reequilíbrio constante o força a vender na alta e comprar na baixa. Sim, pode ser que perca um pouco da alta ao vender suas ações, mas seguir essa fórmula com disciplina permite que evite desastres que potencialmente ocorreriam se esperasse muito

238 Idiotices que Pessoas Inteligentes Fazem com o Próprio Dinheiro

tempo para vender. Em essência, está comprando uma apólice de seguro contra você, concordando em abrir mão de um pouco da alta nas ações para se proteger de suas piores tendências. No longo prazo, estará tão bem quanto o resto das pessoas, talvez até um pouco melhor, pois minimizou parte do risco de ter um portfólio desequilibrado.

O reequilíbrio é genial: em vez de pedir para um investidor incrível escolher quando comprar ou vender, você decide com que frequência reequilibrará e se o fará por conta própria ou automatizará o processo. É claro, enquanto investidores, queremos acreditar que *alguém* dominou o mercado — que há um segredo, uma intuição mágica que pode ser desenvolvida. Além disso, queremos acreditar que nossos administradores sentiram um pouco dessa mágica. Administradores brilhantes existem, mas há tão poucos deles que é mais provável que esteja investindo seu dinheiro com um jogador profissional de pôquer ao escolher um fundo administrado ativamente.

Zweig observou em uma de suas aparições em meu podcast: "Uma das coisas mais difíceis que qualquer investidor pode fazer não é escolher ativos que terão um desempenho melhor do que o mercado, mas escolher os *administradores* que podem optar por ativos que terão um desempenho melhor do que o mercado."[9] Adicione vieses humanos e as altas taxas, e os fundos ativos simplesmente não valem a pena.

Quando converso com grandes investidores, os que estão investindo centenas de milhões ou bilhões do dinheiro de outras pessoas, eles me dizem que investem suas economias em fundos passivos. O economista vencedor do Prêmio Nobel Richard Thaler também já disse que "a estratégia preguiçosa de não fazer quase nada, comprar ações e não prestar atenção nelas, é ótima".[10] Se funciona para ele, para Warren Buffett, para Charley Ellis e para investidores profissionais, também funcionará para você.

REEQUILIBRANDO-SE

Meu incidente com a previsão de mercado em Rhode Island no início dos anos 2000 foi horrível, mas, por sorte, como eu tinha me dado bem na baixa, não fui prejudicada por ter voltado ao mercado um pouco tardiamente. E foi imensamente valioso como aprendizado. Aprendi que não deveria tentar enganar o mercado — eu não era poderosa o bastante para isso. Se quisesse ser bem-sucedida, tinha que me afastar, me disciplinar e seguir uma estratégia comprovada. Essa experiência me inspirou humildade e também me fortaleceu. Embora pudesse ser presa de meus sentimentos, também tinha a habilidade, caso escolhesse, de reconhecer meus piores impulsos e moderá-los. Só precisava superar meu ego, conhecer meus limites, corrigi-los, parar de fazer idiotices e ficaria bem. Precisava parar de tentar controlar o mundo ao meu redor e começar a controlar a *mim mesma*.

Esta é a mensagem que desejo passar com este livro. Todos temos o poder de assumir nosso destino financeiro. Não precisamos ter gênios ao nosso lado o tempo todo. Não é necessário o app da moda. Nem uma ideia incrível ou uma super-habilidade analítica, e certamente não precisamos de big data. Temos é que parar de nos comportarmos como imbecis. Precisamos do autoconhecimento para entender nossos pontos cegos e como eles são danosos, e da disciplina e comprometimento para dizer a nós mesmos: "Não, não vou comprar essa casa de veraneio que não posso pagar — vou alugar", ou "Não, não vou ficar sem dinheiro na aposentadoria para pagar pela faculdade", ou "Não, não vou comprar um produto financeiro que não entendo".

Às vezes, também é necessário honestidade e humildade para dizer: "Sabe, não entendo nada disso, então vou ligar para um profissional que saiba." Onde está escrito que você tem que saber tudo para ser inteligente? Não tem! Uma grande amiga minha, acupunturista, uma vez me surpreendeu dizendo que buscaria a

240 Idiotices que Pessoas Inteligentes Fazem com o Próprio Dinheiro

medicina ocidental se tivesse alguma arritmia. "A acupuntura é boa para algumas coisas", explicou, "a medicina ocidental, para outras". Deveríamos todos ter a mente aberta e procurar ajuda profissional quando não sabemos como algo funciona.

A chave para a felicidade financeira é *fazer as pazes* com o dinheiro. Um jeito de começar é parar de ter expectativas irreais. Nunca chegaremos a um sentimento de conforto a menos que paremos de tentar ser o cara mais rico da comunidade e foquemos a criação de uma vida que seja, em um sentido mais profundo, adequada para nós próprios. Brinco com meu personal trainer que temos o mesmo trabalho. Os clientes dele chegam e dizem: "Quero ficar 20 anos mais jovem. Quero parecer uma modelo." E alguns clientes ou ouvintes meus já me pediram para deixá-los financeiramente independentes da noite para o dia.

Para a vasta maioria das pessoas, tais ambições são irreais. Você nasceu com seu corpo e suas limitações. Nenhum exercício ou dieta o transformará em um modelo supermagro. Suas escolhas de carreira, situação familiar, idade e assim por diante são obstáculos para suas finanças. Se você é professor, tem 40 anos, ganha US$60 mil por ano, tem dois filhos, um cônjuge dono de casa e uma hipoteca de US$200 mil, não prometo que um dia poderá comprar sua própria ilha no Caribe caso economize e invista.

Mas a habilidade de aceitar essas limitações e trabalhar com elas é um sinal de saúde emocional e maturidade, e impede que cedamos aos impulsos e façamos idiotices. Talvez seja bom ter um retorno de 6% em seu dinheiro em vez de assumir mais riscos para tentar 10%. Talvez seja OK alugar um apartamento porque comprar não faz sentido no momento. Talvez seja bom *não* resolver todos os problemas financeiros de seus filhos adultos e permitir que entendam como administrar a própria vida financeira.

Fazer as pazes com o dinheiro não significa que tenhamos que ser perfeitos. Mas significa aceitar nossos erros e resolvê-los. Sim, erraremos de vez em quando — e tudo bem. Voltando à analogia da dieta, você pode de vez em quando comer um bolo de chocolate aos sábados à noite quando sair com os amigos. Não se sinta mal. Quando chegar a segunda, você pode recomeçar. Com dinheiro, o próprio conceito de "reequilibrar" um portfólio presume que o mesmo ficará desequilibrado. Tudo bem, pois vai reequilibrá-lo regularmente. Se já cometeu um dos 13 erros deste livro, aproveite a oportunidade agora mesmo para reequilibrar, prestando atenção às emoções subjacentes que o levaram a cometer esse erro. Se errar no futuro, pode sempre dar um passo atrás e se reorganizar.

Espero que cometa menos erros com este livro em mãos. Mas, falemos a verdade, às vezes é preciso quebrar a cara para aprender lições importantes na vida. Se esse for o caso, não deixe que eu o impeça. Lembre-se de que você não é horrível por ter errado. Não é idiota. É humano. Pode até se fazer de vítima por um tempo, mas controle-se. Faça mudanças reais em sua vida. Organize-se. Planeje. Economize. Tenha essas conversas desconfortáveis mas necessárias com seus filhos e pais. E, pelo amor de Deus, aprenda a rir um pouco. Como aprendi, realmente faz milagres.

APÊNDICE

Treze Pulos do Gato
de Pessoas Inteligentes

Todo mês...

- **Revise o extrato de sua conta-corrente e cartão de crédito:** Preste atenção ao seu padrão de gastos. Há alguma coisa não usual ou inexplicada? Procure atividades estranhas em suas contas que possam sugerir que você tenha sido vítima de fraude de identidade.

- **Reflita como se sente com relação à sua vida financeira:** Está estressado? Tem algum problema financeiro incomodando-o, até tirando seu sono há um mês? Fugiu dos planos? Teve um gasto inesperado? Se sim, assuma as rédeas e volte aos trilhos.

- **Pense a respeito de compras pendentes de produtos financeiros:** Alguém lhe ofereceu um produto no mês passado, como uma apólice de seguro ou um novo fundo mútuo? Se está prestes a assinar na linha pontilhada, use alguns minutos para revisar o produto e confirmar se o compreende completamente. Caso não entenda, procure ajuda de um consultor financeiro.

- **Reflita sobre seus comportamentos a respeito de seus investimentos:** Certa manobra de mercado o deixou enlouquecido? Desviou-se de seu plano financeiro e tentou prever o mer-

244 Idiotices que Pessoas Inteligentes Fazem com o Próprio Dinheiro

cado? Em caso positivo, reequilibre-o e recomece, usando a filosofia de investimento passivo.

- **Reflita sobre a situação financeira de seus pais idosos:** Algo na vida deles mudou a ponto de exigir interferência? Se ficaram doentes, quais são as implicações financeiras? O que você precisa conversar com eles ou outros familiares?

A Cada Três Meses...

- **Reveja suas contas de investimento e investimentos de aposentadoria:** Não vá muito fundo na contabilidade aqui. Verifique rapidamente para se atualizar. Se estiver reequilibrando por conta própria, faça isso, mas só nas previdências isentas de imposto, para não criar consequências fiscais desnecessárias.

- **Mude todas as senhas de suas contas financeiras:** Preciso mesmo encher o saco quanto a isso? É, preciso.

Todo Ano...

- **Revise seus investimentos:** Está confortável com o nível de risco que assumiu, e os retornos para esse nível de risco? Seja realista. Se o mercado está em alta de 10%, mas sua conta está só em 5%, não fique tão chateado se você escolheu risco moderado. Além disso, analise se as taxas mudaram. Reequilibre suas contas que devem impostos e considere se gostaria de fazer mais alguma atividade relacionada a tributos, como doações com seguranças bem altas.

- **Faça uma auditoria fiscal:** Todo ano, depois da época do imposto de renda, veja se encontrou alguma surpresa enquanto fazia a declaração. Precisa mudar o imposto devido no próximo ano? Fazer isso pode liberar dinheiro ao longo do ano para que possa pagar por outros objetivos ou evi-

Treze Pulos do Gato de Pessoas Inteligentes 245

tar uma surpresa desagradável no ano que vem. Verifique antes do fim do ano a necessidade de fazer uma doação ou converter sua IRA tradicional em uma Roth IRA.

- **Mantenha sua identidade em segurança:** Faça uma revisão de seu registro de crédito. Se encontrar algum erro, fique em cima das agências de relatório de crédito até que a situação seja resolvida.

- **Planeje para a faculdade de seus filhos:** Está economizando adequadamente para a educação dos filhos? Se estiverem no ensino médio, já conversaram sobre as escolhas para a faculdade e quais opções a família pode pagar?

A Cada Três Anos...

- **Reveja suas apólices de vida e residencial:** O valor de sua propriedade mudou? Teve mais filhos? Certifique-se de estar adequadamente coberto.

- **Reveja seu planejamento sucessório:** Seus documentos estão atualizados? Ocorreu alguma mudança em sua vida ou em sua família que mudou seus planos? Precisa mudar o guardião de seus filhos em seu testamento ou os beneficiários em suas contas de aposentadoria?

Notas

Idiotice #1

1. Sandy Jolley, conversa telefônica com a autora, 12 dez. 2017.
2. Veja o link com uma descrição da "aposta": https://www.cnbc. com/2018/02/16/warren-buffett-won-2-point-2-million-on-a-bet-and-gave-it-to-girls-inc.html.
3. David Robson, "Psychology: Why boredom is bad... and good for you", BBC, 22 dez. 2014. Disponível em: http://www.bbc. com/future/story/20141218-why-boredom-is-good-for-you.
4. Veja Tom Nichols, *The Death of Expertise: The Campaign Against Established Knowledge and Why It Matters*. Nova York: Oxford University Press, 2017.
5. Jason Zweig, "The special trick to find the right financial adviser", Jasonzweig.com, 8 set. 2017. Disponível em: http://jasonzweig. com/the-special-trick-to-find-the-right-financial-adviser/.

Idiotice #2

1. Enquanto escrevia este livro, a Comissão de Títulos e Câmbio dos Estados Unidos havia começado um processo para aumentar a noção de propósito e a criação de um novo padrão chamado "benefício". Ainda não está claro o que "benefício" significará, mas provavelmente será um padrão mais rígido (e mais protetor para os clientes) do que a "apropriabilidade", embora não seja nem de perto tão rígida quanto "fiduciária" (Securities and Exchange Commission proposed rule, Release No. 34–83062; arquivo No. S7–07–18 [2018]. Disponível em: https://www.sec. gov/rules/proposed/2018/34–83062.pdf).

248 Idiotices que Pessoas Inteligentes Fazem com o Próprio Dinheiro

2. Esse conselho inclui um texto que apareceu originalmente no meu blog: "F-Word Update Spring 2018", *Jill on Money*. Disponível em: https://www.jillonmoney.com/blog/2018/4/2/f-word-update-spring-2018. Acesso em: 2 abr. 2018.

Idiotice #3

1. Andrew T. Jebb, Louis Tay, Ed Diener e Shigehiro Oishi, "Happiness, income satiation and turning points around the world", *Nature Human Behaviour* 2 (jan. 2018). Disponível em: https://www.nature.com/articles/s41562–017–0277–0. Os números variaram regionalmente, sendo maiores em áreas mais ricas.

2. Dr. Jim Grubman, entrevista com a autora, 22 jan. 2018.

3. Mithu Storoni, médica, doutora, em conversa com a autora em Nova York, 29 ago. 2017; e por telefone, 2 fev. 2018. A pesquisa de que me falou é de Archy O. de Berker et al., "Computations of Uncertainty Mediate Acute Stress Responses in Humans", *Nature Communications* (29 mar. 2016). DOI: 10.1038/ncomms 10996 | Disponível em: www.nature.com/naturecommunication.

Idiotice #4

1. Adam Looney e Constantine Yannelis, "Borrowers with Large Balances: Rising Student Debt and Falling Repayment Rates", *Brookings Institution*, fev. 2018. Disponível em: https://www. brookings.edu/wpcontent/uploads/2018/02/es_20180216_ looneylargebalances.pdf.

2. Jessica Dickler, "Student loans take a mental toll on young people", CNBC, 17 out. 2017. Disponível em: https://www.cnbc. com/2017/10/17/student-loans-take-a-mental-toll-on-young-people.html.

3. Jessica Dickler, "Student loans take a mental toll on young people", CNBC, 17 out. 2017. Disponível em: https://www.cnbc. com/2017/10/17/student-loans-take-a-mental-toll-on-young-people.html.

Notas 249

4. Chris Mueller, "High school students reflect on the stress in their lives at Teen Symposium in Appleton", *Post Crescent*, 12 fev. 2018. Disponível em: https://www.postcrescent.com/story/news/2018/02/12/high-school-students-reflect-stress-their-lives-teen-symposium-appleton/329645002/.

5. Andrew Dugan e Stephanie Kafka, "Student Debt Linked to Worse Health and Less Wealth", *Gallup*, 7 ago. 2014. Disponível em: http:// news.gallup.com/poll/174317/student-debt-linked-worse-health-less-wealth.aspx.

6. "Is College Worth It?", *Priceonomics*, 23 set. 2013. Disponível em: https:// priceonomics.com/is-college-worth-it/.

7. "Whole Foods In Brentwood Sold Asparagus-Infused Water For $6 A Pop", CBS Los Angeles, 5 ago. 2015. Disponível em: http:// losangeles.cbs local.com/2015/08/05/whole-foods-sold-asparagus-infused-water-for-6-a-pop/.

8. Kevin Gray, "The Key Attributes Employers Seek on Students' Resumes", *National Association of Colleges and Employers*, 30 nov. 2017. Disponível em: http://www.naceweb.org/about-us/press/2017/the-key-attributes-employers-seek-on-students-resumes/.

9. "Finances in retirement: new challenges, new solutions", *Age Wave*. Disponível em: http://agewave.com/what-we-do/landmark-research-and-consulting/research-studies/finances-in-retirement-new-challenges-new-solutions/. Acesso em: 14 jun. 2018.

10. "Older consumers and student loan debt by state", *Consumer Financial Protection Bureau*, ago. 2017. Disponível em: https:// files.consumer finance.gov/f/documents/201708_cfpb_older-consumers-and-student-loan-debt-by-state.pdf.

11. "Snapshot of Older Consumers and Student Loan Debt", *Consumer Financial Protection Bureau*, jan. 2017. Disponível em: https://www.consumer finance.gov/data-research-reports/snapshot-older-consumers-and-student-loan-debt/.

12. Tony Kushner, *Angels in America: A Gay Fantasia on National Themes*, Parte 2, "Perestroika". Londres: N. Hern Books, 2006.

250 Idiotices que Pessoas Inteligentes Fazem com o Próprio Dinheiro

13. "Financial Aid and Student Loans with Kelly Peeler", *Jill on Money*, 29 set. 2017. Disponível em: https://www.jillonmoney. com/blog/343-financial-aid-and-student-loans-with-kelly-peeler.

14. Para mais informações, consulte o post em meu blog sobre o assunto: "How to pay for College", *Jill on Money*, 4 abr. 2017. Disponível em: https://www.jillonmoney.com/blog/how-to-pay-for-college.

15. Para classificações, veja "2,400 colleges + 27 data points = 711 Best Colleges for Your Money", *Time*. Disponível em: http://time.com/money/best-colleges/rankings/best-colleges/. Acesso em: 14 jun. 2018.

Idiotice #5

1. Monique Morrissey, "The State of American Retirement: How 401(k)s have failed most American workers", *Economic Policy Institute*, 3 mar. 2016. Disponível em: https://www.epi.org/publication/retirement-in-america/#charts.

Idiotice #6

1. Dan Egan, entrevista com a autora, 17 jan. 2018.

2. Larry Barrett, "Why So Many Adults, Children Don't Get Flu Shots", *Healthline*, 11 fev. 2016. Disponível em: https://www.healthline.com/health-news/why-so-many-adults-children-dont-get-flu-shots-021116#4.

3. "Why People Don't Get Vaccinated", *Massachusetts Medical Society*. Disponível em: http://www.massmed.org/patient-care/health-topics/colds-and-flu/why-people-dont-get-vaccinated-(pdf)/. Acesso em: 14 jun. 2018.

4. H. Kent Baker e Victor Ricciardi, "How Biases Affect Investor Behaviour", *European Financial Review*, 28 fev. 2014. Disponível em: http://www.europeanfinancialreview.com/?p=512. Veja também Vanessa Houlder, "Richard Thaler's Advice: Be a Lazy Investor—Buy and Forget", *Financial Times*, 21 dez. 2017.

Notas 251

5. Viés de familiaridade, no qual investidores "têm uma preferência por investimentos familiares apesar dos aparentemente óbvios ganhos na diversificação", também pode ter tido uma influência. Com frequência os vieses se entrelaçam e interagem uns com os outros para produzir uma tomada de decisões inferior. Veja H. Kent Baker e Victor Ricciardi, "How Biases Affect Investor Behaviour", *European Financial Review*, 28 fev. 2014. Disponível em: http://www.europeanfinancialreview.com/?p=512.

6. Akane Otani e Chris Dieterich, "As Dow Tops 25000, Individual Investors Sit It Out", *Wall Street Journal*, 4 jan. 2018. Disponível em: https://www.wsj.com/articles/as-dow-tops-25000-individual-investors-sit-it-out-1515099703.

7. "A Buy-and-Hold Strategy Can Serve Investors Well", *American Funds*, DALBAR Investing Study. Disponível em: https://www.americanfunds.com/advisor/pdf/shareholder/ingefl-050_dalbar.pdf. Acesso em: 14 jun. 2018.

Idiotice #7

1. Colin Daileda, "This survey shows everyone reuses passwords", *Mashable*, 28 fev 2017. Disponível em: https://mashable.com/2017/02/28 /passwords-reuse-study-keeper-security/#slKqMz1gB8qY.

2. Brady Porche, "Poll: 16 million Americans fear stolen cellphone more than identity theft", *Credit Cards*, 25 fev 2018. Disponível em: https://www.creditcards.com/credit-card-news/equifax-data-breach-cellphone-survey.php.

3. "Netsparker Cybersecurity Survey: 80 Percent of Americans at Risk", *Business Wire*, 14 dez. 2017. Disponível em: https://www.business wire.com/news/home/20171214005531/en/Netsparker-Cybersecurity-Survey-80-Percent-Americans-Risk.

4. Kenneth Olmstead e Aaron Smith, "Americans and Cybersecurity", *Pew Research Center*, 26 jan. 2017. Disponível em: http://www.pewinternet.org/2017/01/26/americans-and-cybersecurity/.

252 Idiotices que Pessoas Inteligentes Fazem com o Próprio Dinheiro

5. Adam Levin, *Swiped: How to Protect Yourself in a World Full of Scammers, Phishers, and Identity Thieves*. Nova York: Public Affairs, 2015. p. 193–194.

6. http://betteroffpodcast.com/ep-024-cybersecurity-and-hacking-with-kevin-mitnick/.

7. Dan Egan, entrevista com a autora, 18 jan. 2018.

8. Katherine Bindley, "How to Protect Yourself from an Online Dating Scam", *Wall Street Journal*, 15 mar. 2018. Disponível em: https://www.wsj.com/articles/how-to-protect-yourself-from-an-online-dating-scam-1521129300.

9. Meu conselho nesta seção vem de meu post no blog sobre o assunto: "Equifax Data Breach: What to Do", *Jill on Money*, 8 set. 2017. Disponível em: https://www.jillonmoney.com/blog/equifax-data-breach.

10. Adam Levin, *Swiped: How to Protect Yourself in a World Full of Scammers, Phishers, and Identity Thieves*. Nova York: Public Affairs, 2015. p. 9.

11. "Fraud & Active Duty Alert Request Online", *Innovis*. Disponível em: https://www.innovis.com/fraudActiveDutyAlerts/index. Acesso em: 14 jun. 2018.

Idiotice #8

1. Kathleen Elkins, "Here's how much the average family has saved for retirement at every age", CNBC, 7 abr. 2017. Disponível em: https://www.cnbc.com/2017/04/07/how-much-the-average-family-has-saved-for-retirement-at-every-age.html.

2. "How to Plan for Rising Health Care Costs", *Fidelity*, 18 abr. 2018. Disponível em: https://www.fidelity.com/viewpoints/personal-finance/plan-for-rising-health-care-costs.

3. "A summary of the 2018 annual reports", *Social Security*. Disponível em: https://www.ssa.gov/oact/trsum/. Acesso em: 14 jun. 2018.

4. Gila Bronshtein et al., "The Power of Working Longer", *National Bureau of Economic Research,* Working Paper No. 24226 (jan. 2018), citado por Jeff Sommer em "Thinking About Retirement? Consider Working a Little Longer", *New York Times,* 1 jun. 2018. Disponível em: https://www.nytimes.com/2018/06/01/business/thinking-about-retirement-consider-working-a-little-longer.html.

Idiotice #9

1. Veja o post em meu blog, "Ground Rules for Boomerang Kids", *Jill on Money,* 1 jun. 2016. Disponível em: https://tribunecontentagency.com/article/ground-rules-for-boomerang-kids/.

2. Dr. David Whitebread e Dr. Sue Bingham, "Habit Formation and Learning in Young Children", *Money Advice Service,* maio 2013. Disponível em: https://mascdn.azureedge.net/cms/the-money-advice-service-habit-formation-and-learning-in-young-children-may2013.pdf.

3. Para saber mais, veja o Consumer Financial Protection Bureau's "Resources for parents and caregivers". Disponível em: https://www.consumerfinance.gov/consumer-tools/money-as-you-grow/. Acesso em: 14 jun. 2018.

4. Para saber mais sobre essas recomendações, veja o artigo da Jill Schlesinger, "Personal Finance 101 for college kids", *Chicago Tribune,* 16 ago. 2017. Disponível em: http://www.chicagotribune.com/business/sns-201708162103—tms— retiresmctnrs-a20170816–20170816-story.html.

Idiotice #10

1. Genworth 2017 Cost of Care Survey: "Costs Continue to Rise Across All Care Settings", *Genworth,* 26 set. 2017, http://newsroom.genworth.com/2017–09–26-Genworth-2017-Annual-Cost-of-Care-Survey-Costs-Continue-to-Rise-Across-All-Care-Settings.

2. Veja Jill Schlesinger, "Juggling Needs of Aging Parents, Children Who Need Financial Help", *Chicago Tribune,* 14 jun. 2018.

Disponível em: http://www.chicagotribune.com/business/success/jillonmoney/tca-juggling-needs-of-aging-parents-children-who-need-financial-help-20160912-story.html.

3. Gila Bronshtein et al., "The Power of Working Longer", *National Bureau of Economic Research*, Working Paper No. 24226 (jan. 2018). Disponível em: http://www.nber.org/papers/w24226.

Idiotice #11

1. "Trust in Insurance: US Nationally Representative Sample: July 7–9 2017", *YouGov NY*. Disponível em: http://d25d2506sfb94s.cloudfront.net/cumulus_uploads/document/foikfahv24/Trust%20in%20Insurance%20Companies.pdf. Acesso em: 14 jun. 2018. Veja também: Paul Hiebert,"While Nearly Half of All US Adults Trust Insurance Companies, Most Find Their Language Confusing", *YouGov,* 18 jul. 2017. Disponível em: https:// today.yougov.com/news/2017/07/18/trust-in-insurance/.

2. Kimberly Lankford, "How Much Does Flood Insurance Cost?" *Kiplinger,* 1 jun. 2015. Disponível em: https://www.kiplinger.com/article/insurance/T028-C001-S003-how-much-flood-insurance-costs.html.

3. "Is Buy Term and Invest the Difference on Life Support?", *Nasdaq,* 9 dez. 2015. Disponível em: https://www.nasdaq.com/article/is-buy-term -and-invest-the-difference-on-life-support-cm552257.

4. Veja o post sobre o assunto em meu blog: "More Financial Vegetables: Life Insurance", *Jill on Money,* 6 set. 2017. Disponível em: https://www.jillon money.com/blog/financial-vegetables-life-insurance.

5. Wenliang Hou, Wei Sun e Anthony Webb, "Why Do People Lapse Their Long-Term Care Insurance?", *Center for Retirement Research at Boston College,* out. 2015. Disponível em: http://crr.bc.edu/briefs/why-do-people-lapse-their-long-term-care-insurance/.

Idiotice #12

1. Nick DiUlio, "More Than Half of American Adults Don't Have a Will, 2017 Survey Shows", *Caring*, 12 jun. 2018. Disponível em: https://www.caring.com/articles/wills-survey-2017.

2. Brady Porche, "Financial Infidelity Poll: 31% Say Hiding Accounts Worse Than Cheating", *Credit Cards*, 21 jan. 2018. Disponível em: https://www.creditcards.com/credit-card-news/financial-infidelity-cheating-poll.php.

3. As informações desta seção também aparecem em meu blog, Jillonmoney.com/blog. Veja também https://tribunecontentagency.com/article/pre-planning-eases-the-way-when-settling-an-estate-y/http://www.chicagotribune.com/business/sns-201610201500—tms—retires mctnrs-a20161020–20161020-story.html.

4. "Estate Tax Overview", mass.gov. Disponível em: https://www.mass.gov/service-details/estate-tax-overview. Acesso em: 14 jun. 2018.

5. Veja minhas reflexões sobre essa entrevista em Jill Schlesinger, "Have the estate planning talk", *Jill on Money*, 20 out. 2016. Disponível em: http://tribunecontentagency.com/article/have-the-estate-planning-talk/.

Idiotice #13

1. Peter Mallouk, *The 5 Mistakes Every Investor Makes and How to Avoid Them*. Wiley: 2014. p. 21.

2. Jason Zweig, *The Devil's Financial Dictionary*, Nova York: Public Affairs, 2015. p. 133.

3. Por favor veja "Thinking in Bets with Annie Duke", *Better Off with Jill Schlesinger*, 15 mar. 2018. Disponível em: www.betteroffpodcast.com. Estou resumidamente parafraseando nossa conversa.

4. Annie Duke, *Thinking in Bets: Making Smarter Decisions When You Don't Have All the Facts*. Nova York: Portfolio/Penguin, 2018. p. 62.

256 Idiotices que Pessoas Inteligentes Fazem com o Próprio Dinheiro

5. Bernice Napach, "Passive Investments Drive Record Fund Flows in 2017: Morningstar", *Think Advisor,* 29 jan. 2018. Disponível em: https://www.thinkadvisor.com/2018/01/29/passive-investments-drive-record-fund-flows-in-201/?slreturn=20180230152709.

6. Lance Roberts, "Opinion: Americans Are Still Terrible at Investing, Annual Study Once Again Shows", *Market Watch,* 21 out. 2017. Disponível em: https://www.marketwatch.com/story/americans-are-still-terrible-at-investing-annual-study-once-again-shows-2017-10-19.

7. A carta de 2017 a investidores foi citada em Trevor Hunnicutt e Jonathan Stempel, "Warren Buffett Rails Against Fee-Hungry Wall Street Managers", *Reuters,* 25 fev. 2017. Disponível em: https://www.reuters.com/article/us-berkshire-hatha-buffett-in-dexfunds/warren-buffett-rails-against-fee-hungry-wall-street-managers-idUSKBN1640F1.

8. Charles D. Ellis, "The Loser's Game", *Financial Analysts Journal,* jan./fev. 1995. Disponível em: https://www.cfapubs.org/doi/pdf/10.2469/faj.v51.n1.1865.

9. Por favor veja "Become an Intelligent Investor with Jason Zweig (Part One)", *Better Off with Jill Schlesinger,* episódio 009, 2 mar. 2017, 44 minutos. Disponível em: https://www.iheart.com/podcast/274-Better-Off-with-Jill-28090565/episode/ep-009-become-an-intelligent-investor-2809 3122/.

10. Vanessa Houlder, "Richard Thaler's Advice: Be a Lazy Investor—Buy and Forget", *Financial Times,* 22 dez. 2017.

Índice

#JillIsAWimp, 47

ações, 44, 103, 115
acúmulo de dinheiro, 43
advogado imobiliário, 211
ajuda financeira, 78
alocação, 117
Annie Duke, 232–233
ansiedade, 48, 161
ansiedades, 52
apego ao dinheiro, 44–46
aposentadoria, 26, 113
  contas, 38
  gastos, 134–136
  plano de ação, 140–150
  precoce, 183
aprendizado financeiro,
  166–167
ativos líquidos, 19, 217
  velhice, 181–182
autenticação de dois
  fatores, 121
autoconhecimento, 162–163
autoconsciência, 233
autoridade tributária, 35
avaliação de risco, 114
avareza, 48
aversão à perda, 107

baby boomers, 92
bem-estar financeiro, 82
benefícios fiscais, 90
bolha pontocom, 56
bolsa de estudos, 78–79
bonds, 6, 115

carta de intenção, 219
casa própria, 92
certificações, 30
Comissão de Títulos e Câmbio
  dos Estados Unidos, 11
comissões, 18, 30
commodities, 6, 115
complexidade, 106
comportamentos obsessivos, 48
comunidade de
  consumidores, 196
condições de mercado, 96
conflitos conjugais, 37
congelamento de crédito, 130
conselho filantrópico, 147
conselhos financeiros, 26
consequências fiscais, 45
conta-poupança, 20
corretoras, 27
credores, 35
crescimento pessoal, 84

258 Idiotices que Pessoas Inteligentes Fazem com o Próprio Dinheiro

criatividade, 70
crise imobiliária, 86
cuidados de saúde, 219
curva do sino, 89
custos com educação, 71

Dan Egan, 106, 113, 124
dark web, 121
decisões preventivas de
    saúde, 107
deduções fiscais, 24, 92
Departamento do Trabalho dos
    Estados Unidos, 28
dependência financeira, 155
derivativos, 104
desempenho financeiro, 162
dinheiro
    falar sobre, 168–169
    supervalorização, 48
disciplina, 155
    com os gastos, 38
distúrbios psiquiátricos, 48
diversificação de portfólio, 115
dívida de consumidor, 34
dívidas, 113
dividendos, 6
divisão de
    responsabilidades, 176

emoção, 156
empréstimos estudantis, 64
entrevistas de emprego, 69
envelhecimento, 172

Equifax, 129
    roubo de dados, 120–122
espécie, 115
exchange-traded fund, 6–7
Experian, 129
experiência real, 70

finanças comportamentais, 139
flexibilidade, 88
fluxo de caixa, 38
fundo de emergência, 113
fundos de hedge, 11–13
fundos mútuos, 4, 26, 44
furacão Irma, 192
futuro financeiro, 52
    planejamento, 172
    saudável, 112

ganância, 13
gás natural, 108
geração grandiosa, 92
geração X, 211–226
governo Obama, 28
gratidão, 169
grupo focal, 29

habilidade de colaboração, 70
hackeamento, 122–126
herança, 35
hipocrisia, 233
hipotecas, 86
    de pagamento balão, 45
    reversas, 4, 8–10

I Bonds, 7
igualdade, 167
imóveis, 115
    comprar ou alugar, 85
imposto, 20
incerteza, 51–52
infidelidade financeira, 214
inflação, 7, 137
Innovis, 129
inteligência, 230–233
intransigência, 58
introspecção, 58
investidores
    institucionais, 11
    profissionais, 238
    qualificados, 11
investimentos
    acessar o dinheiro, 19
    cinco passos, 113–117
    gerenciar ativamente, 110
    passivo, 110

Jason Zweig, 15, 229
Jim Grubman, 47, 156, 161
John Eastwood, 14

Kelly Peeler, 78
Kevin Mitnick, 122

Lehman Brothers, 103
    pedido de falência, 104
letras miúdas, 14
limites financeiros, 155
limit order, 103

liquidez, 19
lobby, 29
locatários, 92
luto, 210

Marathon Oil, 105
medo, 13, 49–50
mercado imobiliário, 86, 88
metais preciosos, 4, 6
Michael Lewis, 86
Mithu Storoni, 51
mitigar o risco, 88
Mobil Corporation, 105
montante de exclusão, 220
motivação, 59
mudanças
    de comportamento, 59
    de vida, 117
multas, 19

necessidades monetárias, 19
negócios, 78
networking, 69
NextGenVest, 78
novos ricos, 48

objetivos financeiros, 230
opções, 104
ouro, 5–8
    ação, 8
    problemas logísticos, 8

260   Idiotices que Pessoas Inteligentes Fazem com o Próprio Dinheiro

padrão-ouro, 6
padrões profissionais, 26
perdas financeiras, 44
persistência, 83
pesquisar, 79
planejador financeiro, 59
planejamento
  imobiliário, 211
  para a velhice, 174–179
  sucessório, 217–219
plano 529, 23
plano financeiro, 10, 113–114
  alocação de ativos, 115
  customizado, 34
  portfólio, 17
  diversificar, 56, 230
  milionário, 36
  reequilíbrio, 230
preconcepções cognitivas, xx
previsão do mercado, 229–230
problemas
  emocionais, 48
  financeiros, 38
procuração, 219
produtos financeiros, 26
  alternativas, 19
  custos, 18
  impostos, 20
  piores cenários, 20
prospecto, 13
proteção ao consumidor, 29

qualidade de vida, 41
quebras de segurança, 121
questionar, 15

redes seguras, 128
reforma fiscal, 92
remuneração, 35
representante, 17
resolução de problemas, 70
responsabilidade fiduciária,
  27–30
ressentimento, 159
restituição fiscal, 36, 119
resultante, 232
retornos, 110
revisão financeira anual, 202
riscos, 104–118
rollover, 32
roubo de identidade, 120–122
  prevenção, 127–129

Sandy Jolley, 19
scores de crédito, 64, 129
seguradoras, 16, 196
segurança
  informacional, 131
  psicológica, 94
seguridade social, 93, 143–144
seguros, 194
  de vida, 25, 197–199
  permanente, 200–202
  mentir, 206
  pagamento do prêmio, 200
  subseguro, 198
  zonas de perigo, 197–206
shareholders, 105
soft skills, 70
soluções criativas, 83
S&P 500, 6, 13

Índice 261

taxa frequente, 18
taxas, 4, 19
tédio, 14
teoria da "direção
defensiva", 105
teoria das probabilidades, 89
testamento, 209–212
tolerância ao risco, 230
tomada de decisões, 156
trabalho, 148
traders, 89
transtorno de ansiedade, 50
TransUnion, 129
trusts, 219

universidades privadas, 66
U.S. Steel, 105

valorização do dinheiro, 167
veteranos da Segunda Guerra
Mundial, 92
vieses cognitivos, xx, 106, 233
de ancoragem, 107
de ponto cego, 233
do otimismo, 88–90
do presente, 107–110
Virginia Hammerle, 224
volatilidade, 6, 229
baixa, 104
vulnerabilidades, 122

Wall Street, 89
Warren Buffett, 12, 236

Sobre a Autora

JILL SCHLESINGER, CFP®, é analista de negócios nominada ao Emmy e vencedora do Gracie Award da CBS News. Desde 2009, aparece nacionalmente, com regularidade, na rádio e no canal de televisão CBS falando sobre economia, mercado, empresas e investimentos. Contribui para o NPR e já escreveu ou foi entrevistada em várias publicações financeiras, incluindo *Barron's, The Wall Street Journal, The New York Times* e *Money.*

Jill recebeu o 2018 National Association of Personal Financial Advisors (NAPFA) Special Achievement Award, assim como o 2018 Radio Television Digital News Association (RTDNA)/ National Endowment for Financial Education (NEFE) Personal Finance Reporting Award. Jill também é âncora do podcast Jill on Money e do programa de rádio transmitido nacionalmente *Jill on Money,* que ganhou o Gracie Award for Best National Talk Show em 2018. Jill também escreve a coluna Jill on Money para o Tribune Media Services e foi nomeada uma dentre os Top 10 LinkedIn Influencers of 2015 e Top 10 LinkedIn Voices of 2016.

Jill frequentemente faz palestras e é moderadora de debates sobre vários assuntos, inclusive macroeconomia, mercado e tendências demográficas; questões no ambiente de trabalho para mulheres e LGBTs; e como criar uma marca autêntica. Durante 14 anos, foi diretora de investimentos e de marketing de uma empresa de consultoria de investimentos independente. Começou a carreira como negociante autônoma de opções na Commodities Exchange of New York, depois de sua graduação na Universidade Brown. Jill participou de muitos conselhos filantrópicos e atualmente integra a StoryCorps, organização dedicada à preservação e ao compartilhamento de histórias de pessoas para conectá-las umas às outras e criar um mundo mais justo e humano. Vive em Nova York e no East End de Long Island com sua parceira e dois Norwich Terriers travessos e adoráveis.

jillonmoney.com
Facebook.com/JillonMoney
Twitter: @jillonmoney
Instagram: @jillonmoney

CONHEÇA OUTROS LIVROS DA ALTA BOOKS

Negócios - Nacionais - Comunicação - Guias de Viagem - Interesse Geral - Informática - Idiomas

Todas as imagens são meramente ilustrativas.

SEJA AUTOR DA ALTA BOOKS!

Envie a sua proposta para: autoria@altabooks.com.br

Visite também nosso site e nossas redes sociais para conhecer lançamentos e futuras publicações!
www.altabooks.com.br

/altabooks • /altabooks • /alta_books

ALTA BOOKS
E D I T O R A